JN314165

青弓社ルネサンス
3

# マックス・ウェーバーと現代・増補版

中野敏男
Toshio Nakano

青弓社

# マックス・ウェーバーと現代・増補版／目次

凡例　9

## 第2章　ウェーバー行為類型論と〈物象化としての合理化〉

カバー人物写真――一九〇三年頃のマックス・ヴェーバー
（*Max Weber bildmonographien rororo*, Rowohlt Taschenbuch Verlag GmbH., 1985）
カバー背景写真――論文「ロッシャーとクニース」第一部第一ページの部分
（「シュモラー年報」第二十七巻第四分冊別刷、一九〇三年）
一橋大学社会科学古典資料センター所蔵。著者撮影。右上に「In Verehrung（敬意をこめて）」と書かれたヴェーバー自筆の献辞が残されている。

装丁――神田昇和

# 凡例

一、本書において頻繁に引用されるウェーバーの著作については、つぎのような略号を用いることにする。邦訳書については、左記のものを用いたが、訳文は必ずしもそれに従っていない。

（一）WL,『学問論集』*Gesammelte Aufsätze zur Wissenschaftslehre*, 4.Aufl., J.C.B.Mohr, 1973.

①『ロッシャー』：ウェーバー『ロッシャーとクニース』第一巻、松井秀親訳（社会科学ゼミナール）、未来社、一九五五年、ウェーバー『ロッシャーとクニース』第二巻、松井秀親訳（社会科学ゼミナール）未来社、一九五六年

②『客観性』：「社会科学および社会政策の認識の「客観性」」出口勇蔵訳、ウェーバー『政治・社会論集』（世界の大思想 第二十三巻）所収、河出書房新社、一九六五年

③『批判的研究』：マックス・ウェーバー「文化科学の論理学の領域における批判的研究」森岡弘通訳、エドワルト・マイヤー／マックス・ウェーバー『歴史は科学か』所収、森岡弘通訳編、みすず書房、一九六五年

④『シュタムラー』：「R・シュタムラーにおける唯物史観の克服」松井秀親訳、ウェーバー『宗教・社会論集』（世界の大思想 第二期第七巻）所収、河出書房、一九六八年

⑤『カテゴリー』：マックス・ウェーバー『理解社会学のカテゴリー』海老原明夫／中野敏男訳、未来社、一九九〇年

⑥『価値自由』：マックス・ウェーバー『社会学および経済学の「価値自由」の意味』松代和郎訳、創文社、一九七六年

⑦『学問』：マックス・ウェーバー『職業としての学問』尾高邦雄訳（岩波文庫）、岩波書店、一九三六年

（二）WuG,『経済と社会』*Wirtschaft und Gesellschaft*, 5.rev.Aufl., J.C.B.Mohr, 1976.

①『基礎概念』：マックス・ヴェーバー『社会学の根本概念』清水幾太郎訳（岩波文庫）、岩波書店、一九七二年

②『諸類型』：マックス・ウェーバー『支配の諸類型』世良晃志郎訳（経済と社会）、創文社、一九七〇年

③『社会秩序』：「経済と社会集団」厚東洋輔訳、尾高邦雄責任編集『ウェーバー』（世界の名著 五十）所収、中央公論社、一九七五年

④『宗教』：マックス・ウェーバー『宗教社会学』武藤一雄／薗田宗人／薗田坦訳（経済と社会）、創文社、一九七六年

⑤『法』：マックス・ウェーバー『法社会学』世良晃志郎訳（経済と社会）、創文社、一九七四年

⑥『支配』：マックス・ウェーバー『支配の社会学』第一巻、世良晃志郎訳（経済と社会）、創文社、一九六〇年、マックス・ウェーバー『支配の社会学』第二巻、世良晃志郎訳（経済と社会）、創文社、一九六二年

（三）GAzRS,『宗教社会学論集』*Gesammelte Aufsätze zur Religionssoziologie*, J.C.B.Mohr, 1920、みすず書房復刻版、（Ⅰ）一九七七年、（Ⅱ）一九七七年、（Ⅲ）一九七八年

（Ⅰ）

①『序言』：「宗教社会学論集・序言」、マックス・ヴェーバー『宗教社会学論選』所収、大塚久雄／生松敬三訳、みすず書房、一九七二年

②『プロ倫』：マックス・ウェーバー『プロテスタンティズムの倫理と資本主義の精神』上、梶山力／大塚久雄訳（岩波文庫）、岩波書店、一九五五年、マックス・ウェーバー『プロテスタンティズムの倫理と資本主義の精神』下、梶山力／大塚久雄訳（岩波文庫）、岩波書店、一九六二年

③『序論』：「世界宗教の経済倫理・序論」、前掲『宗教社会学論選』所収

④『儒教』：M・ウェーバー『儒教と道教』木全徳雄訳（名著翻訳叢書）、創文社、一九七一年

⑤『中間考察』：「世界宗教の経済倫理・中間考察」、前掲『宗教社会学論選』所収

（Ⅱ）

①『ヒンズー教』：マックス・ウェーバー『アジア宗教の基本的性格』池田昭／山折哲雄／日隈威徳訳、勁草書房、一九七〇年

（Ⅲ）

①『古代ユダヤ教』：マックス・ウェーバー『古代ユダヤ教』第一巻、内田芳明訳、みすず書房、一九六二年、マックス・ウェーバー『古代ユダヤ教』第二巻、内田芳明訳、みすず書房、一九六四年

（四）WG,『経済史』*Wirtschaftsgeschichte*, Duncker und Humblot, 1923、みすず書房復刻版、一九七六年

①『経済史』：M・ウェーバー『一般社会経済史要論』上、黒正巌／青山秀夫訳、岩波書店、一九五四年、M・ウェーバー『一般社会経済史要論』下、黒正巌／青山秀夫訳、岩波書店、一九五五年

（五）GPS,『政治論集』*Gesammelte Politische Schriften*, 2.Aufl., J.C.B.Mohr, 1958.

①『議会と政府』：「新秩序ドイツの議会と政府」中村貞二／山田高生訳、前掲『政治・社会論集』所収
②『政治』：「職業としての政治」清水幾太郎／清水礼子訳、前掲『政治・社会論集』所収
（六）GAzSS,『社会学・社会政策論集』*Gesammelte Aufsätze zur Soziologie und Sozialpolitik*, J.C.B.Mohr, 1924、みすず書房復刻版、一九七八年
一、ウェーバー以外の著者の著作からの引用については慣例に従うが、訳文については必ずしも既訳に従っていない。
一、引用文中の圏点。は原著者の強調、傍点、は筆者・引用者の強調であり、〔…〕は原著者の挿入、（…）は筆者の挿入である。
一、筆者が〝いわゆる〟という意味を込めてある語を用いる場合は「…」を、当の文脈で独自の意味を込めて用いる語には〈…〉をつけて明示した。

# 第1部　マックス・ウェーバーと現代
## ――〈比較文化史的視座〉と〈物象化としての合理化〉

## まえがき

それは
一つの時代が終らんとして
もう一度自分の価値を総括するとき
いつも帰ってくる人であった
そのようなとき　一人の人間があって
時代のすべての重荷をかき抱き
自らの胸の奥底へと投ずるのである
……

妻マリアンネによる『マックス・ウェーバー伝』の冒頭に掲げられたリルケの詩は、このような言葉から始まる。まことにここには、自らの〈学問〉と〈人生〉の全体を通じて〈時代〉の〈意味〉を問い、その〈運命〉から身をそらすことなく真っ向から生き抜いたウェーバーの姿がこのうえもなく鮮やかに表現されている。そして、われわれが他ならぬウェーバーに関心を寄せるのも、こうした〈時代〉の〈意味〉への問いの周到さにおいて、また、それを自ら責任主体として受けとめて生きる〈生〉の徹底性において、彼が類まれな深みにまで達しているがゆえなのである。

今日、人は、自らの〈時代〉とそこにおける自らの〈生〉の〈意味〉への問いを意識の底に封印せんと努めているかに見える。われわれの生活を機械や組織や情報などさまざまな文化的形成物が埋め尽くし、それらが次第に機構化を遂げつつ「自明な日常世界」として自己運動を展開し始めると、その〈意味〉を問うことはナイーブでセンチメンタルな所業として嘲笑をもって抑圧されていく。それとともに、〈意味〉を問うことは、ますます理性的な〈すべ〉を失い、非合理的なものに成り果てた「宗教」のなかに細々と命脈を保つか、「日常生活」のわずかな裂け目においてまったく不条理な形で分散して噴出することにならざるをえない。

いまや専門分化した「学問」や「芸術」も、人間の〈生〉をトータルに受けとめえないものになっている。精緻化し洗練された各専門分野はそれぞれ固有な価値前提の上に立っており、それ自身の内部には、自らの価値前提を問い直し、新たな〈価値〉を創出していく機能を持ちえないからである。すでに〈近代知性〉は、自ら、〈価値〉や〈意味〉を問うことにおける無能力を宣言してしまったかのように見える。

このように〈意味への問い〉の存立そのものが疑われる、そうした状況だからこそ、われわれは、いま一度ウェーバーに立ち戻り、問いたいと思う。いったいウェーバーは、どのような視角から、いかなる見通しをもって〈問い〉を発したのか。また、そのために、どのような論理的準備作業をおこない、いかなる概念的道具立てを整えたのか。

ウェーバーと言えば、すでに、社会科学上の「古典」的な地位を占め、その学問的影響は、ほとんどすべての社会諸科学の分野に及んでいると言って過言ではないだろう。そして、ときには、その論断の透徹した内容によって、「予言者」にまで祭り上げられたりもしている。しかし、われわれの関心を引くのは、ウェーバーの膨大な著作の中に、「分析に使える便利な枠組み」や「現代を予見した警句類」を捜し出すことではない。そうではなく、ウェーバー自身にとって〈生きられた問い〉を、彼が、その学問の基礎作業において、どのようにして厳密で普遍妥当的な〈学的探求〉へと鍛え上げていったのかということである。

また、われわれは、ウェーバーの網羅的全体像を構築しようというのでもないし、単なる「科学方法論」を論じようとするのでもない。われわれがめざすのは、ウェーバー理解社会学の最も根底的な部分をなす論理的探求に込められた〈意味〉を明らかにすることである。

本書において、筆者は、ウェーバー自身が辿った論脈に踏み込み、できるかぎりその論理に内在して統一的な理解をなさんと努めた。それがどこまで成功しているかは大方の判断に委ねるほかはない。しかし、われわれが、自らの〈生の意味〉への希求を抑圧してしまうのではなく、そうした〈意味への問い〉を疑わしめている〈現代〉そのものを問い返していくために、たとえささやかではあっても、確実な一歩を築くこと、筆者の願いはそこにある。

# 序章　〈比較文化史的視座〉とウェーバー〈物象化〉論

マックス・ウェーバーをめぐる研究動向は、いまや新しい局面を迎えつつあると言っていいだろう。彼の地、ドイツでは、初の本格的全集の刊行準備の進捗と時を同じくして、従来のスタンダードなウェーバー解釈とはまったく異なった見地に立つ諸研究が澎湃として生まれつつあるし[1]、また、わが日本では、一九六四年「ウェーバー生誕百年記念シンポジウム」以来、特に七〇年代において、従来の近代化論者としてのウェーバー像が徐々に塗り変えられつつ今日に至っている。本書もそうした展開の中で、ウェーバーの方法論的基礎視角にあらためてアプローチを試みることにより、新たなウェーバー像の構成に寄与せんとするものである。

ウェーバーを問うことは、つねに、〈近代〉を問うことに結びついてきた。それゆえに、ウェーバー像の新たなる構成は、〈近代〉への可能な問いのあり方に、新たな視角を切り開くものでなければならない。

戦時下において、マルクス主義を禁圧された日本の社会科学が、ウェーバーに依りながら近代社会の理念型的原型としての〈市民社会〉の姿を自覚していくという過程は、すでに、内田義彦の優れた解明によって明らかにされている[2]。この下地が、侵略戦争とその敗戦という事態を、日本社会の「家族主義的性格」を伴った「前近代性」からの帰結として捉えさせる拠点となった。

「戦後復興」と「近代化」とは、大衆の表層レベルの意識では、生活態度の「アメリカナイズ」に他ならなかったが、知識層においては、その理念型的な範型は〈西欧型近代市民社会〉にあったと言いうる。この両者は、戦後日本の「近代化」の過程で、両極にあって、相補的にそれを推し進めるエートスとなった。そうした中で、〈西欧型近代市民社会〉の姿を最も明瞭に教えたウェーバーは、「近代化」の旗手として承認されるに至ったのである。

さて、一九六四年に、東京において催された「ウェーバー生誕百年記念シンポジウム」は、まさに、日本のウェーバー研究に、一つのエポックを画したと言える[3]。

このシンポジウムの眼目は、第一に、それまでの日本におけるウェーバー研究が総括されたことであり、第二に、近代的な合理主義の進展の根底にある〈非合理的なもの〉についてのウェーバーの主張が注目されたということである。特に後者は、すでに定着していた近代化論者＝ウェーバーという視点を根底的に問題化するものであった。

従来の「近代化論」の見地からすれば、日本社会の「前近代性」とは、伝統主義的規範に拘束された、その「非合理性」に他ならない。すなわち、自由で自立した諸個人が「合理的」に行為する可能性と能力を持つという〈西欧型近代市民社会〉の「合理性」の理念を範型とすることによって、それは立論の根拠を得たのである。それゆえに、そうした理念の旗手たるべきウェーバー当人が、その「合理性」の根底において、「人間自然の幸福観を強力に変形するような〈非合理的なもの〉」の存在を強調していることは、看過しえないところであった。

ウェーバーに依りながら「近代化」の理念を説いてきた大塚久雄は、この問題のもつ深刻な意味を指摘する。すなわち大塚は、一方で、「資本主義の精神」がその帰結において「精神なき専門人、心情なき享楽人」を生み出すというウェーバーの洞察について、「すでに半世紀以上もまえに、こうした大衆社会的状況の到来を予告したことは、じつに驚嘆すべきこと[4]」としながらも、他方で、つぎのように言うのである。「それだけにまた、こういう文化状況のもとで、そして、現在の困窮状態がなにによってもたらされ、われわれはどうすればその状態から救われうるか、そういったいわば広義での宗教意識や苦難の神義論〔マルクス主義のそれも含めて〕の可能性をまったく否定し去ってしまうとき、しかもそのうえで、研究者たちに、自分でダイモーンを見つけてひたすらザッへにつけ、というとき、それは現代に対して、とくに研究者ならぬマッセ〔大衆〕にとって、いったいなにを意味することになるでしょうか[5]」

大塚にとって、〈西欧型近代市民社会〉の理念を支えた「禁欲」のエートスは、侵略戦争と敗戦という事態を招いた日本社会について、「現在の困窮状態がなにによってもたらされ、われわれはどうすればその状態から救われうるか」を知らしめる手がかりに他ならなかったであろう。そうした立場から見ると、〈西欧型近代市民社会〉の「合理性」の根底に〈非合理的なもの〉が存在しており、この〈非合理的なもの〉こそが徹底的合理化を推し進めた揚句、不可避に、かの「大衆社会状況」を導くとするかのようなウェーバーの主張は、まったく悲劇的な袋小路に入り込んだものと捉えざるをえないのである[6]。

これに対し、ウェーバーを読む側の主体としての立場に注意を喚起することによって、まったく新たなウェーバー像を提示したのは、折原浩であった。折原は、従来の近代化論者＝ウェーバーという視点に替えて、むしろ近代西欧文化そのものがもつ問題性こそが、ウェーバーの関心の中心にあったのではないかと提起する。そして、ウェーバーが自らを、〈近代ヨーロッパ文化世界〉の「一員（Beteiligten）」と言わず「子（Sohn）」であると言っている点を捉え、つぎのように言う。「ウェーバーは、「近代ヨーロッパ文化世界」の「一員」ではなかった、ましてやその「擁護者」ではなかった――そうではなくして、かれは、精神的に成熟したSohnであった――つまり、自分自身の深い内面的原理を持たずに反抗したり、付和雷同したりする未成熟な子供ではなくて、親の遺産を慎重に検討したうえで、新しい人生に乗り出そうと身構えた、精神的に成熟したSohnであったと思うのであります。そして、その新しい人生とはいかなるものであるか――それはまさに私たち自身の問題である、と思うのであります[7]」

折原によれば、このようにウェーバーを捉えることで大塚が袋小路と感じたところのものを、絶対的な閉塞点としてではなく、むしろ、読者たるわれわれをして人生や世界の意味についての問いへと強く促す「覚醒予言性」を秘めたものとして見直しうるのである[8]。そして、その点から、われわれは、ウェーバーによって示された

〈近代ヨーロッパ文化世界〉の姿を、到達すべき〈近代の範型〉としてではなく、その固有性と問題性において捉え、さらに、それと鋭く対質させながら、〈近代日本文化世界〉の固有性と問題性を明らかにすることで、両者のマージナル・エリアに立って、新しい文化の可能性を探求しうるというわけである。

　大塚の問題提起が、近代化論的な見地に立ってウェーバーに内在した場合の窮極の限界点を示しているとすれば、折原のこの主張は、そこから新たなる方向へと展開する可能性を開いたものであった。

　さて、このようにして、近代化論者としてのウェーバー像が転換を要求されるなかで、「シンポジウム」以降、一方で、概念構成の基礎視角から、他方で、ウェーバー自身の生きた歴史的時代に即しつつ、単純な近代化論者ならぬ「近代ヨーロッパ文化世界の子」としての、ウェーバーの実像が探求されてきた[9]。今日では、安藤英治の詳細な研究などにより、ウェーバー自身の〈生〉と〈価値理念〉に即して、彼の固有な〈認識関心〉としての「ヨーロッパ意識」の存在が明らかになってきている[10]。

　ウェーバーは、「近代ヨーロッパ文化世界の子」であるという強い自覚をもって、「ヨーロッパ」の意味と存在理由、文化的可能性を探求した。ここから彼は、「ヨーロッパ」の前史たる「地中海古代」との、そして、中国やインドを中心とした「アジア文化世界」との、〈比較〉の視座を据えたのである。われわれは、こうしたウェーバーの視座を、「近代日本文化世界の子」たるわれわれがそれに対峙する際の緊張を込めて、仮に、〈比較文化史的視座〉と呼んでおくことにしたい。

　この〈比較文化史的視座〉を明確に把握することによって、今日のウェーバー研究は、従来の「近代化論」的見地とはまったく異なる新たな潜在力を持つようになったと思われる。すなわち、今日のウェーバー研究の有する〈普遍的意義〉は、ウェーバーの示したヨーロッパ近代の「範型」としての普遍性においてではなく、むしろ、彼の「ヨーロッパ意識」という特殊な関心に導かれたこの〈比較文化史的視座〉からする、新しい文化的可能性の探求に結びついているのである。

　一九六〇年代後半以降の社会状況の変化のなかで、戦後期におけるような「近代化論」が退潮し、今度は一転して、さまざまなバリエーションを伴った「近代批判論」が次々と現れてきている。しかし、それらの議論の中には、現代日本の社会状況を捉えるに、〈西欧型近代市民社会〉の理念型を直接の下敷きにし、そこから、「個のアトム化」「疎外」などの「大衆社会状況」を導き出して批判するという構図を採ったものが少なくない。しかし、そのことにより、「批判」は抽象化し、現実的な衝迫力を失うことはなかっただろうか。時代的制約をもちながらも日本社会の実相の一面を鋭く照らし出した、「近代化論」的実証研究の成果を凌駕する有効性を、はたして、これらの「近代批判論」は自負しうるのだろうか。

空中楼閣化した「批判」は、容易に、批判の牙なき旧き共同体への憧憬や「日本人論」によって足元をすくわれ、これらと相補的な関係に立つものへと頽落するであろう。ウェーバーの〈比較文化史的視座〉は、このような状況においてこそ、再度、照明を当てられるべきなのである。

ところで、日本のウェーバー研究がこうした構えをもつことによって、それは、今日のヨーロッパにおけるウェーバーへの関心の高まりに直接に触れあっていく。というのは、「近代ヨーロッパ文化」そのものがさまざまな矛盾を露呈しつつ現実的に行き詰まりを見せる中で、「西欧的合理主義」の普遍性と妥当性に懐疑と反省が生じ、ヨーロッパにおいても、この「西欧的合理主義」の固有性と問題性を見据え続けたウェーバーがあらためて検討の対象になりつつあるからである。[11]

すなわち、日本とヨーロッパの双方において、それぞれ立場を異にしながら、〈近代ヨーロッパ文化世界〉の存在の意味と文化的可能性に関心を寄せたウェーバーの〈比較文化史的視座〉の成果に学び、そこから、新しい〈文化〉のあり方とその可能性を模索するという、共通の問題状況が開けつつあるわけである。こうした問題状況において、われわれは、ウェーバー言うところの〈普遍史的問題（universalgeschichtliche Probleme）〉の意味を現実的に感得しうるようになっている。[12]

それゆえに、われわれは、まず、この〈比較文化史的視座〉を、しっかりした方法論的基盤から、明確な形において捉えておきたいと思う。というのは、そもそも〈比較〉が成立しうるためには、比較しうるという〈根拠〉と〈方法〉、そして、比較の〈観点〉とその〈見通し〉が前提されていなければならないからである。われわれは、それを捉えることによって、この〈比較文化史的視座〉の意義を明らかにし、そのパースペクティブの限界点を見定め、そして、そこから新たなる方向へと、さらに文化的可能性の探求を進めていくことができるであろう。

しかしながら、この作業は固有の困難を孕んでいる。というのは、この方法論的基礎がまた、従来、近代化論者としてのウェーバー像に適合的なものとして解釈されてきたからである。ウェーバー理解社会学が、〈方法としての解明的理解〉と〈対象としての社会的行為〉という基本構成をもつことは周知の事実であるが、この〈理解的方法〉が「方法論的個人主義」として解釈され、〈社会的行為〉の合理性が「手段的合理性」として把握されるとき、それ自体すでに、近代化論者＝ウェーバーという解釈の立派な根拠にさえなるものなのである。

それゆえに、われわれの考察は、ウェーバー理解社会学の〈方法としての解明的理解〉と〈対象としての社会的行為〉という基本構成を根本的に再検討するところから出発せざるをえない。とはいえ、この作業によって初めて、近代化論者としてのウェーバー像が根底から克服され、〈比較文化史的視座〉をもった新たなウェーバー像が、しっかりとした基盤に立つことになるであろう。

ところで、われわれの方法論的探求は、まったく徒手空拳でなされねばならないわけではない。むしろ、われわれが〈比較文化史的視座〉を念頭に置きつつ、理解社会学の方法論的基礎と基本的概念構成を検討せんとするときには、従来の「近代化論」的見地からは見えにくかった、いくつかの重大な手がかりを得ることができるのである。ここでは、そのなかでも〈失われた環〉とも言うべき、重要な一点に注目しておきたい。

それは〈Versachlichung（物象化）〉という概念である。

ウェーバーは、近代ヨーロッパに独特な形での合理主義について、それをつねに〈Versachlichung〉という概念に結びつけて性格づけている。意外に思う読者もあるいはいるかもしれないので、その典型的な例を引用してみよう。それは、『儒教と道教』の末尾において、儒教とピューリタニズムの性格を比較した有名な一節である。

中国においては、すべてのゲマインシャフト行為（Gemeinschaftshandeln）が、純粋に persönlich な、とりわけ血縁的な関係によって、またそれと並んで、職業上の義兄弟関係によって包囲され、条件づけられ続けてきた。これとは対照的に、ピューリタニズムは、すべてのゲマインシャフト行為を versachlichen し、それを合理的な「ベトリープ」と純粋に sachlich な「事務的」諸関係へと還元し、中国では原理上至上権を握ってきた伝統や地方慣行、そして具体的で persönlich な役人の恩恵などに代えて、合理的な法と合理的な協定関係を成立させたのである。[13]

さらに、『ヒンズー教と仏教』では、これをアジア的宗教性の一般性格と西洋のプロテスタンティズムの性格との対比に押し広げて、つぎのように言う。すなわち、アジアでは、「西洋の経済にとって決定的な、つぎのようなものが欠けていた。すなわち、営利追求の衝動的性格を打破し、それを合理的に Versachlichung すること、そして、営利追求を行為の合理的で世俗内的な倫理の体系へと組織化すること、これである」[14]。

そして、『経済と社会』においても、『宗教社会学』の章で、西洋の世俗内的禁欲の性格を、つぎのようにまとめている。

> 世界の他のあらゆる宗教性とは対照的に、西洋の世俗内的禁欲にとっては、生活態度の規律化と方法化とが一義的な目標であり、「職業人」が典型的な代表者であり、また、社会的関係の合理的な Versachlichung とゲゼルシャフト結合とが特殊な帰結なのである。[15]

見られるとおり、〈比較文化史的視座〉から〈近代ヨーロッパ〉を特徴づけるうえで、ウェーバーが、〈Versachlichung〉という概念を特別に重要な意味を込めつつ使用していることは明らかであると思われる。

ところが、従来のウェーバー研究においては、このことが明確に捉えられては来なかったのである。それには、いくつかの理由が考えられる。

まず、この〈Versachlichung〉が、ただちに価値評価に結びつけられた事実がある。というのは、かつて、この〈Versachlichung〉は、「没主観化」あるいは、「客観化」と訳され、「近代化」におけるポジティブな概念としてのみ扱われてきたのである。なぜこのように解釈されてきたかと言うと、〈Sachlichkeit〉には、「即事象性」あるいは「客観性」という意味で、人格的（persönlich）な隷属関係の軛を脱して、事柄そのものに即しつつ冷静に対処するという意味内容が含まれているからである。

しかしながら、〈Versachlichung〉を、このようなポジティブな意味においてのみ解釈するのには多くの難点がある。例えば、ピューリタニズムが現世における一切の活動の〈Versachlichung〉を「神の聖意にかなうもの」として承認した点を捉えて、ウェーバーは、それを「反同胞愛倫理（Unbrüderlichkeit）」と性格づけ、本来の「救済宗教」たりえないものとするのであるが、この点などはそれだけで、〈Versachlichung〉をポジティブにのみ解釈するのをためらわせるのに十分なものがあろう。[16] 少なくとも、ウェーバーにあっては、〈Versachlichung〉は価値評価に対して両義的な性格をもつのである。

とすれば、われわれは、〈Versachlichung〉についてただちに価値評価を下すのではなく、まずそれを対象的に受け取り、その構造的特質について冷静に吟味することから始めねばなるまい。そして、そうした考察によってこそ、〈Versachlichung〉がいかなる意味で近代ヨーロッパ文化世界を特徴づけているのかを明らかにしうるであろう。

ところで、従来のウェーバー研究において〈Versachlichung〉が問題化されなかった理由としては、さらに、〈Persönlichkeit〉という概念の内容的多義性の問題が考えられる。

先の『儒教と道教』からの引用にも明らかなように、〈Versachlichung〉という事態は、〈Persönlichkeit〉と〈Sachlichkeit〉という、二つの概念を枠組みとして成立する。ところが、この〈Persönlichkeit〉たるや、文脈によって、まったく多様な内容を含む概念となっているのである。例えば、儒教的な Persönlichkeit と言えば、外面的な現世の生活への順応のために陶冶された物腰や態度の調和と均衡を意味するのに対し、ピューリタン的 Persönlichkeit とは、「一時的感情」に抗し、内面からの統一をめざして一貫した行為を固守するという形式的な特質を意味する。このように対比すると、二つの〈Persönlichkeit〉はむしろ、まったく正反対とも言える内容となっているのがわかるだろう。それゆえに、従来、〈Persönlichkeit〉は、それぞれの文脈に応じて解釈され、「人格性」・「人間性」あるいは「個性」などと訳されてきた。それとともに、形容詞形の〈persönlich〉も、「人格的」「人間的」「個人的」「情誼的」「有情者的」などと、そのつど解釈されてきたのである[17]。

しかし、この多様な意味内容を文脈に即して捉えるという名人芸的解釈は、かえって〈Persönlichkeit〉が文脈を超えて一貫してもつ〈意味〉を埋没させる結果をもたらしてしまったようである。それゆえに、〈Persönlichkeit〉と〈Sachlichkeit〉という枠組みのうえに成立する〈Versachlichung〉は、いっこうに主題化されなかったものと思われるのである。

とすれば、われわれは、この〈Persönlichkeit〉が個々の文脈においてもつ具体的内容から出発するよりは、むしろ、これが〈Sachlichkeit〉と対となっているということの形式的意味に注目して考察を開始するのがいいであろう。そして、そこから、これらの概念の内包する意味を肉づけしていくことができよう。それゆえに、われわれの考察では、〈Persönlichkeit〉・〈Sachlichkeit〉の対概念を、形式的で、それ自体としては価値評価を含まない〈人格性〉・〈物象性〉として、また、〈Versachlichung〉を〈物象化〉としてまず捉えておきたい。

このように捉えて出発することで、〈人格性〉は〈比較文化史的視座〉の探求にとっての、いわば、〈戦略的概念〉となる。すなわちわれわれは、〈人格性〉がいかなる性格を備えるとき〈物象化〉という事態と結びつくのかという問いを立てることができるのである。そして、こうした問いが近代ヨーロッパ文化世界の特質の探求に深く関わっていることは明らかであろう。

後段で見るように、〈人格性〉は、各文化世界において、それぞれ固有な性格をもつ〈文化人（Kulturmensch）としての人格性〉に他ならず、そして、この〈人格性〉が〈物象性〉と対立するような特殊な性格をもつ場合、そこに〈物象化〉という事態を発生させる基盤が成立する。ところで、こうした〈人格性—物象性〉の二項対立構造こそ、カントにおいてもっとも抽象的な完成を見たヨーロッパ的伝統における〈人格（Person）—物象（Sache）〉の対立に他ならない。すなわち、ウェーバーにおける〈物象化〉概念とは、〈物象性〉に対立した〈近代ヨーロッパ的人格性〉、すなわち、内側からの統一性を維持し、その統一性の中核からつねに能動的で一貫した行為をめざす〈近代ヨーロッパ的文化人〉が辿る固有の運命の動態的構造を表す概念なのである。そして、そこには、そのような特殊な〈人格性〉を生み出した文化的基盤そのものへの問いが含まれているのである。〈物象化〉と言えば、ルカーチがマルクスによる資本主義批判の思想的中核として論じて以来、もっぱらマルクス主義の文脈において独占的に扱われてきた[18]。

もちろん、ウェーバーにおける〈物象化〉は、資本主義的な商品交換関係の構造から発生する倒錯的事態として、ネガティブに把握されたマルクスにおけるそれとただちに同一視はできない。しかしながら、〈比較文化史的視座〉をもったウェーバー〈物象化〉論の検討は、マルクス〈物象化〉論の成立する歴史的・社会学的背景にあらためて光を投げかけることにもなるであろう。

ところで、ここでの文脈において、われわれにとって重要なことは、〈人格性〉概念の構造から出発して〈物象化〉という〈近代ヨーロッパ文化〉の特質を表す事態を捉えようとする布陣が、ウェーバー理解社会学の〈方法としての解明的理解〉と〈対象としての社会的行為〉という基本構成に直接に関わっていることである。〈解明的理解〉という方法が、〈意味〉を担う〈主体〉としての〈人格性〉のあり方に深く結びついていることは明らかであろう。ところで、それに加えて、〈物象化〉という事態も、〈近代ヨーロッパ文化世界〉における特殊な性格をもつ〈人格性〉がなすところの〈行為〉の特質に結びついている。

ここから、本書における考察の方向が開示される。それは全体として一個二重の構造をもつ。すなわち、一方において、ウェーバー理解社会学の方法論的基礎と基本的概念構成を再構成的に把握し直すとともに、他方で、

〈人格性〉概念の原像を明らかにし、この〈人格性〉の為す〈行為〉の性格の広がりのなかから、〈人格性〉と〈物象性〉とが二項対立をなす事態の構造的特質と社会学的背景を見定めるという方向で、ウェーバー〈物象化〉論の成立する基盤を探っていくことである。本書における考察のこれらの二つの面は、相互に「導きの糸」となり、検証作業となりつつ、全体として、ウェーバーにおける〈比較文化史的視座〉の方法的基盤を明確なものとし、その可能性の射程を示すことになるであろう。

注

（1）Friedrich Tenbruck, *Das Werk Max Webers*, Kölner Zeitschrift für Soziologie und Sozialpsychologie, 4.Heft, 1975. Rainer Prewo, *Max Webers Wissenschaftsprogramm*, Suhrkamp, 1979. Wolfgang Schluchter, *Die Entwicklung des okzidentalen Rationalismus*, J.C.B.Mohr, 1979. Jürgen Habermas, *Theorie des kommunikativen Handelns*, Suhrkamp, 1981. などが注目される。

（2）内田義彦「日本思想史におけるヴェーバー的問題」、大塚久雄編『マックス・ヴェーバー研究——生誕百年記念シンポジウム』所収、東京大学出版会、一九六五年

（3）山之内靖は、この東京シンポジウムと同年にハイデルベルクで開かれたシンポジウムとに現れた事態から出発して、「疎外論の再構成」をめざした現代における思想—理論的課題を論じている。山之内靖『現代社会の歴史的位相——疎外論の再構成をめざして』日本評論社、一九八二年

（4）前掲、大塚久雄編『マックス・ヴェーバー研究』三三一ページ

（5）同書三三一ページ

（6）大塚のウェーバー内在的な疑問と同じ点に触れつつ、それのウェーバー外在的な批判を行なったのは、ハイデルベルク『シンポジウム』でのマルクーゼの発言である。O・シュタマー編『ウェーバーと現代社会学——第十五回ドイツ社会学会大会議事録』下、出口勇蔵監訳、木鐸社、一九八〇年参照

（7）前掲、大塚久雄編『マックス・ヴェーバー研究』二七〇―二七一ページ
（8）折原浩『危機における人間と学問――マージナル・マンの理論とウェーバー像の変貌』未来社、一九六九年
（9）こうした点に関連するものとしては、前掲、折原浩『危機における人間と学問』のほか、中村貞二『マックス・ヴェーバー研究』未来社、一九七二年、を挙げておきたい。
（10）安藤英治の「思想」（岩波書店）誌上の一連の論文、特に、「ウェーバーと〝ヨーロッパ意識〟――近代化のパラドックス」一九七七年一月号参照
（11）シュルフターやハバーマスの最近の著作に、そのような視角でのウェーバー論が顕著に見られる。
（12）vgl., GAzRS, I, S.1.（『序言』五ページ）
（13）GAzRS, I, S.528.（『儒教』四〇一ページ）
（14）GAzRS, II, S.372.（『ヒンズー教』二二一ページ）
（15）WuG, S.337.（『宗教』二三二ページ）
（16）GAzRS, I, S.545f.（『中間考察』一一五―一一六ページ）
（17）大塚久雄「東西文化の交流における宗教社会学の意義」、武田清子編『思想史の方法と対象――日本と西欧』創文社、一九六一年、一一五―一一六ページ参照
（18）ルカーチ『歴史と階級意識』城塚登／古田光訳、白水社、一九七五年参照。なお、「物象化」にあたる原語は、ウェーバーではVersachlichungが用いられているが、ルカーチではVerdinglichungであり、マルクスではその両者がともに使用されている。こうした用語上の相違が「物象化論」の性格のいかなる偏差によるものなのかは、もちろん、別途に考察さるべきことではある。しかし、ここではその点に深入りすることはできない。とはいえ、〈Ding〉と〈Sache〉というドイツ語について語源的に遡及してみると、われわれは非常に興味深い事実に逢着する。
まず、〈Ding〉は英語の〈thing〉の原型であるが、語源的にはインド・ゲルマン語系の〈ten〉に由来し、そこからゲルマン諸部族の「民会」すなわち、「Gerichtsversammlung（裁判集会）」を表す語となった。〈ten〉とは「spannen（張る）」あるいは「ziehen（引く）」を意味しており、ヴァーリヒは、そこから「集会のために囲われた広場」という意味を経て、「裁判集会」を表すようになったと推測している。また、〈Sache〉は語源的には「suchen

（求める）」の類縁語であり、「正当なすじみちを追い求める（eine Rechtsspur verfolgen suchen）」という意味から、「Rechtshandel（訴訟案件）」を表すようになった。要するに、今日では単純に「物」・「物象」などとしてのみ理解されている〈Ding〉と〈Sache〉は、元はと言えば法的な社会関係を表現する語であったのである。ここからは、ただちにつぎのような推論が成り立つ。すなわち、この〈Ding〉と〈Sache〉が含意する意味内容の変遷そのもののなかに、人間相互の〈社会関係〉を単なる「物」・「物象」にすぎないものとして捉えるようになっていく一つの歴史的過程が表現されているのではないかということである。われわれは、本書第2章5以下において、それを〈ヨーロッパ文化史〉の固有の展開のなかに確認するであろう。

さてここで、この点と関連して注目されるのは、マルクスとウェーバーが、ともに青年期において法学を学んでいることである。彼らに共通したこの法学の素養が、彼らをして共通の〈物象化〉という問題視角を懐胎させたという推測もあながち無理とは言えまい。

翻って考えるに、今日の〈物象化〉論に法学者がなんら関与せず、法制史的観点が欠如していることは、その視野の広がりを制限しているように思われてならない。vgl., Karl Marx, *Das Kapital*, Dietz Verlag, 1977. Friedrich Kluge, *Etymologisches Wörterbuch der Deutschen Sprache*, Walter de Gruyter, 1960. Gerhard Wahrig, *Deutsches Wörterbuch*, Mosaik Verlag, 1981.

# 第1章　解明的理解の論理構造と〈人格性〉の原像

## 1　解明可能性をめぐる問題状況

### (一)　二つの流出論

長い神経疾患の病も癒えきらぬ一九〇二年、ウェーバーは、彼の学問的創造の新しい局面を切り開くべく、学問の論理的認識論的諸問題について根本的な反省を自らに課した[1]。そして、この方法論的反省を通じて、ウェーバーは、彼独自の〈理解社会学（die verstehende Soziologie）〉を構想していくことになる。

ところで、神経を病むウェーバーにとってはおよそふさわしからざるところの著しく錯綜した認識論的議論にまで彼を駆り立てたものとは、いったい何だったのであろうか。われわれは、そこに彼の関心の構図の一端を読み取ることができる。

当時、ウェーバーを取り巻く学問世界においては、自然科学に対するところの、社会科学あるいは精神科学の基礎づけについて、大規模な論争がおこなわれていた。ディルタイ、ヴィンデルバント、リッカート、フッサールなど、当代のあらゆる哲学者、社会科学者を巻き込んで繰り広げられたこの学問論争は、人間の〈自由な行為〉が、いかなる意味において経験科学の対象となりうるのかという問題に結びついていた。これは、十九世紀中葉における俗流唯物論の台頭によって自然科学的な心理学にまで退化していた精神科学に、新たに人間の〈自由〉の息吹を吹込まんとするうえで、ぜひとも通らねばならない関門であった(2)。主観的内面的にいだかれた意味を不可欠な要素として含む〈意欲する人間の行為〉は、たしかに、ただ単に外的に生起する事態を記述するだけでは十分に解き明かしえず、それゆえに、これを対象とする学問においてはその認識様式の根本的な再検討が不可欠であったのである。

ところで、この問題がもし、人間行動についての体系的な認識論を整備・構成することにのみ結びついているのであるとしたら、その問題について専門の認識論学者ではないと自任するウェーバーが、神経疾患の苦しみを押してまで、深く関わるということはなかったかもしれない。ウェーバーにとって決定的だったことは、人間の行為の認識をめぐって現れた困難が、それに必要とされる特殊な認識方法の未確立に帰因するのではなく、むしろ対象たる〈人間〉の概念的把握の誤りに帰因しているとみられたことである。問われねばならないのは、論争者たちのそれぞれが自明のものとして前提している「人間」観なのであり、その「人格性」や「自由」についての原認識そのものなのであった。

かくてウェーバーの方法論的反省は、「人格性」や「自由」といった概念についての従来の通説をこそ再検討し、彼の学問的探求にとっての〈対象としての行為〉を概念的に定位し直すことを通じて、〈方法としての理解〉を根拠づけ、整備していくという回路を辿ることになった。

ウェーバーの方法論的反省の以上のような視野は、彼の方法論論文の最初のものである『ロッシャーとクニース』(3)の構成(三五―三六ページ以下の別表参照)そのものに、くっきりと表れている。この論文は、ウェーバー自らをもその「子(Kind)」(4)に数えたドイツ歴史学派を批判しつつ、当時「未開拓」(5)にとどまっていた〈解明的理解〉の認識論的根拠に立ち入っているために、たしかに、議論は錯綜し極度に難解なものになっている。それにもかかわらず、論文構成の枠組みそのものが、既存の「人格性」や「自由」に対する考え方に鮮明に対決していることを示すのである。

別表に見られるように、この論文は、ロッシャーに対する批判の部分とクニースに対する批判の部分に大きく分かれているが、そのいずれもが、ロッシャーとクニースにおけるそれぞれの流儀の〈流出論（Emanatismus)〉の批判によって締め括られている。[6] すなわち、この論文は、二つの〈流出論〉批判を大きな軸としつつ、その論理を支えるものとして、〈解明的理解可能性〉の認識論的基礎づけに立ち入るという構成になっているのである。

それでは〈流出論〉とは何か。

われわれは、その原型をかのヘーゲル哲学に見ることができる。すなわち、ヘーゲル哲学が、哲学自体の構成のみならず、現実の世界史もまた、精神（Geist）なる形而上学的実体の自己外化と自己還帰の全過程として捉えるとき、それは〈流出論〉の典型となるのである。

ウェーバーは、そのより俗流化された姿を、サヴィニーから始まるドイツ歴史法学派の「民族精神（Volks-geist)」なる概念に見て、つぎのように説明している。「この「民族精神」なる概念自体は、それが使用される際に、仮の概念容器、すなわち、いまだ論理的に加工されていない多数の直観的に捉えられた個別的現象を仮に言い表すための補助概念としてではなく、形而上学的性格をもった統一的な実在的存在（ein einheitliches reales Wesen metaphysischen Charakters）として取扱われるのであり、無数の文化作用の合成力としてではなく、反対に、民族の個々の文化表出のすべてがそこから流出してくる実在根拠（Realgrund）とみなされるのである」[7]

これからも分かるとおり、〈流出論〉とは、なんらかの形而上学的実体を与件として、すべての現象をそこからの流出と考えるものである。

ロッシャーにあっては、不徹底なあいまいさゆえに、ヘーゲルのように現実を「理念」の発現として捉えるところまではいかない。しかし、歴史的社会的な諸連関の有機的統一性が実体的に主張され、それの個別現象からの因果的説明が原理的に拒否されるのである。[8] 彼の説において、個別現象そのものは、全体的宇宙の有機体的生命（ein organisches Leben des Gesamtkosmos）の表出なのである。[9] かくてロッシャーもまた、〈流出論〉へと近づくことになる。ウェーバーは言う、「概念の一般性と連関の普遍性を相互に同一視するという試みにおいて、ロッシャーは、「有機体的」把握様式の道に入りこんだあげく、ヘーゲル的流出論との境界にまで行きついている。宗教的立場が、それの受け入れをはばんでいるだけだ[10]」。すなわち、内容的には受け入れていると批判するのである。

さて、その一方で、ウェーバーは、クニースを「人間学的流出論」として批判する。

ウェーバーは言う、「議論の目的に合うように、われわれは、いったいいかなる「人格性概念（Persönlichkeitsbegriff）」が、クニースにおいて、彼の「自由（Freiheit）」の観念に結びついているのかという問いから始めてみよう。すると、かの「自由」は「無原因性（Ursachlosigkeit）」としてではなく、人格性（Persönlichkeit）という必然的にまったく個性的な実体（Substanz）からの行為の流出として考えられているということ、そして、行為の非合理性は、この人格性の実体的な性格ゆえに、ただちに合理的なものへと屈折せしめられていることが分かるのである。

「人格性」の本質は、クニースにとってまずなによりも、一つの「統一体（Einheit）」だということである。だが、この「統一体」は、クニースにあっては、ただちに自然主義的有機体的に考えられた「統一性（Einheitlichkeit）」の観念へと変化し、この「統一性」はと言えば、また〔〝客観的〟な〕内的「無矛盾性」として、それゆえ窮極的には合理的なものとして解釈されているのだ。人間はひとつの有機体的存在であり、それゆえ、すべての有機体とともに、「自己保存」と「完成」という「根本衝動（Grundtrieb）」をもっている[11]」。

見られるように、クニースにあって、「人格性」が有機体的統一体として実体化される点にこそ、ウェーバーの批判は向けられている。こうしたクニースの立場が徹底化されると、あらゆる行為は「人格性」を備えたそれぞれの個体からの「流出」として考えられるようになり、原理的に見て因果的探求の及ばないものとなってしまうのである。かくてウェーバーは、クニースの立場を「人間学的神秘主義（anthropologisch verkleidete Mystik）[12]」とまで言って批判することになる。

さて、以上で明らかなように、ウェーバーの〈流出論批判〉は、相互に異なった二つの面を備えている。すなわち、それは、「民族」や「国家」などという「集団概念」の実体化を批判するばかりではなく、「個人」や「人格性」という「個体概念」の実体化をも明確に批判しているのである。とすれば、この二つの〈流出論批判〉を大きな軸とした『ロッシャーとクニース』における議論には、ウェーバー自身による新たな〈人格性〉概念の把握と検討が含まれていると見なければならないだろう。

従来、ウェーバーによる〈流出論批判〉と言えば、「民族」や「国家」という「集団概念」の実体化批判の面のみが強調され、それが「方法論的個人主義」と結びつけられて、彼の近代主義的な社会把握を端的に示すものとして受け取られてきた。しかしながら、ウェーバーの〈流出論批判〉が二つの面をもつという事実は、そのような解釈の根本的な再検討を迫らざるをえないのである。

またそこにおいて、われわれが特に注目したいのは、このような〈人格性〉概念の再検討が、〈解明的理解〉という方法の認識論的基礎づけをめぐる考察に直接結びついていることである。この事実は、ウェーバーの〈解明的理解〉の基礎づけが、認識論上で通例のいわゆる「他我問題」の構図をとっていないということと表裏をなしている。すなわち、ウェーバーの方法論的議論は、「自我」の「自明性」と「自我―他我」対立という「他我問題」に通例の構図から出発するのではなく、むしろ、「自我」にしろ「他我」にしろ、そのような〈人格性〉が成立する構造そのものを俎上に載せていると見られるのである。方法論的議論のこうした構図こそ、さまざまな文化諸世界において異なった実相をもって現れる〈人格性〉の全体を〈比較〉の視座に捉えていく、ウェーバー〈理解社会学〉の基本性格を端的に示していると考えねばなるまい。

そこでわれわれは、まず、ウェーバーによる方法論的認識論的議論に徹底的に内在しつつ、〈方法としての理解〉の論理構造をあとづけ、そこから、彼の〈人格性〉概念の原像に迫っていくことにしよう。この構えこそ、〈比較文化史的視座〉に立った新しいウェーバー像を探求するわれわれにとっての考察の出発点にふさわしいものであろう。

『ロッシャーとクニース』（一九〇三年から〇六年）の内容構成と本書の内容構成の対応表

『ロッシャーとクニース』は、〈批判〉という形式をとった、ウェーバー自身の論理的認識論的探求の軌跡そのものを示すがゆえに、その議論は錯綜し、構成も体系的に整ったものになっていない。それゆえ、本章は、一面では『ロッシャーとクニース』を論理的に再構成して、その内容に解釈を与えるものとなるように考えられている。そこで、両者の内容的対応関係をまとめて示しておく。

| 『ロッシャーとクニース』の内容構成 | 本書における対応節・項 |
|---|---|
| I、ロッシャーの『歴史的方法』（一九〇三年） | 一章1(一) |
| ◦ロッシャーの科学の分類 | |
| ◦ロッシャーの発展概念と現実の非合理性 | |
| ◦ロッシャーの心理学と古典派理論に対するその関係 | |
| ◦推論的認識作用の限界とロッシャーにおける有機体の形而上学的因果性 | |
| ◦ロッシャーと実践的規範および理想の問題 | |
| II、クニースと非合理性の問題（一九〇五年） | |
| 1、行為の非合理性 | |
| ◦クニースの著作の性格 | |
| ◦クニースにおける『意思の自由』と『自然の制約』との近代諸理論に対する関係 | 一章3(二)(e)、二章2 |
| ◦ヴントの『創造的合成』というカテゴリー | 一章2 |
| ◦具体的な行為の非合理性と具体的な自然生起の非合理性 | 一章4(二)、二章2(一) |
| ◦『解明』という『カテゴリー』 | 一章4(二) |
| ◦この『解明』という『カテゴリー』の認識論的諸論議 | |
| (1)ミュンスターベルクの『主観化的』科学の概念 | 一章2(二)(b) |
| (2)ジンメルにおける『理解』と『解明』 | 一章3(二)(a) |
| (3)ゴットルの科学理論 | 一章2(一)(a) |

| | |
|---|---|
| Ⅲ、クニースと非合理性の問題（一九〇六年） | |
| (4)リップスの『感情移入』とクローチェの『直観』 | 一章2㈠(b)および㈡(c) |
| ○『明証性』と『妥当性』 | 一章3㈢(d) |
| ○歴史家の索出的『感覚』と『暗示的』叙述 | |
| ○『合理的』解明 | 一章3㈢(c)iii |
| ○因果性のカテゴリーの二重の用法および非合理性と非決定論との関係 | 一章2㈡(a)、二章2㈠ |
| ○クニースにおける個体の概念、人間学的流出論 | 一章1㈠ |

注

（1）Marianne Weber, *Max Weber, Ein Lebensbild*, 2.Aufl., Lambert Schneider, 1950, S.347ff.（マリアンネ・ウェーバー『マックス・ウェーバー』第一巻、大久保和郎訳、みすず書房、一九六三年、二四二ページ以下参照）

（2）この時代の思想史的背景については、前掲、マリアンネ・ウェーバー『マックス・ウェーバー』第一巻のほか、スチュアート・ヒューズ『意識と社会――ヨーロッパ社会思想 一八九〇―一九三〇』（生松敬三／荒川幾男訳、みすず書房、一九七〇年）など参照。

（3）この論文は、一九〇三年から〇六年まで、前後三回に分けて「シュモラー年報」に発表されたが、その三回の発表にちょうど挟まるようにして、〇四年には『社会科学的および社会政策的認識の〝客観性〟』、〇六年には『文化科学の論理学の領域における批判的研究』が発表され、それらでは、ウェーバー理解社会学の方法的見地が積極的に提示されている。それゆえに、この論文は、それらの背景をなす基本的諸問題の解決がめざされたものと考えることができる。vgl., Dirk Käsler, *Max Weber Bibliographie*, Kölner Zeitschrift für Soziologie und Sozialpsychologie, 4.Heft, S.703ff.

（4）WL, S.208.（『客観性』一〇七ページ）

（5）WL, S.91.（『ロッシャー』第二巻、四四ページ）

（6）論文の計画としては、あと一章続く予定であったらしいが、それは、クニースの〈流出論〉の、さらに詳細な批判

であると予告されている。vgl., WL, S.145.（『ロッシャー』第二巻、一五三ページ）
（７）WL, S.9f.（『ロッシャー』第一巻、二四ページ）
（８）WL, S.35f.（『ロッシャー』第一巻、七四ページ）
（９）WL, S.34.（『ロッシャー』第一巻、七三ページ）
（10）WL, S.41.（『ロッシャー』第一巻、八六ページ）
（11）WL, S.138.（『ロッシャー』第二巻、一三九―一四〇ページ）
（12）WL, S.144.（『ロッシャー』第二巻、一五一ページ）

## （二）〈解明〉というカテゴリー

〈方法としての理解〉の論理構造の分析を通してウェーバーにおける〈人格性〉や〈自由〉の概念を捉えんとする作業は、必然的に、ウェーバーの統一的全体像を視野に収めることになる。しかし、かつて、ウェーバーの理解社会学における〈対象としての行為〉と〈方法としての理解〉とが統一的に把握され、解釈が下されてきたかというと、必ずしもそうは言えないであろう。その方法の基本的核心をウェーバーに学び、現代の社会学に大きな影響を与えている学者として、タルコット・パーソンズとアルフレート・シュッツがいるが、パーソンズが〈行為〉に力点を置いて「主意主義的行為理論」へと展開していくのに対して、シュッツは〈理解〉に注目し「現象学的社会学」への道を歩むというように、ウェーバーからの継承のコースにおいて対極的な道を辿るということがそれを象徴している。(1)

ところで、このような状況下では、われわれはいったいなにを手がかりに考察を進めたらいいのだろうか。〈理解〉と〈行為〉という概念は、ウェーバー解釈上からしても、認識論上の問題性からしても、論争点を多く含んだものであるだけに、恣意的な端緒からの立論は慎まねばなるまい。

そこで、まず、〈理解〉についてのウェーバーの定義を押さえておくことにしよう。

「理解」とは、これらすべての場合において、つぎのような意味や意味連関の解明による把握（deutende Erfassung）を指している。（一）個々の場合において実際にいだかれた意味や意味連関〔歴史的考察〕、（二）平均的近似的にいだかれた意味や意味連関〔社会学的大量観察〕、（三）頻度の高い現象の純粋な類型〔理念型〕にまで科学的に構成されうる〔〝理念型的〟〕意味や意味連関[2]

ここでは端的に、〈理解〉とは「解明による把握」であると述べられている。ここから、この〈解明（Deutung）〉こそ、ウェーバーにおける〈理解（Verstehen）〉の性格を特徴づけるものであると認めることができよう。

さて、ここからひるがえって、前項別表の『ロッシャーとクニース』の論理構成を再度通観すると、われわれは、そこでも、〈解明〉というカテゴリーが重要な役割を演じていることを発見する。すなわち、ウェーバーにおける〈方法としての理解〉をめぐる認識論的議論は、〈人格的要素〉における〈解明可能性（Deutbarkeit）〉の根拠づけの問題を中心に据えているのである。そして、前項で見たように、二つの流出論の批判に挟まれた〈解明可能性〉をめぐる議論のなかにこそ、ウェーバーにおける〈人格性〉や〈自由〉の概念の再検討が孕まれているると見られるのである。

ということは、この〈解明〉が、一方で、〈理解〉の性格を特徴づけ、他方で、〈人格性〉とその〈行為〉のウェーバー的特質にしっかりと結びついているのだということになろう。すなわち、〈解明〉というカテゴリーに、〈対象としての行為〉と〈方法としての理解〉を結ぶ統一的解釈への秘密が宿っていると考えられるのである。

さて、この〈解明〉というカテゴリーについても、従来、必ずしも的確に摑まれてきたとは言えないであろう[3]。そうした〈解明〉把握の欠陥は、もちろん、〈理解〉についての解釈そのものを歪めてきたことは否めない。

例えば、それは、金子栄一のウェーバー解釈のなかに見ることができる。[4] 金子説はと言えば、現時点での標準的見解を多くの点で代表していると言えるものなのだが、そこにおける〈理解〉解釈には〈解明〉がまったく欠落しているのである。

金子は、〈理解〉について、「目的合理性の範疇による理解」と「「心理学的」理解」を区別し、[5] 両者は「手をたずさえてすすまねばならない」が「原理的に二つのタイプの理解の道」[6] であるとしている。しかし、ウェーバーの言うところは、これとは若干異なっているのである。

ウェーバーは言う、「あらゆる科学一般と同様に、すべての解明（Deutung）は「明証性（Evidenz）」を追求する。理解の明証性は、（a）合理的〔これも、論理的か数学的かに分れる〕か、（b）感情移入的に追体験的〔情動的・芸術家的〕かの性質をもつ」。[7] すなわち、ウェーバーの言わんとするところは、〈理解〉の方法であるところの〈解明〉は〈明証性〉を追求するが、その解明によって得られた〈明証性〉には二種類あるということであって、そもそも〈理解〉の方法に二種類あるというのではないのである。

とすると、金子説は、〈解明〉という単一の構造をもつ〈理解〉の方法を二つに分解して、二つの「原理的に異なる」理解への道に仕立て上げてしまったということなのではないか。すなわち〈解明〉という扇の要を欠いたがゆえにこそ、〈理解〉は二つに分解したのではないかと思われるのである。

とすれば、問題となるのは、ウェーバーにおける〈方法としての理解〉が、果たして、〈解明〉という方法的手続きを中心軸とした単一の全体構造をもつものとして捉えうるのかという点であろう。そして、もしそう捉えることが可能であるならば、そこにおける〈解明〉とはいかなる内容であるのかが明らかにされねばなるまい。そして、この点から、さらに、この〈解明〉という方法を支える論理的根拠において、いかなる〈人格性〉概念が要請され、かつ、主張されているのかが探求されねばならないだろう。

かくて、本章におけるわれわれの考察は、一個二重の意味をもつことになる。すなわち一方で、〈解明的理解〉の方法の全体構造を構成的に把握するとともに、他方では、その論理的根拠から、ウェーバーにおける〈人格性〉の概念の性格が浮きぼりにされていくということである。

注

（1）cf., Talcott Parsons, *The Structure of Social Action*, The Free Press, 1949. Alfred Schüz, *Der sinnhafte Aufbau der sozialen Welt*, Suhrkamp, 1974.
（2）WuG, S.4.（『基礎概念』一六ページ）
（3）そうした事態は、『基礎概念』における Deutung あるいは Deuten の訳語にも表れている。清水は、この概念を「解釈」あるいは「理解」などと訳し分けているが、「解釈」はまだいいとして、「理解」などと訳したのでは Verstehen（理解）との示差的意味が失われ、混乱を招くことになるのは明らかであろう。本書では、Deuten の訳語について、それが最近定着してきており、単なる客観的解釈という印象を与えかねない「解釈」という訳語より優れているという理由から、「解明」という訳語を採用することにする。
（4）金子栄一『マックス・ウェーバー研究――比較研究としての社会学』創文社、一九五七年
（5）同書九〇ページ
（6）同書九六ページ
（7）WuG, S.2.（『基礎概念』一〇ページ）

## （三）「思想史的解釈」の陥穽

金子説に限らず、従来、ウェーバーの〈理解〉概念を論ぜんとする場合には、心理主義と論理主義という二つの見地が相対立させられて、それらのどちらに属するのかという取り上げ方がなされるのが常道であったと言っていいだろう。このことはもちろん、ウェーバー解釈上において、〈解明〉の概念が欠落していたことばかりによるわけではない。むしろ、心理主義と論理主義の対決は、精神科学と他者の〈理解〉の根拠づけをめぐる長い

論争の歴史のなかに、不断に形を変えつつ現れてきたものであった。

　ウェーバーが方法論的反省を自らに課した当時、まさにこの対決が尖鋭になりつつあったと言っていい。すなわち、古来からの『聖書』や法律の「解釈術」を自覚的に「解釈学」として取り出しつつ、精神科学の基礎づけをなさんとしたディルタイが、心理主義の立場から出発したのに対し、フッサールは、そのような心理主義的な認識理論を詳細に批判し、超越論的主観の立場から理性に基づく学的認識を打ち立てんとしていたのであった。

　このような状況を前提とすれば、それら心理主義と論理主義という二つの流れのなかにあって、ウェーバーはどこに位置するのかに関心が寄せられ、その示差的地位が論じられるというのは、むしろ正当な問題意識と言うべきであろう。しかし、そのような問題設定が、ウェーバーのまったく独自な議論の内容について、それ自体に内在しつつ捉えるという作業の眼を曇らせることがあったのも否定しえない事実であろう[1]。

　例えば、ウェーバーの理解社会学と言えば、その哲学的な基礎を新カント派のリッカートの認識論に負い、それを土台として構成されたとする通説がある。しかしながら、方法的核心たる〈理解〉という点からして、そのように簡単には、ウェーバーを新カント派として位置づけきれない問題が含まれているのである[2]。『ロッシャーとクニース』は、ウェーバーが「この著者（リッカート）の思想がわれわれの学科の方法論に利用できることを確かめるのが、本研究の目的の一つである[3]」と述べているほどの論文だが、ここにおいてもすでにつぎのような重要な指摘があるのである。「リッカートによって強調された「他人の精神生活の原理的な把捉不可能性（prinzipielle Unzugänglichkeit fremden Seelenlebens）」に反して、いかなる種類の人間の行為および人間の表現の経過も有意味な解明（eine sinnvolle Deutung）が可能であるということが成り立つ[4]」と。

　そして、一方のリッカートによっても、ウェーバーについて、つぎのように言われているのである。

　トレルチでさえやったように、彼（ウェーバー）を「新カント派」に数えたり、ヴィンデルバントや私（リッカート）と並べて、西南ドイツ「学派」の「第三の代表者」としたりするとすれば、この類例を見ない人

物の意味をとり違えることになる。(5)

こう見てくると、少なくとも〈解明的理解〉という点については、リッカートに拠ってウェーバーを解釈することはできないということになろう。

さらにそれに加えてつぎのような事情がある。というのは、〈解明〉の理論という点については、ウェーバーに先立って、ディルタイ、ジンメル、ミュンスターベルク、ゴットルあるいはフッサールなどが論じていたのであるが、ウェーバーは、それらの人々を明らかに念頭に置きつつも、求められるべき〈解明〉の理論について、「認めうるかぎり、今日なお未開拓にとどまる」(6)と判断しているのである。これは、ウェーバー自身が、それまでの〈解明〉の理論に満足しておらず、独自に考察を進めていくべきであると考えていたと解釈しうるであろう。こうした事情は、たしかに、あのウェーバーの錯綜して難解な考察を生み出し、解釈を困難ならしめている。しかし、それゆえにこそ、ウェーバー自身に内在して考察しなければ、何ひとつ確かなことは言えないのも事実なのである。

それでは、ウェーバー解釈は、同時代の思想史的背景とは切り離して進められるべきなのか。そうではない。少なくとも、ウェーバーは、同時代人と問題は共有したと言いうるはずだ。すなわち、ウェーバーとても、同時代の懸案事項の解決は課題として自覚せざるをえないわけで、われわれが慎まねばならないのは、解決の内容において他の論者と安易に重ね合わせることなのである。

実際、同時代の哲学者たちが、〈他者理解〉に関わる認識論上の難問をいかに捉えていたかを念頭に置くことは、ウェーバーの議論を分析・解釈するうえでも有効な導きとなるにはちがいない。とりわけ、〈理解〉において、心理主義の立場を採るとどこに難問が生じるかを見定めるためには、ディルタイの定式化した三つのアポリア(7)を押さえ、また、認識が成立するうえでの観察者の側における「価値関心」による影響の問題については、リッカートの「価値関係性（Wertbeziehungen）」(8)の概念を押さえておくことが、われわれに貴重なヒントを与えうるであろう。

しかし、その場合にもつぎのことは忘れられてはならない。すなわち、ウェーバーの場合には、他の哲学者たちとは異なって、自然科学に対するところの、精神科学あるいは文化科学の「基礎づけ」そのものに主要な関心が向けられているわけではないということである。ウェーバーにとって、認識論上の論理的問題の解決は、社会科学の方法そのもののため（「方法の優位」！）[9]にあるのではなく、彼の「対象」への関心からこそ求められたものなのである。

さらに決定的な問題点はつぎの点である。すでに見たように、ウェーバーは、〈解明可能性〉をめぐる論理的認識論的議論において〈理解〉の対象たる〈人格性〉の概念そのものを再検討しているとみられるのだが、それにはそれまで自明とされてきた〈理解の目標〉そのものの再検討が含まれているということである。心理主義と論理主義の対立軸をあらかじめ設定して考察を進めると、この点を見逃してしまうのである。

心理主義から出発したディルタイも、論理主義をとったフッサールにおいても、その「理解の目標」とは、モナド的に閉じられた「他者の内面」を認識することに他ならなかった。しかし、実は、ウェーバーにおいては、そうとは言えないのである。[10]

それでは、ウェーバーにおける〈理解の目標〉とは何か。それは〈解明的理解〉の論理的構造に内在して、把握されねばならないだろう。

注

（1）今日、この点を強調するのには特別な意義がある。すなわち、パーソンズ流の構造機能主義への反省から、シュッツの現象学的社会学などへの関心が高まり、あらためて〈理解〉的方法が多く論じられるようになってきたからである。しかしその中には、ディルタイやシュッツに重点を置くあまり、ウェーバーについての内在的解釈を素通りし、強引に公式的な「学説史」のなかに位置づけて事足れりとする傾向も散見されるのである。この点に関連する文献としては、山口節郎「解釈学と社会学——「解釈的パラダイム」批判」「思想」一九七九年五月号、岩波書店、浜日出夫「日常の社会学」、「年報人間科学」刊行会編「年報人間科学」第一号、大阪大学大学院人間科学研究科社会学・人間学・人類学研究室、一九八〇年、庁茂「「理解」の展開史にむけて」、前掲「年報人間科学」第一号、浜井修『ウェーバーの社会哲学——価値・歴史・行為』東京大学出版会、一九八二年。

（2）ウェーバーとリッカートとの関係については本章4（一）で整理して取り上げる。なお、ウェーバーとリッカートが異なるという点については、安藤英治『マックス・ウェーバー研究——エートス問題としての方法論研究』（未来社、一九六五年）一六二ページ以下参照。

（3）WL, S.7（『ロッシャー』第一巻、一八ページ）

（4）WL, S.12f.（『ロッシャー』第一巻、三一ページ）

（5）Heinrich Rickert, *Die Grenzen der naturwissenschaftlichen Begriffsbildung*, 5.Aufl., J.C.B.Mohr, 1929, Vorwort xxi.

（6）WL, S.91.（『ロッシャー』第二巻、四四ページ）

（7）ディルタイは、『解釈学の成立』の「草案」のなかで、「個人的意識のなかに閉じ込められている」意識を他者へと伝えることに含まれる「難問」を三つに整理している。要点を略記するとつぎのようになる。

①　感覚的に与えられた他者の生の表出をいかにして普遍妥当な客観的理解へもたらしうるか。

②　個々のものから全体を、逆に、全体から個々のものを理解するという循環はいかにして突破されうるか。

③　理解が説明を、説明が理解をそれぞれ不可欠とすれば、その相互関係はどうなっているのか。

ディルタイ『解釈学の成立』久野昭訳、以文社、一九八一年、四九—五一ページ。この点に関しては、O・ペゲラー編『解釈学の根本問題』（〔現代哲学の根本問題 第七巻〕、瀬島豊ほか訳、晃洋書房、一九八〇年）参照。なお、ウェーバーは、ディルタイについては参照を指示しているのみであるが、前の三点は、ウェーバーの考察自体にも深く投影されていて興味深い。vgl., WL, S.43, S.91f.（『ロッシャー』第一巻、九二ページ、第二巻、四五ページ）

（8）「価値関係性」については後述。

（9）前掲、安藤英治『マックス・ウェーバー研究』一六九ページ参照

(10) 金子栄一は、この点には気がついている。前掲、金子栄一『マックス・ウェーバー研究』八六―八七ページ

## (四)「動機の理解」と「動機による説明」

さて、われわれが、〈解明的理解〉の論理的性格と全体構成を明らかにせんとするとき、なおひとつの重大な問題に直面せざるをえない。

周知のように、ウェーバーの〈解明的理解〉と言えば、〈行為者〉において主観的に思われた〈動機〉の理解が中心環を握っている。ところで、このように重要な〈動機理解〉について、従来、まったく異なった方向からの二つのアプローチが存在し、それら相互の連関が、必ずしも明確にされてきてはいないのである。

その点を例示するために、ウェーバー解釈上重大な影響力をもった、大塚久雄による〈理解的方法〉についての説明を検討することから始めよう。

大塚は、ウェーバー〈理解社会学〉の認識対象が終始、生きた、自由な意志をもって行動する人間であることを繰り返し強調する。(1) そして、そこにウェーバーが方法の問題を提起しなければならなくなった理由を見出しつつ、問題の核心をつぎのようにまとめている。「生きた人間諸個人というものは、どこまで意識的であるかは別といたしましても、とにかく絶えずさまざまな目的を設定し、その手段を選択して、決断をしつつ行動するのであり、社会現象はそういう生きた人間諸個人の社会的行動の軌跡に他なりませんから、およそ社会現象のなかには、人間行動における目的―手段の連関、いわゆるテレオロギー、目的論的な関連が奥深く含まれていることは申すまでもありません。(略) しかし、大切な点は、そうした目的論的関連の追求は、原因―結果の連関をたどっていく因果関連の追求とは、相互に本質的なかかわりあいを持ちながらも、それ自体としては全く別のことだということです」。(2) すなわち、目的論的関連の追求は、哲学的探求でありえたとしても、即事的 (sachlich) な科学的認識ではありえず、ここに社会科学の有する困難が存在するというわけである。

大塚は、このような社会科学の認識における難問を解決したのがウェーバーの「理解的方法」であると指摘しつつ、その方法を「目的論的関連の因果関連への組みかえ」というように表現している。大塚の説明を聞こう。「ある目的を設定し、そのための手段を選び、そして決断しつつ行動することによって一定の結果をもたらすということは、われわれの主観においては、たしかに目的—手段の連関として意識されていますが、それを客観的な過程のなかに置いてみますと、それはそうした行動を惹きおこした少なくとも原因の一つとして働いているわけですね。つまり客観的には、それは一つの原因—結果の関連ともなっている。ともかく、こうして目的—手段の関連をたえず原因—結果の関連に組みかえていけば、社会過程における客観的な因果関連が逐一たどっていけることになるわけです[3]」

ところで、このような「目的論的関連の因果関連への組みかえ」がなぜ可能かというと、それを可能としたのが「理解的方法」であると大塚は言うのである。「人間の営みについては、人々がどういうわけでそういう行動をするのか、その動機の持つ意味がわかるわけで、そして、それによって、単なる経験的規則性によるよりも確実に原因—結果の連関をたどり、また将来を予測することができることになる[4]」

すなわち、大塚の「理解的方法」の解釈は、理解された〈動機〉を一つの原因として、そこから因果関連を辿っていくという、「動機による説明の方法」だとまとめることができよう。

さて、ところで、哲学者たちは、社会科学者の大塚が「解決」を見出したところに、「問題」そのものを見出すであろう。すなわち、大塚が出発点にしている〈動機〉そのものは何を根拠に理解しうると言えるのか、ということである。

そのような問題関心でウェーバーに接近した代表者とは、なんといっても、アルフレート・シュッツであろう[5]。

シュッツは、まず始めに、ウェーバーの「現実的理解(das aktuelle Verstehen)」と「動機的理解(das motivationsmäßige Verstehen)」という二つの理解について取り上げる。

シュッツによれば、「現実的理解」が、身体の動きなどの外的経過のみをデータとするかぎりにおいて、他者によっていだかれた主観的意味を摑み取ることは不可能である。斧を振り回している人は、木を切ろうとしているのではなく、単にそれに似た仕事をしようとしているだけかもしれず、ドアのノブに手を伸ばしている人は、ドアを開けようとしているのではなく、修繕しようとしているのかもしれない。「外的経過の現実的理解だけでは、どうしても、このような疑問について答えることはできない。しかし、これらの疑問は、まさに、行為者が自らの行為に結びつけた主観的意味についてのものであるのだから、――ウェーバーもまた明らかにそうであるように――「現実的理解」ということで、いだかれた意味を、表明されたものから、あるいは知覚についての推論によって得ようとすることと考えているかぎり、このようないだかれた意味の「現実的理解」は不可能であるということになる」[6]。シュッツの解釈によれば、ウェーバーの「現実的理解（das aktuelle Verstehen）」は、他者の自己表明や動作を知覚することを通じて「直接」にいだかれた〈意味〉を理解すること、すなわち、「直接的理解」ということになる。それゆえにシュッツは、そうした「直接的理解」は論理的には不可能であると考えるのである[7]。

このような「現実的理解」についての問題点の指摘から、シュッツは「動機的理解」についてもつぎのように言う。「ウェーバーの言う所の動機的理解（das motivationsmäßige Verstehen）は、テーマとして、動機を明らかにすること（Bloßlegung）のみを対象にしている。しかし、すでに述べたように、動機が把握（Erfassung）される為には、それに先立って、行為の意味がわかっていなければならない。そして、この行為の意味は、たしかに、いだかれた意味として行為者には自明のものなのだが、観察者にとってはそうではないのである」[8]。それゆえに、観察者が〈動機〉を追求しようとする場合には、行為者が自分の行為について考えている「主観的意味」（例えば、自分の動作は、木を切る動作か、あるいは他の意味をもつかということ）からではなく、その行為のもつ「客観的意味」（その動作をおこなうと木が切れるために、その動作は木を切るという意味をもつということ）から出発せざるをえない。かくて動機的理解もまた、シュッツによれば、行為者によっていだかれた〈主観的意味〉に至ることはないのである[9]。

シュッツの問題関心は、〈理解〉の概念の否定にではなく、〈理解〉の積極的な根拠づけにある。彼は、それを通して、社会科学を認識論的にも確かな根拠のうえに据えようと志しているのである。それゆえに、シュッツは、以上のウェーバーにおける〈理解〉概念の検討から、さらに、フッサールやベルグソンを手がかりとした、他者理解の現象学的考察へと進んでいくのである。

しかし、われわれの見るところでは、そうしたシュッツの現象学的アプローチそのものが、ウェーバーの〈解明的理解〉の解釈において、重大な一面性を招く原因になっているように思われる。

ここで問題としたいのは、シュッツにおける〈動機的理解〉の把握が、以上見てきたように、「動機を明らかにすること」、すなわち、「動機の理解」に切り縮められたものであることである。少なくとも、大塚久雄に見られたような、「動機による説明」を通して、現実的生起の因果連関を捉えていくといった問題視角はまったく欠落しているのである。[10] しかし、そうなると、〈動機的理解〉は「社会的行為の経過と結果を因果的に説明しようとする科学」である〈理解社会学〉の中心的概念とは異なるものになってしまう。

しかし、この点について、あるいはつぎのような主張がなされるかもしれない。すなわちシュッツは〈理解〉の認識論的根拠につき、その「権利問題」を扱ったのであり、経験科学者である大塚は、〈動機〉が〈理解〉できるということを「事実問題」として受け入れたうえで、それを前提とした因果関連の追求を主張したのであると。すなわち、この問題をすべて、学問の専門領域間の分業の問題として「整理」せんとするのである。

しかし、こうした「整理」は、ウェーバーの方法論的反省における論脈を無視してのみ「納得」しうるものであろう。なぜならば、ウェーバーの方法論的反省こそ、〈人間の自由な行為〉を経験科学の対象として、すなわち、因果的連関の追求しうる対象として捉える、論理的認識論的根拠を問うたものであるからである。ウェーバーの〈解明的理解〉をめぐる認識論的議論のなかには、大塚やシュッツがそれぞれその一面のみを取り上げることによって見失った重大な論理の環がなお存在しているのではないか。大塚とシュッツの〈理解〉概念をめぐる解釈の対照性は、われわれをしてそのような関心を惹起せしめる。

さて、大塚とシュッツの着眼点の相違は、〈説明（Erklären）〉と〈理解（Verstehen）〉との対立に帰着する。結論を先取りして言うならば、この〈説明〉と〈理解〉がなんら対立するものではないことを明らかにすることこそ、ウェーバーの方法論的反省の第一の眼目なのであった[11]。すなわち、大塚は、理解された動機から因果連関を説明するという面を指摘し、シュッツは、動機の〈理解〉の可能性そのものを問うが、実は、ウェーバーの〈動機的理解〉は、その両者が相互に補い合うことによってのみ可能となるのである。

この点を理解するために、〈動機的理解（das motivationsmäßige Verstehen）に関して、ウェーバーの言うところを聞くことにしよう。

この概念が、〈説明的理解（erklärendes Verstehen）〉という概念の説明的叙述のなかに登場する点は銘記されねばならない。「理解とは、また、つぎのものでもありうる。：2、説明的理解。われわれは、誰かが2×2＝4という命題を語ったり書いたりしたとき、彼が、商売上の勘定をしているのか、科学上の証明をしているのか、技術上の計算をしているのか、あるいは、他の行為なのかが判れば（sehen）、彼がどのような意味をそれに結びつけているかを動機的に（motivationsmäßig）「理解」する。その行為の連関においては、われわれに理解できる意味にしたがってこの命題が「繰り込まれて」おり、すなわち、われわれに理解しうる意味連関を獲得しているからである。〔合理的動機理解（rationales Motivationsverstehen）[12]〕」

そして、ウェーバーは、このように意味連関を理解すること自体を「行為の事実的過程の説明」とみなすとして、つぎのように付け加える。「「説明」とは、それゆえ、行為の意味を対象とする科学にとっては、主観的に思われた意味にしたがって、現実的に理解しうる行為が含まれている、理解可能な意味連関を把握することに他ならない[13]」

非常にわかりにくい説明だが、明らかなのは、〈理解〉と〈説明〉が分かちがたく結びついていることであろう。ウェーバーにあっては、〈理解〉と〈説明〉は、大塚の解釈に見られるような、それぞれが別々な過程なのではなく単一の過程なのである。まさに「説明しつつ理解する（erklärend verstehen）」のである。それゆえにまた、シュッツがするように、行為の事実的過程の〈説明〉から離れ、〈理解〉だけを単独に取り出して、その妥当性を問うのも、ウェーバー解釈としては正しいものになりえないであろう。〈動機的理解〉は「動機の理解」には局限されないのである。

さて、ところでここで引用したウェーバーの説明は、一見したところ循環構造になっている。すなわち、〈商売上など〉何のための行為なのか（これ自体ひとつの「動機」である）がわかっていることが前提となって、2×2＝4なる命題を語ることに主観的に結びつけられた意味（これすなわち「動機」）が理解されるということである。言い換えると、〈動機的理解〉には、「動機の理解」と「動機による説明」とが、不可分な形で構造的に組み込まれているのである。

実は、この一見循環になっているかのような構造は、〈理解〉と〈説明〉とが相互に補い合うように組み込まれて、その妥当性を支える、ウェーバーの〈解明的理解〉の方法的特質の帰結なのである。もちろん、この見かけ上の循環構造によって、ウェーバーは、〈動機〉の不可知論に陥らんとするのではなく、〈理解〉の〈妥当性(Gültigkeit)〉を保証する道具立てを得ようとするのである。それゆえに、大塚やシュッツのように、「動機による説明」と「動機の理解」とを切り離して、その一つの面のみを取り上げると、ウェーバーによる〈解明的理解可能性〉の根拠づけはまったく理解されないことになってしまうであろう。

すると、ここにわれわれは、本章における考察の第二の問題点を得ることになる。

すなわち、〈理解〉と〈説明〉は、いかにして構造的に一体となった方法へと構成しうるのか、そして、両者を一体化することによって、〈解明的理解〉は、いかにして認識の〈妥当性〉を保証せんとするのかということ、これである。

さて、この第二の問題点は、（二）項で析出した第一の問題点の問題性の内容を、一歩踏み込んで捉えたものである。

というのはこうである。〈解明〉という方法的手続きそのものが、〈理解〉と〈説明〉とを一個二重の認識のプロセスに含んだものであるということは、容易に予想しうる。だがしかし、人間の行為の〈動機的理解〉が〈説明〉というプロセスを含んだものであるということは、実は、簡単に認めることができるものではないのである。なぜならば、人間の行為は、その〈人格性〉の要素ゆえに、〈説明〉の及びうるものかどうか疑問だからである。

ここで〈説明〉とは、因果的説明を意味することは言うまでもない。〈理解〉と〈説明〉を対立させるということは、実は、〈理解〉の対象である〈人格性による自由な行為〉が、因果的認識において捉えきれない対象であるということをあらかじめ含意している。それゆえに、〈解明〉が〈理解〉と〈説明〉を構造的に一体化するということは、その対象たる人間的行為が、その〈人格性〉の要素に至るまで、因果的認識の及びうる性格を備えているということを前提としなければならないのである。すなわちここに、〈解明可能性〉の認識論的根拠をめぐる議論が、〈人格性〉概念の再検討と結びつくことになるのである。

もし、人間の行為が、なんらかの神秘的な「実体」からの「流出」であるのだとしたら、それはもう、「客観的」な因果的認識の対象ではありえず、これまた神秘的な直観によって捉えうるのみであろう。先に見た〈二つの流出論批判〉によって、ウェーバーは、そのような実体的な人間観を拒否しているのである。

それでは、ウェーバーはどのような論理で、〈人格性〉の要素さえ因果的認識の及びうる対象であることを根拠づけようとしたのか。この点がまず明らかにされねばならない。この点が明らかにされるならば、それを根拠にして、われわれの考察は、さらに、〈解明的理解〉の方法的手続きについての構造的分析に踏み込んでいきうるであろう。そして、その考察を反省的に捉えることにより、ウェーバーにおける〈人格性〉概念の意義が、一層明確なものとして解明されるであろう。

かくて、われわれの考察は、この基本問題についてのウェーバーの所論の検討から出発することになる。

注

（1）大塚久雄『社会科学の方法――ヴェーバーとマルクス』（岩波新書）、岩波書店、一九六六年
（2）同書五九ページ
（3）同書六〇ページ
（4）同書六二ページ
（5）Schütz, *a.a.O.* なお、シュッツとウェーバーとの関係を論じたものとしては、前掲、山口節郎「解釈学と社会学」、前掲、浜日出夫「日常の社会学」、前掲、庁茂「「理解」の展開史にむけて」、前掲、浜井修『ウェーバーの社会哲学』
（6）Schütz, *a.a.O.*, S.36.
（7）ドイツ語の「aktuell」という語は、なるほど、「現実的」と訳す以外に、「直接的」とも訳しうる概念である。ところが、ウェーバーの「das aktuelle Verstehen」を「直接的理解」と訳すと、そこには、すでに、特有の解釈的先取りが含意されてしまう。すなわち、シュッツの解釈のように、「表明されたものから、あるいは、知覚についての推論によって」主観的にいだかれた意味を「直接に」得ようとすることと捉えられてしまうのである。しかし、ウェーバーの〈理解〉がそのようなものでないことは、彼のゴットルやジンメルに対する批判の内容から明らかである。この「現実的理解」という語で、ウェーバーは、「「現実的な」生の実際（"aktuelle" Lebenswirklichkeit）」における「理解」を表現し、「動機」を通じた「説明的理解」の対極に置くのである。vgl., WL, S.94f.（『ロッシャー』第二巻、四九―五一ページ）。また、ウェーバーによるゴットルやジンメルに対する批判内容については、本章2（一）および3（二）参照。
（8）Schütz, *a.a.O.*, S.39.
（9）シュッツのウェーバー批判については、前掲、浜井修『ウェーバーの社会哲学』に詳しい。
（10）山口節郎も、シュッツを代表とするいわゆる「解釈的パラダイム」について、つぎのように批判している。「「解釈的パラダイム」には、ウェーバーにおけるように、動機理解を因果的説明と結びつけることによって経験科学的な仮説構成に役立てていこうとする姿勢はない。その「理解」概念にはきわめて直視主義的、心理主義的な性格がつきま

とっているのである」（前掲、山口節郎「解釈学と社会学」一〇二ページ）
（11）マリアンネも、この点について、つぎのように証言している。「ウェーバーによれば〈理解〉と〈説明〉は相対立するものではなく、たがいに相補い合う認識手段なのである。もっとも、彼がどのような論理的分析によってそれを確認したかということをここで詳細に述べると大変なことになってしまう」。Marianne Weber, *a.a.O.*, S.354.（前掲、マリアンネ・ウェーバー『マックス・ウェーバー』第一巻、二四七ページ）
（12）WuG, S.4.（『基礎概念』一五ページ）
（13）WuG, S.4.（『基礎概念』一六ページ）

## 2　因果的解明の論理的基礎について

### （一）解明可能性の論理的基礎はどこにないか――ゴットル、リップス批判

前節（一）注（3）で触れたように、ウェーバーの認識論的基本問題に関する議論は、そのほとんどが『ロッシャーとクニース』に集中している。それゆえに、われわれも、本節においては『ロッシャーとクニース』に内在しつつ考察を進めていくことになる。しかし、そこでの議論は、基本的な点において、晩年のウェーバーに至るまで堅持されることになると考えてよいと思われる。[1]われわれは、本章3で、〈価値分析としての解明〉と〈因果的解明〉との構造分析を行なう段階において、他の方法論論文や経験科学的モノグラフにまで視野を広げ、『ロッシャーとクニース』において果たされた基礎的議論がいかに積極的な方法の構造に生かされ、具体化されていくかを示すことにしたい。そして、それは、本節での基礎的議論の検証の役割をも果たすであろう。

さて、前節で、人間の〈人格性〉に基づく〈自由な行為〉が因果的認識の対象として捉えうるか、という点に論理的な考察の要があることを示した。

この点は、ウェーバー自身の論理展開に内在しても、そのように言いうるのだろうか。それを示すために、われわれは、ウェーバーが「「解明可能性」の認識論的意義は何処にないか[2]」の例として反対している、二つの「解明」論について検討することから始めよう。

### （a）ゴットルの「推論」について

まず、ゴットル批判において、ウェーバーは、ゴットルの「推論（Erschließung）」という概念について検討している。

ゴットルによれば、歴史的認識とはつぎのような経路を通って進行する。まず、歴史的現実の連関における解明によって把握できる構成部分、すなわち、人間の行為の連鎖が結合構成される。そして、その行為の連鎖から、個々の行為の意味が推論される。すると、その推論によって得た行為の意味が、連関全体の「起源」ということになり、それによって連関全体は有意味なものとなる。このような過程を繰り返すことによって、歴史的現実は、有意味な連関として、次第に包括的に構成されていくのである。「ゴットルによれば、このような「推論」は人間行為の認識に特有なものであり、これによって、人間行為の認識はすべての自然科学から区別されるのである。というのは自然科学においては、可能なかぎり最大限の蓋然性への接近を――仮説的な「法則」をたえず繰り返し検証することにより――つねに類推という方法によってのみ追求しうるにすぎないからである[3]」。すなわち、ゴットルによると、外的経過からそれのもつ意味が、「思惟法則」によって推論しうるという点にこそ人間行為の示差的特異性があるということになるのである。

このようなゴットルによる歴史的認識の性格把握のなかに、ウェーバーは「「解明的に」理解しうるもの」と「論理的に推論しうる行動」との「等置（Gleichsetzung）[4]」をみる。なぜならば、人間の行為は、つねにそのように合理的に推論しうる意味をもっているわけではないからである。「われわれは、実際、度はずれた「激情」の非合理的支配をも、合理的な「考量」の経過と全く同様に、よく「理解」するのである[5]」

ゴットルの誤りは、「推論」を仮説―検証という「客観化」的な手続きを含む認識様式に対置してしまったところから生じたものである。ウェーバーは、その点を捉えて言う。「或る行為の意味を、動機づけの合理的な性格を前提として、所与の状況から「推論すること」は、いつもただ、「解明」という目的のために立てられた仮説にすぎぬものであって、それが多くの場合においてきわめて確かなものに見えようとも、つねに経験的検証を必要とし、このような検証の及びうるところのものなのである」(6)

ウェーバーによるゴットル批判の言うところは明快であろう。つねに合理的な性格をもたざるをえない研究者による、人間の行為の意味についての所与の状況からの「推論」は、それだけで、妥当な〈理解〉をもたらすとはかぎらない。〈行為〉の外的経過と〈動機〉との間に、つねに合理的な「因果連関」を読み込むことは、すでに、特定の「合理的人間像」をアプリオリに先取りしていると言わねばなるまい。〈行為〉における〈動機〉への関心は、むしろ、そのような「合理的人間像」を前提化しえないところから発している。〈解明的理解〉の方法的構造においては、合理的に理解しうる意味連関すら、その妥当性は検証を経なければならないのである。

それゆえ、このウェーバーの主張が積極的意味をもちうるためには、人間的行為の〈解明的理解〉においても、「客観化的」な手続きを通した〈検証〉が可能であるという点が示されねばなるまい。しかし、この点こそが、実は〈問題（problematisch）〉なのである。というのは、〈検証〉という手続きには、対象を〈概念的に客観化〉し、外的に生起する一連の事象をその「原因」と「結果」として捉えつつ、〈因果的な判断〉をおこなうという過程が含まれざるをえないのである。このような、〈検証〉の手続きに含まれる〈概念的客観化〉と〈因果的判断〉という因果的認識様式が、はたして、〈自由な行為〉をおこなう〈人格性〉の要素に適用しうるのか否か、ここにウェーバーによるゴットル批判の成否がかかっていると考えられるであろう。

### （b）リップスの「感情移入」について

つぎに、ウェーバーのリップス批判に目を移してみよう。

リップスによれば、「知的理解」なるものは、自己の純内面的な「体験」としての「感情移入（Einfühlung）」からの派生物である。すなわち、まず初発の段階においては、他人の「表出運動」、例えば「興奮した声」を理解するというのは、単なる「知的理解」以上のもの、すなわち「感情移入」を含むのである。そうした「感情移入」は、いまだ、反省され、客観化され、関係概念へと解消されていないがゆえに、すぐれて実在性をもち、生き生きと行為者の現実の心情を映しだす。ところが、「感情移入」の状態が壊れて、反省が意識的になり、「理解」が「客観化」されるようになると、それは必然的に抽象的な概念の設定とそれへの解消を伴わざるをえず、それによって因果的解釈は始められうるようにはなるけれども、内容の生き生きとした実在性は乏しくなっていかざるをえない。それゆえ、リップスは、このような「知的理解」よりも上位に、美的「感情移入」を位置づけ、美的享受の構成的範疇とするのである。[7]

これに対して、ウェーバーは「論理的な論議にとっては、「個性的理解」は「感情移入された体験」ではない」[8]と端的に否定する。なぜならば、「感情移入する者」は、他人の「体験」そのものを体験するわけでもなければ、彼自身がその立場に置かれた場合に「体験」するであろうことを体験するわけでもないからである。すなわち、「感情移入」には、「歴史的に認識すべき客体」は少しも含まれてはおらず、それとは単に想像的な関係に立つものでしかありえないのである。とすれば、たとえ想像力の優れた研究者が、他人の「主観的に思われた意味」を正しく想像するとしても、論理的には、その想像が妥当な認識であることの根拠は少しもないことになろう。

ウェーバーの批判は明快である。「感情移入」そのものは、他人の行動に触発されながらも、そこにおいて生じる観察者の側の「感情」の動きにほかならない。それゆえに、所与の外的状況下においては、〈人格性〉は、思惟や感情に至るまで同型であるとアプリオリに前提したとしても、当事行為者の「感情」と観察者のそれとが同一であるとするのは、論理的に言って無理があるのである。

ところで、「感情移入」説には、それが論理的な難点をもつとしても、概念的客観化を媒介にした認識に比して、なお捨てがたい主張が含まれている。すなわち、概念的客観化が不可避に抽象化を含むがゆえに、感情的・直観的に捉えられた認識こそ、生き生きとした実在性に富み、内容豊かなものであるとする主張がそれである。

　この主張の背景には、概念に媒介されない「直接知」のみが実在的認識であるとの見地が含まれており、論理的に徹底した姿をとるとき、その「直接知」において実在を「体験」している当人にとっては、その「体験された自我（das erlebte Ich）」のみが唯一の実在的な〈事物（Ding）〉[9]であるとする考え方にならざるをえない。こうした見地には、すでに、「主観的に思われた意味」を伝達不可能であるとするアプリオリな想定が含まれている。すなわち、それは、「自我」の自明性から出発し、かつ、そこから一歩も出ていこうとしない認識論的独我論と認識構図を共有しているのである。

　それゆえに、ウェーバーは言う、「ともあれ、リップスによって「自我」に、しかもそれのみに帰された実在的「事物性」が、「内的に追体験可能な」諸事象の科学的分析に首尾一貫性をもつものであるか否か、が決定的な問題である[10]」。すなわち、前述のように「感情移入」説を論理的に疑問視したからには、〈理解〉の可能な根拠を探るうえで、デカルト以来確固としてゆるぎなかった「自我」の「体験の確実性」の再検討、認識の〈確実性〉とは何かの積極的な主張が不可欠となるのである。

　ウェーバーの批判は、ここでもまた自らへと立ち返るものである。

　概念的客観化を否定し、「感情移入」という感情的・直観的認識に依拠しようとすれば、論理的に〈理解〉の妥当性を根拠づけることは不可能になってしまう。しかし、概念的客観化のプロセスが、必然的に対象の抽象化をもたらすとすれば、それは個性的現実を捉ええないであろう。それゆえに、概念的客観化が、それ自体個性的現実を捉えるのに不可欠なものであり、そこで得られた認識こそ、確実さにおいて「体験」を凌駕することの論証が不可欠となるのである。

　かくて、人間の〈自由な行為〉の〈理解可能性〉は、それが、概念的客観化・因果的判断・検証という「客観化的」認識様式になじみうる対象であるか否かという論点に、その成否をかけることになる。

注

（1）安藤英治は、一九〇三年の『ロッシャーとクニース』第一部を書く時点で、すでにウェーバーが、自らの方法的見地の全体像を確立していたと主張している。筆者も、細かな用語上の変化や強調点の移動などを除けば、この安藤の主張を大すじで支持できると考えている。前掲、安藤英治『マックス・ウェーバー研究』第四論文参照。

（2）直接に、「解明可能性」の認識論的意義は何処にないか」という表現で論及されているのはゴットルについてであるが、論脈上からして、リップスについてもそのように言えることは明らかである。vgl., WL, S.95ff.（『ロッシャー』第二巻、五三ページ以下）

（3）WL, S.98.（『ロッシャー』第二巻、五八ページ）

（4）WL, S.100.（『ロッシャー』第二巻、六一ページ）

（5）WL, S.100.（『ロッシャー』第二巻、六二ページ）

（6）WL, S.100.（『ロッシャー』第二巻、六二ページ）

（7）WL, S.106f.（『ロッシャー』第二巻、七五―七七ページ）

（8）WL, S.107.（『ロッシャー』第二巻、七八ページ）

（9）この〈事物〉とは、原語は Ding であるが、ウェーバーにあっては、カントの言う「物自体（Ding an sich）」において使われるような意味とは異なって、つねに個性的で実在的（wirklich）かつ確実な存在が念頭に置かれているようである。なお、これについては、本章2（二）注（26）および注（30）参照。

（10）WL, S.108.（『ロッシャー』第二巻、七九ページ）

## （二）因果的解明の論理的基礎をめぐる三つの論点

ウェーバーは、『ロッシャーとクニース』において、人間の〈自由な行為〉が、概念的客観化・因果的判断・

検証という客観化的認識様式の対象たりうるという点の根拠づけを、大きく分けて三つのレベルで論じている。ここでは、それを逐一検討していくことにしよう。

### (a)〈人格性〉の「創造性」について——ヴント批判

われわれは、すでに、ロッシャーとクニースのそれぞれの流儀における流出論に対する、ウェーバーの批判を見た。ここでは、クニース流の「人間学的流出論」が問題となる。なぜならば、そこでは、「意思の自由」が因果性に絶対的に対立して現れるからである。すなわち、「そこでは、行為する人格性（Persönlichkeit）の「創造的（schöpferisch）」な意義が、自然生起の「機械的」因果性（Kausalität）に対立せしめられることにより、「自由」の結果とされる人格的行為（persönliches Handeln）の「計算不可能性」は、まったく直接にであれ婉曲にであれ、つねにくりかえして、人間したがってまた歴史に特有の尊厳性（Dignität）と呼ばれているのである[1]」。

人間の人格性の行為の自由が、因果連鎖を超越しているという意味において「創造的」であるという点に真の意義があるのであるならば、それは、もちろん、原理的に因果的認識の及びえない対象であると論定することができる。それゆえに、人格性の行為の自由が因果的認識において捉えうるという主張は、〈人格性〉の「創造性」という壁に、第一に直面することになる。

ウェーバーは、ヴントの「創造的合成」というカテゴリーとの対決を通じて、この点に触れている。「ヴントによれば、「心的形象（psychische Gebilde）」は、それらを組立てる「諸要素」においては、たしかに、一定の因果的つながりがある——すなわち、それらが一義的に決定されていることは自明のことである——とはいえ、心的形象は、同時に、その個々の要素には「含まれていない」「新しい性質」を所有する[2]」。すなわち、心的事象においては、諸要素における因果的つながりを超えて、まったく新しい質をもった「心的形象」が生み出されるという「創造的合成（schöpferische Synthese）」なる事態が生じるのである。

これに対してウェーバーの批判は、ヴントが言う意味での「創造的合成」なる事態は、心的事象特有のものではなく、自然的事象についても言いうるというものである。「たとえば、水は、その質的特性に関して考察したときには、その諸要素に絶対に「含まれて」いない特質をもっている。のみならず、価値への関係が生ずるや否や、その「要素」に比して、特別に「新しい」性質を含まないような自然事象は一般には存在しない[3]」

ウェーバーによれば、ある一定の変化を「創造的」であると認めるのは、心的事象の存在論的特性によるのではなく、われわれがその変化を考察する際の〈価値理念（Wertidee）〉に関わる。ウェーバーはつぎのように言っている。「原因的要素として、或る具体的「歴史的」人格性の特性と具体的行為とが、「客観的」に――すなわち、われわれがわれわれの関心を度外視した場合に――「非人格的」原因的諸要素においてそうでありうる以上に、何らかの明瞭な意味で、「より創造的に」生起現象へと作用するということは決してない。なぜなら、「創造的なもの」という概念は、それが単に質的変化一般における「新しさ」と等置されず、それゆえ、まったく無色になることがない場合には、なんら純粋な経験的概念ではなく、われわれが現実の質的変化を考察する際にもつ価値理念に関わっているからである[4]」

それゆえに、観察者における〈価値理念〉のあり方に従って、石炭層からダイヤモンドが形成されることも、預言者の直観から新しい宗教性が生み出されることも、同様に「創造的合成」と言いうることになるのである。ということは、逆から言うと、それらもまた同様に、質的変化にすぎないという面においてはなんら神秘的なものを含んでいないのである。それゆえに、ウェーバーはつぎのように言う。「ヴントのように、因果律の普遍的支配を重視せんとするときに――それらはすべて同じように因果的に決定されていた。すべてのことが、「物的」生起と同様に、「心的」生起をも生ぜしめるように作用したのである。しかし、われわれがそれらに歴史的「意義」を付与するということは、それらのいずれの場合でも、因果的拘束性というあり方からは読みとられえないものであった[5]」

かくしてウェーバーは、心的生起に伴う〈人格性〉の要素もまた、なんら神秘的な超越性をもつものではなく、現実の因果的連鎖の生起の全連関のなかに内在することを明らかにするのである。

ところで、誤解を防ぐためには、さらにここで二つの点についての注意を行なっておく必要があるだろう。すなわち、第一に「法則論的決定論」との関係であり、第二にわれわれの「歴史的関心」との関係である。

前述のように、すべてが「因果的に決定されていた」とウェーバーが述べている点は、既成のウェーバー理解からすると、奇異な感じを与えるであろう。なぜならば「唯物史観」的な「法則論的決定論」に対し、誰よりも明確な反対を表明したのが、他ならぬウェーバーその人だからである。

たしかに、すべてが因果的に決定されていたということが、そのすべてを演繹しうる「法則」の存在ととられると、それはまた一つの「流出論」への転落であろう。ウェーバーには、そのような意味合いはまったくない。

これには、ウェーバーからすると、「生起の全連関」を捉える「具象名詞（Konkretum）」の内包上の無限性の指摘が反論となっている。「人間という、また全く同様に、人間以外の〔「生ける」と「死ぬ」とにかかわらず〕ものという具象名詞は、宇宙の全生起のなにか或る限定された一片としてみられた場合、生起の全領域の何処においても、「法則論的（nomologisch）」にすぎぬ知識（Wissen）の中へは「入り込み」はしない。というのは、〔「人格的なもの」の領域においてのみならず〕具象名詞というものは、一般に、内包において無限の多様物であり、そこからは、歴史的な因果連関にとって、論理的に考えうるありとあらゆる個々の、科学にとってはただ「所与」として確かめうるにすぎないような構成部分のすべてが、因果的に意義あるものとして考慮されうるからである」[6]

「論理的に考える」と、どんなにとるに足りないようなささいなことも、具体的現実においては、無限の因果的連鎖の一項をなしている。それゆえに、具体的現実は、因果認識的探求に、原理的には開かれている。けれども、そのすべてを窮極の意味において捉えつくすような、実体的な原理としての「歴史法則」などというのは絶対に導出不可能なのである。

ここから、ウェーバーの〈因果帰属（kausale Zurechnung）[7]〉という考え方が出てくる。歴史的探求においては、因果的認識にとって研究者であるわれわれが〈意義あり〉と認める因果的要素の選択がまず前提であり、その前提から出発して因果的探求が開始されるのである。その場合、「生起の全連関」における他の無限にある因果的要素は、単に、「所与の事実（Gegebene）」として受け入れられる。つまり、歴史的認識とは、勝れた意味ですべての因果的連鎖を辿るということではなく（そんなことは不可能であるし、無意味でさえある）、同様に因果的認識ではあるけれども、それは、われわれの歴史的関心から見て〈意義〉ある因果的要素に、特定の歴史的事象が〈因果帰属〉されるということなのである。

ここに、「客観的」であるべき因果的考察と、つねに特定の価値関係性（Wertbeziehung）をもって〈意義ある〉歴史的要素を選択するわれわれの歴史的関心との、極度の緊張関係が生じてくることになる。

われわれが、ある歴史的要素を〈意義あり〉と認めるということは、そこになんらかの特別な意味を見て取っているということである。それゆえ、〈意義ある〉ことが生じたということは、ひとつの意味の変化をわれわれが見出しているということなのである。すなわち、歴史的関心ということそれ自体が、すでに現実を単なる変化の総体としてではなく、その変化を一定の価値関心に基づいた意味の変化として捉えるということを意味しているのである。このような歴史的研究に見られる固有性を、ウェーバーは、〈因果不等式（Kausalungleichung）〉（＝質的変化）を〈価値不等式（Wertungleichung）〉（＝意味変化）として意識することだと言っている[8]。

一定の歴史的関心からみると、生起するものの因果的経過の中で生じる変化が、ある場合には重要でない結果をもたらし、他の場合には〈意義〉ある結果をもたらす。実は、このわれわれにおける〈歴史的関心〉と結びついてこそ、人間の行為の「創造性」という概念も意義をもってくるのである。すなわち、「後者の場合には、われわれの「把握」にとって、以前にはなかった新しい価値関係が打ち立てられたのであり、われわれがこの結果を更に、人間中心的に（anthropozentrisch）人間の「行為」に因果帰属させるときに、われわれにとって、この行為が、この場合において、「創造的」であるとするに値するのである[9]」。

このような意味において、人間の行為を対象にして歴史的考察を行なおうとする科学、すなわち、ウェーバーの理解社会学は、人間の行為の〈創造性〉を問題にしているということができる。そして、この点に、ウェーバーにおける〈行為の自由〉の意味が深く関わっている。本章最終節で見るであろうように、それは、ウェーバーにおける〈人格性〉概念の特殊な意義に結びついていくのである。

しかし、ここで確認さるべきことは、前述のように、人間の行為の〈創造性〉の歴史的意義が、それを〈意義あるもの〉と考えるわれわれの〈歴史的関心〉に結びついていることであり、それゆえにまた、人間の〈人格性〉も、なんら神秘的超越性をもつものではなく、現実の因果的連鎖の一項たるにすぎないということなのである。

### (b) 具体的因果連関と概念的客観化——ミュンスターベルク批判

さて、以上のように、〈人格性〉の要素も現実の無限の因果的連鎖の一項であることがわかったとしても、それをもってただちに、心的事象について概念的客観化を通じた因果的認識の可能性が保証されるわけではない。なぜならば、ここでは、単に「外的過程」の観察によっては与えられない、行為者によって〈主観的に思われた意味〉の理解が問題になっているからである。

それゆえに、つぎには、この〈理解〉という目標との関係で、概念的客観化を通じた因果的認識の当否が問題とされねばならない。ウェーバーは、ミュンスターベルクの批判を通じて、この問題へと踏み込んでいく。

ミュンスターベルクによれば、現実的生の「自我（Ich）」も、自我によって「生きられた世界（die von ihm wirklich gelebte Welt）」も、概念や法則や因果的説明を用いてする分析的研究の対象ではありえない。なぜならば、自我は、つねに、態度決定をなし、評価をなすところのものであるからである。[10] ミュンスターベルクによれば、もしわれわれが伝達や説明のために、「心的存在」を「生きられた世界」という現実から切り離し概念的に客観化すると、態度決定をなす「意思」もまた記述と説明の対象になりはするけれども、そのときにはもはや「意思」は、「現実的な主観（aktuelles Subjekt）」の「実在的（wirklich）」な〈意思〉ではありえないということになる。[11] すなわち「態度決定的自我」は、特定の状況において、そのつど、「自由な主体」として意思し態度決定していくものであるから、それは客観的に記述しうるものではなく、体験あるいは追体験し評価しうるのみだということなのである。ミュンスターベルクは、このように精神的諸事象が、概念的客観化・仮説—検証という経過をとる「客観化的」科学の取り扱う対象とはまったく異なる存在であることが、歴史などに「客観化的」科学とはまったく異なる方法を強いると考える。それが、彼の言う「主観化的」科学である。「歴史というものは、「諸人格（Persönlichkeiten）」の「ふるまい（Akten）」について述べ、「意思連関」を組み立てんとし、人間の評価作用や意欲作用によりその十全なる「体験された」実在性（"erlebte" Realität）において「追体験」されるものであるのだから、ひとつの主観化的学科である」[12]。ウェーバーは、ミュンスターベルクの主張を、このようにまとめている。

ところで、われわれは、すでに、人間の〈人格性〉の要素を、具体的因果連鎖に内在しているという意味で、自然的事象と存在性格においてなんら異なるものではないというウェーバーの主張を見てきた。ここでは、それを前提にすることができる。

ウェーバーのミュンスターベルク批判は、ミュンスターベルクが、〈解明的理解〉という目標において、客観化的な法則的知識の適用の可能性を遠ざけてしまうところに、まず向けられる。

ミュンスターベルクの主張は、人間の〈人格性〉による意思行為が、「生きられた世界」の現実態から切り離された実験室でするような分析的解体や一般概念による把握の不可能な対象であるという前提に立脚していた。

これに対してウェーバーは、まず、自然的事象においても同様の問題が存在すると指摘する。すなわち、ある特定の「細胞」は、それ自体としては解体不可能であるにもかかわらず、その研究においては物理的・化学的概念が利用されうるというのである。

さらに、ウェーバーは、教育の場において、現実の学生という解体不可能な対象を、教師は、法則論的知識を利用しつつ、実際に〈理解〉していると指摘する。そして、その場合における「感情移入的理解」について、つぎのように言っている。「この「感情移入的理解」の基本的特徴とは、まさに個性的な「精神的」実在を、それらの織りなす連関のまま、ひとつの観念形象（ein Gedankenbild）に捉え込むというところにある。この観念形象によって、教育者と一人もしくは多数の学生との「精神的共同関係（geistige Gemeinschaft）」の形成がなされ、それによって、或る特定の意欲された方向への精神的影響が可能になるのである」[13]。すなわち、「感情移入的理解」すら、現実におこなわれている局面では、決して、単なる直観的な認識ではないとするのである。

　すでに見てきたところだが、ウェーバーは、法則論的知識から現実が演繹されるかのような見解を断固拒否する。しかし、そのことは、現実の精神的実在をひとつの「観念形象」に捉えるという認識の性格と矛盾するものではなく、さらに、その観念形象を構成するうえで、さまざまな法則論的知識が利用されうるということを排除するものではないと考える。そして、ここで形成された「観念形象」そのものは、つねにあいまいな「直観」や「追体験」といったものではなく、これも客観的な〈概念〉に他ならないと主張する。

　ここで、すでに、「精神的実在」を〈理念型（Idealtypus）〉を通して理解するという、ウェーバーの基本構想が出てきている。すなわち、ここに形成された「観念形象」こそ、当の対象を〈人格性〉として把握した、〈理念型〉なのである。われわれは、この〈人格性〉の〈理念型〉が、ウェーバーによって〈恒常的動機の複合体〉として捉えられていることを、後段において見るであろう。

　さて、このような〈理念型〉という「観念形象」を媒介にして、精神的実在を捉えるという構想は、それが、具体的因果連関に定位した歴史的関心と結びつくところにおいて、さらに積極的な意義をもつことになる。

　ミュンスターベルクにおいては、人間の〈人格性〉による行為がつねに「生きられた世界」に内在し、それゆえ、特定の状況において具体的であらざるをえないということが、「客観化的」認識を拒絶する理由であった。これに反して、ウェーバーは、現実的具体的因果連関に人間の〈人格性〉の要素が内在しているということこそが、概念的客観化と因果的判断を含む客観化的認識の可能性を保証すると言うのである。

　ウェーバーによれば、「歴史は、人間の中に或る「刺激」によって生ぜしめられた内部事象をそれ自体の為に取扱うのではなく、人間の、「世界」に対する行動を、その「外的」条件と結果において取扱う。その場合、もちろん、「見方」はつねに特殊な意味において「人間中心的な（anthropozentrisch）」ものである。（略）歴史の本領は、理解可能な人間の行為、あるいは一般的に言えば、「行動」が組み込まれており、影響を受けていると考えられるような連関（Zusammenhang）の認識へとわれわれを導くという所にある。なぜならば、そこにこそ「歴史的」関心が結びついているからである」[14]。それゆえに、「歴史は何としても、決して、かの「内面」の領域の上のみを動くのではなく、「外界」の全歴史的状況（die ganze historische Konstellation）を、歴史の担い手の「内的過程」の、一面では動機として、他面では結果として把捉するのである」[15]。

見られるように、ウェーバーにあっては、人間は、決して、「モナド」的な個体ではない[16]。人間の〈人格性〉の要素は、歴史における具体的因果連関の項として、さまざまな「外的過程」の諸要素と結びついている。それゆえに、それを「観念形象」へと捉えるには、十分に確かな手がかりが与えられていると言いうるのである。

こうした事情に、さらに、人間的行為が、目的を立てて、それに志向しつつなされるものであるという特性が付け加わる。

ミュンスターベルクによると、「態度決定的自我」は、目的を立てて行為するという特性ゆえに、客観化的・因果的認識によって捉えられない対象であった。しかし、ウェーバーによれば、ここでもミュンスターベルクとはまったく逆に、目的を立てて行為するという人間的行為の性格こそが、それの〈解明的理解〉という目標において、概念的客観化と因果的判断を含む因果的認識様式の適用を可能とする重要な根拠なのである。

ウェーバーは、歴史的研究における「目的論的思惟（teleologisches Denken）」の可能な四つの形態を分類・分析している[17]。

①目的からする諸事象の解明。
②価値関係に基づく素材の配分構成（目的論的概念構成）。
③規範的意味における概念構成（例えば、法教義学のような）。
④「意欲作用」を経験的所与として受けとめる場合。

さて、②は認識目的・価値関心にもとづいた素材の選択に関わるものであって、因果的認識と矛盾する性質のものではなく、③はそもそも歴史的考察とは次元を異にする規範的哲学に関わるものである。

そこで、④についてであるが、ここでも、この「意欲作用」を「感覚の複合体」として捉え、それの発生の心理的精神物理的条件を探求するという意味での因果的考察は妨げられるものではない。心理学的研究の目標とはここにあるのである。[18]

最後に①を考察すると、目的からする諸事象の解明には、「目的―手段」関係が前提されている。「「目的」と「手段」というカテゴリーは、それがなくては、目的論的「思惟」一般がありえないものなのだが、それをかりて科学的操作が行なわれるようになると、思惟的に形成された法則論的知識、すなわち、因果性のカテゴリーのもとで展開した概念と規則を包含することになる。なぜならば、目的論なき因果結合はたしかに存在するけれども、因果的規則なき目的論的概念は存在しないからである」[19]。すなわち、因果的規則がなければ、目的に対して手段を選択する規準が失われ、そうなると、「目的―手段」概念そのものが意味を失うからである。

かくて、目的を立てて行為するという人間的行為の性格こそ、それが概念的客観化と因果的判断を含む因果的認識の対象として適当なものである重要な根拠となるのである。われわれは先に、大塚久雄による「目的論的関連の因果関連への組みかえ」という〈理解〉の解釈をみたが、それは、ここでのウェーバーの議論に沿ったものであり、われわれが後に見るように、これは〈因果的解明〉における〈解明のシェーマ〉を構成する鍵を握るものである。

さて、以上のように見てくると、このウェーバーによるミュンスターベルク批判のなかに、〈解明的理解〉の基本的構図が浮かび上がってきていることがわかる。

すなわち、われわれが、しっかりと現実の歴史の具体的因果連関に定位して対象を捉えんとすると、人間の〈人格性〉の要素も、その因果連関に内在する項として、その実在的な姿において考察の対象となる。そこで、この「精神的実在」を〈人格性〉という〈理念型的観念形象〉に、まず捉えることになる。その場合、「外界」

の全歴史的状況が、当の〈人格性〉を成立せしめる原因的要素として考慮され、さまざまな法則論的知識および人生知（Menschenkenntnis）[20]が利用されつつ、ひとつのまとまりをもった〈文化〉と〈価値〉を担うもの、すなわち〈文化人（Kulturmensch）〉として、〈理念型〉が構成される。こうした論理的作業を、ウェーバーは、〈価値分析（Wertanalyse）〉と呼ぶようになる。われわれは、後段において、この〈価値分析としての解明〉のもつ論理的性格と方法的手続きを詳しく見るであろう。

　さてつぎに、〈理念型〉として構成された〈人格性〉の要素そのものが、初発の「動機」として、仮説的に設定されて、そこから因果性のカテゴリーを通じつつ、行為者の行為の過程の〈動機による説明〉が試みられる。

　そして、この〈説明〉は、現実に生起した彼の行為という「結果」によって、その〈妥当性〉が検証される。

　さらに、この〈検証〉を通じて、先の〈理念型〉は、より精密で確かさの備わった〈第二次理念型〉へと発展し、そこからまた、〈説明〉が開始されるようになる。

　ウェーバーの〈解明的理解〉の方法は、以上のような〈理解〉と〈説明〉、〈理念型構成〉と〈検証〉を繰り返すことによって、次第に対象の実像へと迫っていくものだと概括することができる。そして、それの中心環こそ、〈人格性〉の理念型を「全歴史的状況」から構成し、一つの〈文化〉を担うもの、すなわち、〈文化人（Kulturmensch）として把握するという観点なのである。

　さて、この〈解明的理解〉の方法をさらに詳しく分析し、現実の方法として具体的に説明していく前に、われわれは、その方法を支える根本的な認識論的問題を解決しておかねばならないだろう。

　残された問題とは何か。それは、われわれがリップスに触れつつ析出した問題、すなわち、概念的客観化というものが、そもそも不可避に対象の抽象化を招き、個性的現実を捉えるに不適当なものではないかという点である。

　この問題は、概念的客観化が「現実的な主観」の「実在性」を失わしめるとして、ミュンスターベルクにも指摘されたものであった。これに対するウェーバーの「精神的実在」を「観念形象」によって捉えるという考え方は、われわれが見てきたように、そうした方法が教育現場でおこなわれているという「事実」から導かれたものであって、それは、いまだ基礎づけが与えられているわけではない。もし、概念的客観化が、その本性からして、行為主体の「内面」の現実性に触れえず、観察者による主観的な単なる「構成」にすぎないものであるとすれば、そもそも、それに基づく因果的認識は、「虚構（fiction）」としてしか成立しないであろう。(21) それゆえに、この問題は、〈解明的理解〉の内実を左右するものとも言いうるのである。

ウェーバーによる認識論的論議は、そうした点にからみつつ、さらに一段と深められることになる。

### （c）「体験」と「経験」の意義転換——クローチェ批判

概念的客観化が行為主体の「内面」の現実性に触れえないという主張について検討すると、われわれは、つぎのような点に気がつくことになる。

すなわち、リップスやミュンスターベルク、そして、ミュンスターベルクの立場を受け継ぐゴットル、さらには、「他人の精神生活」の客観化的な理解に懐疑的な他のすべての論者においてもそうなのだが、彼らには、共通する「理解の目標」というものがあるように思われることである。それというのはこうである。ある特定の具体的個人は、「自我」として統一され、実在的で内容豊かな、そして、当人にとってのみ確実な、固有の「体験世界」を生きており、「理解の目標」とは、まさにその「体験世界」を、実際の経過と内容に即して、観察者自らの「体験（Erlebnis）」あるいは「追体験（Nacherlebnis）」にまでもたらすという点にあるとするものである。それゆえにこそ、概念的客観化を「媒介」にした理解では、その「体験世界」の実在性が失われてしまうという疑念が生じるのである。

ところで、こうした前提的認識は、はたして、疑いもなく正しいであろうか。ウェーバーは、実は、この点に吟味すべき問題を見出している。

まず、ウェーバーは、ゴットルの議論に触れつつ、われわれの知識のもっとも確実な内容が「自己の体験（das eigene Erlebnis）」であるという所説について検討する[22]。

ウェーバーは、「自己の体験」が確実であるという主張は、そこにおける「体験されたもの（das Erlebte）」が、自己の感覚や意欲と未分離のままの「知覚」の総体、あるいは、「体験されたところのもの（was wir erleben）」ではなくて、「体験しているということ（daß wir erleben）」を指して言われているかぎりで正しいと言う。

しかしそこで、そのような「体験しているということは経験的な事実説明という意味での判断の客体にはなりえない」と付け加える。すなわち、そのような「体験しているということ」では、未だ主観—客観の未分離の状態性が示されていて、対象化された「客体」の認識へと至ってはおらず、未だいかなる意味においても、その認識の〈妥当性〉を判断しうる要件を整えてはいないということである。

それゆえに、心的客体の〈理解〉においても、それが有効な事実認識として判断されるべきであるとすれば、すなわち、〈理解〉の当否が問題になるべきであるとすれば、その理解の目標とするところを、「体験しているということ」の「体験」にとどめることはできないのである。

ある〈認識〉が、対象的な事実認識として判断の「客体」になるためには、「体験」の漠とした「未分離性」が壊れ、孤立化・分析・比較を経て〈概念〉と結びつけられるという客観化的な論理的操作を経なければならない。すなわち、「何ものかとして」認識されなければならないのである。

かくて、ウェーバーは言う、「実際、体験されたところのものについては、「体験」の段階そのものが去り、体験されたものが判断の「客体（Objekt）」にされた後になって、はじめて、「解明的」解釈がそれを捉えることができる。そして、この判断はと言えば、それはそれで、その内容からして、もはや未分離のままの曖昧さにおいて「体験」されるのではなく、「妥当なもの」として承認されるのである[23]」。そして、この承認こそが、妥当な認識という意味での最も高度な〈確実性〉を認識に与えるのである。

さて、しかし、このことは「気分（Stimmungen）」のような日常心理的なことには当てはまらないのではないか。「気分がいい」などという感情こそ、「体験」される他はなく、客観化しえないものなのではないか。しかし、ウェーバーは、このような「気分」においてすら、他の人の「体験」との比較やアナロギーが可能であるばかりでなく、それが、一義的に明瞭な認識となるためには、そのような方法を通じて検証されたり分析されたりしなければならないと言うのである。[24]われわれの日常的経験においても、例えば「痛み」ということをとってみると、初発の「ただ痛い」という状態から、「キリキリ痛い」あるいは「ズキズキ痛い」と捉えるようになってはじめて、その「痛み」の性格・程度・部位などが明瞭なものと認識されることは明らかであろう。

こうして、あらゆる「自分の体験」は、一定の客観化的な論理的操作（孤立化・分析・比較・概念との結合）を経てはじめて、妥当性を判断しうる〈客体〉へと高まるのである。

さて、以上の議論は、一つの前提条件から出発した。すなわち、〈理解〉は、妥当性を判断しうる〈客体〉へと高められるべきであるということである。それゆえに、つぎのような反論が可能となる。すなわち、たしかに、客観化的な論理的操作を待ってはじめて、〈理解〉は妥当性を判断しうるのかもしれないが、しかし、そのときには、当の概念的客観化の「抽象化作用」で、個性的現実はこぼれ落ちてしまうだろう。とすれば、たとえ妥当性には疑問が残るとしても、依然として、個性的現実の実在的な心的過程は、「体験」あるいは「追体験」するしかないのではあるまいか、と。

かくて、ウェーバーは、概念的把握の本質の考察を迫られることになる。そこで、彼は、「事物は直観である」とするクローチェの所論に対決するのである。

クローチェによれば、「概念が必然的に抽象的な性格をもつ結果として、「事物（Ding）」は、つねに個性的であるがゆえに、概念の中には入り込まず、「直観」されうるのみである」[25]ということになる。

これに対しウェーバーは、そのような考え方が、「事物概念（Dingbegriff）」[26]の見落しからくる誤りであると指摘して、「事物概念」についてつぎのように説明している。「経験科学が所与の多様性を、例えば具体的な歴史上の人物の「人格性」を、「事物」として、それゆえまた「統一体」として取扱う所では、この客体はたしかにつねに、たんに「比較的確定された」にすぎぬ、すなわち、つねにそして例外なく経験的に「直観的なもの」をうちに含むところの、思考のうえでの形象（gedankliches Gebilde）である――にもかかわらず、それは、特定の研究目的において「本質的なもの」を選択することによってその「統一性」が規定されているような、人為的形象なのである。また、それゆえそれは、「所与のもの」とは単に「機能的な」関係にあるにすぎない思惟的産物であり、したがって、「概念」なのである。しかし、この場合、この「概念」という表現が、経験的所与の思考による変形によって生じ、かつ、言葉であらわしうる観念形象（Gedankengebilde）のほんの一部に強いて限られてはならない[27]」

このウェーバーの説明の意味するところはこうである。すなわち、「事物は直観である」というクローチェの考えには、抽象的普遍的な意味内容をもち、事物を抽象化して捉えざるをえない「関係概念（Relations-begriffe）」のみを「概念」であるとする考えが基礎にあるのであるが、具体的な個物をわれわれが捉えるという場合にも、そこにおける表象は、「概念」として捉えられたものに他ならないということである。

重要なことは、「自己の体験ですら、それを思惟的に把握しようとするときには、単純に「模写」される（“abgebildet” oder “nachgebildet” werden）わけではない[28]」ということである。「もっとも単純な「存在判断」ですら、それが「判断」であろうとし、かかるものとして確実に「妥当」せんとするかぎり、――そして、これこそが考察においては問題なのだが――論理的操作を前提とする。そのような操作は、たしかに、一般概念の「設定」は含まないけれども、それの恒常的使用を、したがってまた、孤立化と比較とを、そのうちに含んでいるのである[29]」

このように、概念を「事物概念」まで拡張して捉えれば、あらゆる具体的個性的認識にも概念は前提とされざるをえないことになる[30]。「自己の体験」についてすら同様なのである。とすれば、概念的客観化が必然的に対象の抽象化を招き、それによっては個性的現実は捉えられないとする考えは、基本的に根拠を失ってしまう。すなわち、概念を媒介にしてこそ、具体的個性的対象も、確実に認識しうるということになるのである。

さて、以上のようなウェーバーの議論には、自明と受け取られてきた「理解の目標」の転換が含まれている。当人にとってのみ確実であるとされた固有の体験世界、あるいは「体験流」、リップスの言葉で言えば「体験された自我」とは、対象認識としての内実からすれば、つねに漠とした、あいまいなものに他ならない。そのような意味での「体験」とは、むしろ、概念的把握の欠如に他ならない。これに対して、現実的因果連関に内在し、行為を通じて「外的」世界と因果的に連結して態度決定の一構成部分となっている〈動機〉とは、程度の差はあるとしても、対象的に自覚されるということを含んでいる。このような、対象的に自覚されたところの〈経験的認識〉はつねに概念的把握を含み、それゆえに、概念的客観化・因果的判断・検証という過程を含む客観化的認識様式の対象となり、当の行為の組み込まれている連関の認識に関心を寄せる〈歴史的研究〉のめざすべき〈理解の目標〉となるということである。

さて、こうした〈理解の目標〉の転換は、「他我認識」の問題につきまとう神秘的ヴェールを解き放ち、〈解明的理解可能性〉をしっかりした論理的根拠のうえに据えることになる。最後に、それを確認しておこう。

われわれが見てきたように、ウェーバーは、対象認識における「概念」の役割を強調する。それは、「概念」の存在様式そのものが、〈解明的理解可能性〉を根拠づけるうえでのキーポイントになっているからに他ならない。

われわれは、ウェーバーがここで、「この「概念」という表現が、経験的所与の思考による変形によって生じ、かつ、言葉であらわしうる観念形象（Gedankengebilde）のほんの一部に強いて限られてはならない[31]」と強調している点に注目しておきたい。ウェーバーにおいて「概念」という語が含意しているものは、決して、単なる言語体系や文法体系に局限されるものではないのである。むしろ、それは思考によって形象化された、あるいは、されうる〈意味〉の総体というべきものであろう。

ところで、ウェーバーは、他の個所で、「意味（Sinn）」と「シンボル（Symbol）」の関係について触れている。そこで、彼は、言葉の通じない一人のヨーロッパ人とアフリカの原住民との問いに、「交換（Tauschen）」が成立する場合を例に挙げ、つぎのように言う。

こういう場合、人は、――まったく正当にも――外的に知覚しうる経過の、すなわち、筋肉運動や「言葉が発せられた」場合にはその音声といった、いわば、経過の「本体（Physis）」をなすようなものの、単なる叙述（Darstellung）では、決して、その「本質（Wesen）」は把握されないことを重視するであろう。なぜならば、この「本質」は、まさに、双方が、自分たちの外的行動に付与したところの「意味」に存するのであり、かれらの現在の行動の「意味」が、他方で、かれらの将来の行動を「規制」することになるからである。こうした「意味」なしには、およそ「交換」なるものは、実現不可能であろうし、概念的に構成することもできないであろう――と、人は言う。まったく、その通りだ！「外的な」徴標（"äußere" Zeichen）が「シンボル（Symbole）」として働くという事情は、すべての「社会的」関係の構成的な前提なのである。[32]

すなわち、言語を共有しない二者間で、筋肉運動や音声が、〈シンボル〉として機能し、「交換」についての最小限の〈意味〉が共有され、そこではじめて「交換」が実現するというわけである。ここに、相互〈理解〉の第一歩が切り開かれている。

さらに、ウェーバーは、こうした特殊な社会的関係の場面から展開し、〈意味〉と〈シンボル〉の意義を一般化して、つぎのような例を挙げる。

「私が、「本」に「枝折」をはさむような場合、後になって、この行為の結果について「外的」に知覚しうるところのものは、明らかに、もっぱら「シンボル」である。ここで、細長い紙片、あるいは、他の物が二枚の紙の間にはさみ込まれているという事情は、一つの「意義（Bedeutung）」をもっているのであり、この「意義」についての知識がなかった場合には、枝折は、私にとっては、無益かつ無意味（sinnlos）であり、行為自体、因果的に「説明できない」であろう[33]」。ここでは、「外的」徴標が〈シンボル〉として存在し、その〈意味〉を知っていることが、〈行為〉の〈説明的理解〉の不可欠の要件であることが述べられている。

このような、ウェーバーの主張を踏まえることによって、われわれは、〈解明的理解可能性〉の窮極の構造を、つぎのように把握しうるだろう。

まず、〈意味〉が共有されていることが前提となる。そして、この共有された〈意味〉は、「客観的」な〈観念形象〉としての〈概念〉となって、個々人の対象認識そのものを規範的に規制する。それゆえに、対象的に自覚された〈経験的認識〉は、共有された〈意味〉によって理解可能となる。そしてまた、〈意味〉は〈シンボル〉を通じて伝達される。

その場合、重要なことは、〈意味〉というものが単なる「主観的」なものとして個々人の「内面」に埋め込まれているのではなくして、「客観的」な知識として、対象的に学びうる様態において存在していることである。われわれは、「交換」や「枝折」の〈意味〉を知識として対象的に学びうる。そして、それゆえにこそ、〈意味〉は「間主観的」に共有しうるのである。

ところで、そのように、対象的に学びうる〈意味〉の総体の「客観的」な定在とは何か。それは、歴史的に現実の形態をとって存在する個々の〈文化〉に他ならない。

ということは、諸個人は、その〈人格性〉が、個々の〈文化〉を超越した抽象的普遍性をもつことによってではなく、むしろ、現実の〈文化〉を担う具体的個別性をもつがゆえにこそ、理解可能であることになる。すなわち、「客観的」な定在としての〈文化〉を理解することを通じて、具体的意味連関において、それを担う人間が〈文化人（Kulturmensch）〉として捉えられるのである。

いや、むしろこう言った方がいい。現実的な人間の行為は、もろもろの刺激に対する反応や、漠とした「体験世界」それ自体においてではなく、特定の文化的な〈意味〉を担う〈文化人〉の〈行為〉として関心の対象となるときに、解明的に理解可能なものとなるということである。〈理解の可能性〉は、このように、観察者の関心、すなわち、〈理解の目標〉の転換に結びついている。

かくて、〈解明的理解可能性〉の、それゆえ〈文化科学〉のもっとも根本的な前提が明らかになる。「すべての文化科学の超越論的前提とは、われわれが、特定の、あるいは、一般に何か一つの「文化」を価値ありと思うことではなく、われわれが意識して世界に態度をとり、それにひとつの意味を付与する能力と意志を与えられた文化人であるということである[34]」

以上、見てきたように、ウェーバーによる〈解明的理解可能性〉をめぐる認識論的議論は、〈人格性〉の要素を、具体的な因果連関、なかんずく、〈文化〉の意味連関に内在するものとして捉え返す作業を通じて、それを〈理念型〉形成を軸とした客観化的認識様式によって把握せんとする構想に導かれたものであった。

さて、このような〈解明的理解可能性〉の問題把握と論理的根拠づけの特質は、それが実際に〈解明的理解の方法〉として整備されるときには、大きく分けて、二つの困難の克服を要求することになる。

その第一は、〈解明的理解〉の出発点に関わる。われわれが見てきたように、〈解明的理解〉は、対象たる〈行為者〉の内属する〈全文化〉を理解することから出発する。ところで、こうした〈観察者〉による〈全文化の理解〉は、はたして当の〈行為者〉によるそれとの一致が保証されているのであろうか。

〈解明的理解可能性〉は、〈意味〉の共有を前提にしていた。それゆえに、両者の〈全文化の理解〉が一致を保証されないとすれば、その前提要件を欠くことになり、〈解明的理解〉は成立しえないように思える。〈解明的理解〉の方法は、この点をいかに解決するのか。

さて、第二の問題とは、仮に〈観察者〉と〈行為者〉との〈意味〉の共有が保証されたとしても、現実に生起した具体的行為過程において、それを、共有された〈意味〉から合理的に説明することは、はたして妥当なものと言えるのかという点である。

目的を立てて行為するという人間的行為の特徴的性格が、「内面的」領域への因果性のカテゴリーの適用を通じた探求を可能にしている。こうした探求の手続きは、たしかに、一義的に自覚された意味に基づいて遂行された首尾一貫した合理的行為については、勝れて適合的かもしれない。しかし、経験的に知られるように、われわれは、つねには、首尾一貫した自覚的行為を遂行しているわけではない。

とすれば、そのような無意識的・半意識的行為は、いかにして理解しうるというのか。もし、それが理解しえないということになれば、〈理解的方法〉の学問的意義は、まったく限られたものになってしまうであろう。それゆえに、ぜひとも解決されねばならない問題である。

ところでこの問題は、〈理解〉における〈合理的行為〉の意義の問題に直結している。すなわち、「目的」から首尾一貫して追求される〈合理的行為〉という類型は、いかなる意義をもつのかが問われねばならないのである。これらの二点は、それが解決されなければ、これまでの議論をくつがえすほどの危険な意味をもっている。かくて、われわれは、〈解明的理解の方法〉の構造の中に、はたして、その解決があるのかを問わねばならないことになる。

注

（1）WL, S.46.（『ロッシャー』第一巻、九八―九九ページ）

（2）WL, S.52.（『ロッシャー』第一巻、一一〇―一一一ページ）

（3）WL, S.52.（『ロッシャー』第一巻、一一一ページ）

（4）WL, S.49.（『ロッシャー』第一巻、一〇六ページ）

（5）WL, S.54.（『ロッシャー』第一巻、一一四―一一五ページ）

（6）WL, S.134.（『ロッシャー』第二巻、一三一―一三二ページ）

（7）〈因果帰属〉の内容と方法については、WL, S.215.（『批判的研究』一〇一ページ以下）参照。また、その解説としては、田中真晴「因果性問題を中心とするウェーバー方法論の研究」（安藤英治／内田芳明／住谷一彦編『マックス・ヴェーバーの思想像』所収、新泉社、一九六九年）など。

（8）WL, S.50.（『ロッシャー』第一巻、一〇七ページ）

（9）WL, S.51.（『ロッシャー』第一巻、一〇八ページ）
（10）WL, S.72.（『ロッシャー』第二巻、七ページ）
（11）WL, S.73.（『ロッシャー』第二巻、一〇ページ）
（12）WL, S.74f.（『ロッシャー』第二巻、一二ページ）
（13）WL, S.80f.（『ロッシャー』第二巻、二〇ページ）
（14）WL, S.83.（『ロッシャー』第二巻、二九—三〇ページ）
（15）WL, S.78.（『ロッシャー』第二巻、一六ページ）
（16）この点は、金子栄一も指摘している。前掲、金子栄一『マックス・ウェーバー研究』八六—八七ページ参照。
（17）WL, S.85ff.（『ロッシャー』第二巻、三三—三九ページ）
（18）vgl., WL, S.54f.（『ロッシャー』第一巻、一一五—一一六ページ）
（19）WL, S.85f.（『ロッシャー』第二巻、三四ページ）
（20）WL, S.81.（『ロッシャー』第二巻、二〇ページ）
（21）この〈理解〉における概念的客観化の論理的内容は、〈理念型〉の性格に関わっている。パーソンズは〈理念型〉を「虚構理論（fiction theory）」の傾向をもつといい、安藤英治も「歴史の人為性」という表現でその虚構性を強調している（もっとも、それに対する評価は正反対であるが）。しかし、〈理念型〉を中心とした概念のウェーバーにおける理論的位置について、虚構性を強調することには重大な陥穽があることを、以下の叙述は示すであろう。Cf., Parsons, *The Structure of Scial Action*, pp.603.（タルコット・パーソンズ『社会的行為の構造』稲上毅／厚東洋輔訳〔第4分冊〕、木鐸社、一九七四年、二〇一ページ）、安藤英治「マックス・ウェーバーにおける形式的思考の意味」、前掲、安藤英治『マックス・ウェーバー研究』一七五ページ以下。なお、この点については、前掲、金子栄一『マックス・ウェーバー研究』二八ページ以下も参照。
（22）WL, S.102ff.（『ロッシャー』第二巻、六六ページ以下）
（23）WL, S.104.（『ロッシャー』第二巻、七〇ページ）
（24）WL, S.104.（『ロッシャー』第二巻、六九ページ）

（25）WL, S.108.（『ロッシャー』第二巻、八〇ページ）
（26）この「事物概念」を、自然科学における関係概念（Relationsbegriffe）と対比しつつ、文化科学に特徴的な概念として取り扱っているのはリッカートである。vgl., Rickert, *a.a.O.*
（27）WL, S.109f.（『ロッシャー』第二巻、八二―八三ページ）
（28）WL, S.110.（『ロッシャー』第二巻、八三ページ）
（29）WL, S.110.（『ロッシャー』第二巻、八四ページ）
（30）ここでも、「事物（Ding）」について、本章2（一）注（9）が参照されるべきである。この「事物概念」の例として、ウェーバーは他のところで、「ビスマルク」を挙げている。その点からすれば、この「事物概念」という語は、現代ではむしろ、「シンボル」と呼びならわされているものに他ならないだろう。
（31）WL, S.110.（『ロッシャー』第二巻、八三ページ）
（32）WL, S.331f.（『シュタムラー』四一ページ）
（33）WL, S.332.（『シュタムラー』四一―四二ページ）
（34）WL, S.180.（『客観性』八二ページ）

## 3　価値分析としての解明と因果的解明

### （一）〈恒常的動機〉という観点

前節では、主観的にいだかれた〈意味〉の因果的解明可能性の論理的基礎について考察するとともに、それが、〈方法〉へと構成されるうえでの問題点を析出した。本節では、それらの問題点が〈方法〉としての構造にどのように受け止められるのかを明らかにしつつ、〈解明的理解〉の方法の構造的把握を行なっていくことが課題となる。

ところで、前節末尾で析出した二つの問題は、実は、別々の問題ではなく、相互に連関してのみ解決しうるものである。それゆえに、それぞれの問題が、〈方法〉の全体構造の中にいかに定位されているかがまず摑まれていなければならないのである。

そこで、本項では、具体的な例に沿いつつ、大まかな見通しを得ておくことにしたい。

ウェーバーは、『文化科学の論理学の領域における批判的研究』（一九〇六年）において、〈自分の行為〉の思惟的な分析の例を取り上げている。少々長くなるが、引用して検討しよう。

喜怒哀楽の激しい若い母親が、彼女の子供の悪戯に手をやき、あのブッシュ流の言葉「叩くことは上辺だけの効果しかない、精神力だけが、心に滲み通る」という理論を、別に信奉しているわけではない平凡なドイツ人として、子供にひどいビンタを加えたと仮定してみよう。とはいえ、彼女は「心配で青くなり」、自分の行為が「教育上の目的に適っていたかどうか」について、または、ビンタあるいは、あの場合に示したきわめて「手荒な振舞」の「正当性」について、しばらく思い悩むことになったと、さらに、仮定を進めてみよう。あるいは——この方が良いかもしれないが——子供の泣き声が父親の耳に入り、それが、ドイツ人としてあらゆる事柄について、したがってまた、子供の教育について十分なる理解をもっていると確信しているこの父親をして、「目的論的」見地から、「母親」に訓戒を垂れておく必要を感ぜしめたと仮定してもよい。——すると「母親」は、おそらく例えば、「子供を叱ったときの状況」を考慮し、弁解としてつぎのように主張するだろう。もし、あのとき——またも仮定だが——料理女との喧嘩で「興奮」していなかったとすれば、あのような叱り方などしなかったであろうし、もし、叱ったとしても「あんな風に」ビンタをするようなことはなかったであろう、と。そこで彼女が訴えたいことは、「いつもの私なら、こんな叱り方をしないのは、あなたもご存じでしょう」ということであろう。こう言うことによって、彼女は彼女の「恒常的動機（konstante Motive）」に関して父親の持っている「経験知（Erfahrungswissen）」に訴えるのである。というのは、一般におこりうる状況のほとんどすべての場合において、彼女の「恒常的動機」からすれば、他のもっと非合理的ではない結果がもたらされるであろうからである。言い換えると、彼女は、自分にとっては、あのビンタが子供の振舞に対する「偶然的」反応であって、「適合的」因果連関としての反応ではないと主張しているのである。(1)

この例解を分析してみると、ほぼつぎのような段階を経て、〈自分の行為〉の思惟的反省が展開されていることが分かるであろう。

①子供を叱ったときの状況が想起され、要素に分解される。

②そのおのおの要素（この場合は、料理女と喧嘩して興奮していたという事実が、その要素のひとつに当たる）について、「もし、興奮していなかったとしたら」というように、「仮定法過去完了」の形での問いがたてられる。

③その問いに、その他の諸要素に関する知識や、彼女の普段の〈人格性〉を示す〈恒常的動機〉に関する知識、経験的規則に関する知識が動員されて考察される。

④その結果、「興奮していた」という要因について見れば、「ビンタ」という結果は〈適合的〉であり、〈恒常的動機〉の複合体（Komplex "konstanter Motive"(2)）として理解された彼女の〈人格性〉という要因について見れば、「ビンタ」という結果は〈偶然的〉であると判断される。このことから、「ビンタ」という結果は、彼女の〈人格性〉にではなく、「興奮していた」という事実に因果帰属される。

こうして見てくると、この〈自分の行為〉の思惟的分析そのものが、「動機の理解」と「動機による説明」の両方を構造的に含んでいることがわかるであろう。

すなわち、まず、「ビンタ」という結果は、彼女の〈恒常的動機〉から説明されようとしている。もし、「興奮していなかった」としても、「ビンタ」という結果をもたらすような内容を彼女の〈恒常的動機〉がもっているのなら、「興奮していたこと」は〈動機〉には関わりがない。そういう場合には、彼女の〈恒常的動機〉こそ、「ビンタ」という行為の当の〈動機〉であったことになる。しかし、この場合には、〈恒常的動機〉からは「ビンタ」という結果は説明できない。それゆえにこそ、「興奮していたこと」が、この場合の〈動機〉として認定されるのである。

　このように、〈自分の行為〉の思惟的分析においても、〈恒常的動機〉の複合体として当の〈人格性〉が、あらかじめ対象的概念的に把握されていることが前提条件なのであった。この〈恒常的動機〉というものの〈理解〉における役割について、他の例をとってもう少し考えてみよう。

　日常経験によれば、ある人が木に向かって斧を振り上げているときに、彼が木樵りであるとあらかじめわかっていると、われわれは、ただちに、「彼は、職業柄、木を切ろうとしている」と理解する。そして、この理解は多くの場合正しい。

　ところで、ここにおける〈理解〉は、単に彼の身体的動作にのみ基づいて行なわれたものではない点に留意する必要がある。「彼は木樵りである」という経験知がないならば、「木を切ろうとしている」という理解は、「ただちに」とはいかないだろう。また「彼は木樵りである」という事実は、単に、彼の「内面的主観」にのみあるわけではない。この事実は、彼の社会的な振る舞いとその地位、他者によるその承認などにも依存しており、「彼は木樵りである」という認識は、むしろ、彼をめぐる「全歴史的状況」の認識なのである。さらに、その認識は、「木樵り」が「木を切る目的を持って斧をふるう」という類型的行為をなす者であるという知識を前提にしており、また、「斧をふるって木を切る」ことが一定の意味をもちうる特定の「文化世界」についての知識を前提にしている、等々。こうしたことのすべては、「彼は木樵りである」という認識が、「全歴史的状況」の認識を通して得られた、それゆえ〈全文化〉の理解によって得られた、彼の〈恒常的動機〉に関する「客観的な」〈経験知〉であることを示している。

　彼は、「木樵り」ではなく「呪術師」であることが判明したとしよう。そして、この「呪術師」は、木に向かって斧をふるう所作を伴う「呪術行為」を行なうという知識があるとする。すると、われわれは、彼が木を切ろうとしているのではなく、呪術行為を行なおうとしていると理解するであろう。

さて、こうした木樵りや呪術師の行為の〈理解〉は、もちろん、つねに正しい〈理解〉であるとは言えない。すると、この〈理解〉はどのような点において疑いうるのだろうか。

それは、二つの視角において疑いうるだろう。すなわち、第一に、彼は本当に「木樵り」なのか。この視角では、彼の〈恒常的動機〉の内容について疑われている。そして、第二に、彼は「木樵り」には違いないが、この場合に、木を切ろうと意図していたのか、または、別の意図があったのか。この視角では、彼の〈恒常的動機〉が、当の場合における〈動機〉なのかが疑われている。先の「ドイツの母親」の例は、この第二の疑いに発している。

さて、ウェーバーは、「認識の論理的な構造は、具体的ケースにおけるその認識の経験的妥当性に疑いが生じ、それが実証されねばならなくなって、はじめて明らかになる[3]」と言うが、まさに、以上のような日常的理解の経験的妥当性への疑いが、〈解明的理解〉の方法としての論理構造を指し示し、解決されねばならない論理的問題の特質を照らし出すのである。

われわれは、前節の末尾において、ウェーバーによる因果的解明可能性の根拠づけの特質から、〈方法〉に課される二つの困難を析出した。これに対し、本項での日常的理解から生じる疑問点に関する考察は、これらを解決に導く手がかりを与えている。

問題点の第一は、対象たる〈全文化〉を理解し、「全歴史的状況」を〈意味〉として捉えるうえでの、観察者としてのわれわれと、当事行為主体との一致の問題であったが、〈恒常的動機〉を捉えるという観点を踏まえると、実はその問題は、「両者の一致」の問題なのではなく、〈認識の妥当性〉の問題としてあることが分かる。

観察者と当事行為主体とが、それぞれ固有の「内面的主観」をもち、そこにおいて単に「主観的」に〈全文化〉を理解しているのであれば、それはもう「両者の一致」は保証されないことになる。しかし、文化理解における両者の「主観性」という、そうした前提的了解そのものが、実は、当事行為主体の「自己理解」からしてすでに成立しえないのである。

というのは、〈恒常的動機〉とは、当事行為主体の「内面」に埋め込まれたものではなく、彼の置かれた「全歴史的状況」に「客観的」に規定されたものであるからである。すなわち、それは、彼自身において単に、「主観的」に思われているだけではなく、「客観的」に妥当するものとしてあるのである。彼は、単に、「主観的」に木樵りなのではなく、「客観的」に木樵りなのである。もちろん、実際の解明的探求の際には、〈恒常的動機〉の認識は、「木樵りである」というだけで満足することなく、一層具体的に、彼の〈恒常的動機〉へと迫っていくであろう。そして、ついには、練達した教師や精神分析医においても見られるように、本人以上に、彼の〈恒常的動機〉をよく知るということすら可能なのであり、当の本人は、〈自己の行為〉を自ら分析するうえで、それをよりどころとするということが可能なのである。

このように、当事行為主体の〈人格性〉を〈恒常的動機の複合体〉として把握し、それを〈解明的理解〉の第一の出発点にするということは、観察者と行為主体の「両者の主観的一致」からの出発ではなく、「客観的」にその妥当性をいかに吟味しうる認識からの出発なのである。すなわち、〈恒常的動機〉の認識とは、それを、当の行為主体の〈恒常的動機〉たらしめる「全歴史的状況」が、〈歴史的個体〉として「客観的」に妥当な認識にまでもたらされるということであり、当の〈歴史的個体〉の〈固有性〉が、特定の具体性をもつひとつの〈文化〉として妥当に理解されるということであるのだ。そして、これによって、当の「全歴史的状況」に内在する当事行為者が、自らの行為の「動機」とするべき、あるいは、したはずの〈意味〉が妥当なものとして認識されるのである。

さて、ここから、前節で析出した第二の問題点の解決の糸口が与えられる。

というのは、当事行為者が「動機」としたはずの〈恒常的動機〉は、個々の具体的場合において、実際に〈動機〉であったとは限らないからである。たしかに、個々の具体的場合においても、〈恒常的動機〉を仮説的にその場合にも〈動機〉であったと考えて、そこから合理的に、〈行為の過程〉が〈説明〉されるべく試みられるだろう。しかし、その合理的な説明図式が、実際の生起の過程によって検証されるとき、その〈検証〉から確かなよりどころを得て、十分に合理的なものでない「動機」や無意識的・半意識的動機の思惟的な析出がおこなわれうることになるであろう。「ドイツの母親」の例は、それを予示しているのだ。

かくして、〈方法としての解明的理解〉の全体構造は定まってくる。ウェーバーは、『客観性』論文（一九〇四年）で、社会科学的研究の課題を、つぎの四つの段階に区分・整理しているが、[4]〈解明的理解の方法〉こそ、構造的に、この段階的区分とぴったり照応しているのである。その段階的区分とはつぎのごとくである。

①(仮説的な)「法則」や「要素」を確定すること。
②上の「要素」の歴史的に与えられた個性的な集まりと、その諸「要素」の連動とを分析して、秩序だてて記述すること。なかんずく、その意義の根拠と特色を理解できるようにすること。
③上の「集まり」の、そのようにあることに対して、意義ある個性的な特性を、生成史的にさかのぼって探求し、それ以前のものから歴史的に説明すること。
④将来に起こりうる諸状態を見積もること。

これらのうち、④は〈解明的理解〉という目標からして、度外視できるであろう。すると、三段階の構成が得られる。

①は、準備作業（Vorarbeit）である。すでに見てきたように、〈解明的理解〉が概念的客観化・因果的判断・検証という過程を含む「客観化」的認識様式をとるところからしても、その前提として、概念を整備し、経験的規則を蓄積しておくことは不可欠なのである。ウェーバーは、このような概念の整序の作業をカズイスティーク（Kasuistik）と名づけており、『経済と社会』（一九二二年）に見られる狭義の意味での「理解社会学」がこれにあ

たる。[5] しかし、これとても、いかなる意味からしても、現実をそこから演繹すべき「法則体系」ではありえない。これは、〈解明的理解〉の作業を進めるにあたっての「概念的道具箱」であり、これの整備は、それゆえに、〈準備作業〉に他ならないのである。

さて、②であるが、これが対象としての「全歴史的状況」を構成的に把握し、その〈固有性〉を明らかにし、そのことを通じて、対象たる〈全文化〉を理解し、そこに内属する行為主体の〈恒常的動機〉を確定していく作業であることは明らかであろう。ウェーバーは、こうした作業を〈価値分析（Wertanalyse）〉という〈解明（Deutung）〉の一形式であり、他の形式の〈解明〉、すなわち、〈歴史的因果的解明（die historische kausale Deutung）〉のための〈道標（Wegweiserin）〉であるとしている。[6] そして、この作業は対象を〈歴史的個体（historisches Individuum）〉という〈理念型的な観念形象〉へと構成するものである。[7]

そして、③が〈因果的解明〉そのものに当たる。

かくして、われわれは、以上の三段階の構成をもつ〈解明的理解の方法〉そのものの内容の検討に入るべき地点に到達するに至った。ここでは、一応、①のカズイスティークを度外視して、〈価値分析としての解明〉と〈因果的解明〉に焦点を合わせれば足りるであろう。なぜならば、そこに〈解明的理解〉の本来の場があるからである。

注

（1）WL, S.279f.（『批判的研究』一九七―一九八ページ）。なお、ウェーバーにおける具体的因果連関の把握の問題については、前掲、田中真晴「因果性問題を中心とするウェーバー方法論の研究」二一五ページ以下参照。

（2）『ロッシャーとクニース』において、ウェーバーは、「われわれが、形式的な意味において、「人格性（Persönlichkeit）」と名づけるあの「恒常的動機」の複合体」と言っている。WL, S.47.（『ロッシャー』第一巻、一〇二ページ）。なお、GAzRS, I, S.117.（『プロ倫』下、七四ページ）も参照。

（3）WL, S.111.（『ロッシャー』第二巻、八六ページ）
（4）WL, S.174f.（『客観性』七六―七七ページ）
（5）『宗教社会学論集』に見られる経験科学的モノグラフまでの全体を含めた場合の「理解社会学」を「広義の」と考えると、それらを除外した、『経済と社会』に見られる理論的カズイスティークの部分を「狭義の理解社会学」と考えることができる。
（6）WL, S.251.（『批判的研究』一五四ページ）
（7）〈歴史的個体概念〉と〈理念型〉との関連については、前掲、金子栄一『マックス・ウェーバー研究』二七ページ以下参照。

## （二）価値分析としての解明

解明的理解という目標をもって、行為主体を取り巻く「全歴史的状況」を把握し、〈全文化〉を理解するためには、単なる外的過程の記述で満足しえないことは言うまでもない。なぜならば、われわれは、対象をひとつのまとまりをもった〈意味〉のもとに捉えるのでなければならないからである。

ということは、われわれは、当の現実的な歴史的連関に内在する諸要素の集合を、それ自体として意味のあるまとまりとして捉え、それの〈固有性〉を明確な形で理解することが必要である。すなわち、当の諸要素の集合を、それ自体として独自性を持つ個性的な一文化・一時代・一人格として捉えるということである。ウェーバーは、そのように捉えられた個体的な〈思惟像〉を〈歴史的個体（historisches Individuum）〉と名づけ、それを構成する作業を〈価値分析（Wertanalyse）〉あるいは〈価値解釈（Wertinterpretation）〉と呼んでいる。

このような〈価値分析〉の作業は、それ自体としては、歴史的な、それゆえ因果的な認識であるわけではない。そうではなくて、対象を、そのものの〈固有性〉において理解するということである。

では、この、そのものの〈固有性〉において理解するという認識はいかなる性質をもつのだろうか。本項では、それが明らかにされねばならない。

## （a）語られたことの〈理解〉と語る人間の〈理解〉

解明的理解という目標をもって、ある歴史的個人を一人格として彼の〈固有性〉において理解しようとすれば、われわれは、ディルタイなど解釈学の流れを顧慮しつつ、ただちに、当の対象による言語や動作を媒介とした〈自己表現〉に注目することになるであろう。われわれは、まず、この〈自己表現〉を理解するということと、ウェーバーにおける〈価値分析〉の示差的な区別を行なっておく必要があるだろう。

ウェーバーは、『ロッシャーとクニース』において、ジンメルの所説に触れつつ、〈自己表現〉を理解することについて考察している[(1)]。

ジンメルによれば、「表現の意味の客観的「理解」」すなわち「語られたことの「理解」」と、「行為する人間の動機の主観的「解明」」すなわち「語る（あるいは行為する）人間の「理解」」とは区別されなければならない。ジンメルは言う、「この語られたことは、話者が、個人的意図によって、先入見あるいは腹立ちによって、心配性あるいは嘲弄癖によって駆り立てられて意見表明をしたのであれば、たちまち変わってしまう。こうした表明の動機を認識するならば、言い表された事態の内実把握によるものとはまるで別な意味でもこの表明を「理解」したことになる。すなわち、ここではじめて理解は、語られたことだけではなく、話者に関係してくるのである」[(2)]。ウェーバーは、ジンメルによるこの区別に賛成している。

ところで問題はそのつぎにある。ジンメルはこれら二つの「理解」を、つぎのように、「心理学的記述」によって関係づける。「単に、認識されたものを認識するだけでなく、意志されたもの、感じられたものをも認識するのが歴史の課題であるならば、この課題を解くことができるのは、なんらかの心理的転換の方式により、意志されたものがともに意志され、感じられたものがともに感じられることによってである他はない」[(3)]。ウェーバーの批判は、この点から始まる。

ウェーバーは、このような「心理学的記述」から「理解」の論理学的性格が十分明らかになるかと疑念を表明したのち、つぎのように付け加えている。「わたしの考えでは――すでに述べたように――いずれにせよ、「理解」の経過が、もっぱら「客観的認識」にそってのみ生ずると考えることは誤りであろうと思われる」[4]

すなわち、ジンメルにおいては、「語られたこと」の客観的認識とそれの心理的転換を通じてのみ「語る「人間」」の理解が導かれるという段取りになっているのであるが、ウェーバーは、そのような回路のみによって〈理解〉がもたらされるという主張に反対しているのである。

ここで、「すでに述べた」といって指示している個所は、ミュンスターベルクへの批判の個所である（本章1（二）別表参照）。われわれも前節で見たように、そこでは具体的因果連関に内在する項として行為者の「内面的」過程を捉えるという視角が語られている。

この点を考え合わせると、ウェーバーの主張は、〈理解〉というものが、単に当事行為主体の「言葉」や「所作」といった〈表現〉を通じてのみ得られるものではなく、むしろ、〈表現〉の意味そのものがかの具体的因果連関に支えられているということであろう。すなわち、〈表現〉の意味から「語る「人間」」を理解するばかりではなく、われわれは、〈表現〉の意味がわからないような場合においては、行為者の「全歴史的状況」から構成された〈人格性〉の理念型からその〈表現〉をなした「動機」が導出され、この「動機」を通じて〈表現〉の意味を理解するということがありうるのである。

容易に陥りがちな通念に反して、〈理解〉においては、行為者の〈自己表現〉のみが手がかりとして特権的地位をもつわけではない。とすると、行為者を彼の置かれた「全歴史的状況」から特定の〈人格性〉として理解すること、言い換えると、無限の具体的因果連鎖に内在するある特定の諸要素の集合を、行為者の〈人格性〉の〈固有性〉として理解するとはいかなることなのだろうか。

これを果たす、ウェーバーの〈価値分析としての解明〉の方法的特質は、さらにつっ込んで考察されねばならない。

## (b) 対象の選択と価値分析の「客観性」

前項において、われわれは、当事行為主体の〈人格性〉を〈恒常的動機の複合体〉として把握することが、「客観的」に妥当性を吟味しうる認識であることを見てきた。それでは、この「客観的に妥当性を吟味しうる認識」を、その方法である〈価値分析〉はいかなる根拠をもって保証するのだろうか。つねに特定の〈価値関心〉をもって対象に向かう研究者が取りうる方法としての〈価値分析〉の「客観的性格」について考察する必要がある。

ある特定の諸要素の集合を、それ自体の〈固有性〉において理解せんがためには、対象そのものが理解さるべきものとして選ばれていなければならないだろう。この対象の選択ということは、それ自体としては無限の連鎖をなす因果的継起にすぎない具体的な生起の連関のなかから、特定の要素についてこれを対象にするというように態度を決めることであり、ひとつの現実的な「評価」を含むものである。

さて、この対象の選択という「評価」の主体的な根拠はと言えば、あくまで個人的な感情や意欲であり、当為の意識であって、科学的研究が「客観的」に指示しうるものではないのである。ウェーバーは、この意味において、リッカートが主張した、「歴史的個体」の形成が「価値関係性（Wertbeziehungen）」に制約されるという議論を支持している[5]。すなわち、対象の選択においては、それは「客観的」であるとは言いえない。

しかし、そのように選択された対象は、ただちに、研究者の価値判断と態度決定にだけ結びつくわけではない。ウェーバーはつぎのように言う、「あらゆる歴史的「評価（Wertung）」というものは、いわば「観照的（kontemplativ）」と言いうる契機を含んでいる。歴史的評価は、「態度決定をなす主体」による直接の価値判断のみを含むわけではなく、また第一にそれを含むわけでもない。むしろ、歴史的評価の本質的内容には、われわれが見たように、可能的「価値関係」についての「知（Wissen）」が含まれている。それゆえ、それは、対象に対する「立場」を、少なくとも理論的には、変えうるという能力を前提にしている[6]」。すなわち、対象を選択するという点においてはたしかに主観的要素が含まれるのであるが、それを対象にするということには、対象を距離化しつつ「客観的」になり、われわれがそれについて態度決定するうえでの、可能な立場や着眼点の発見に努めるという要素もまた含まれているということである。

こうした観察者の能力と態度が、対象と自らの価値関心とを、示差的に区別しつつ論理的な反省によって相対化し、そうした緊張のなかで、対象を「鋭く、明瞭な概念[7]」へと構成するうえでの主体的根拠となる。

さて、ここで構成された「概念」とは、「「客観的」現実界の表象による模写[8]」ではない。ウェーバーは、そのような認識論上の「模写説」を棄却する。むしろ、「概念」は観察者の関心に導かれた「一面的」な構成物と言いうる。

とはいえ、この「概念」は、ある人には妥当するが、他の人には妥当しないという意味で、まったく「主観的な構成物」でもない。

まず、この「概念」が、そこから現実を演繹しうるという意味で「普遍妥当性」をもつ「一般概念」をではなく、個性的な対象の固有性を認識する手段としての〈理念型〉を意味していることに留意する必要がある。この〈理念型〉は、所与の混沌とした現実界に秩序をもたらすための構成物であり、そのときどきのわれわれの〈経験的知識〉と〈法則的知識〉を手段として用いつつ、論理的な鋭さをもって構成された「思考における装置(Gedankenapparat)[9]」なのである。

少々逆説的に聞こえるが、この〈理念型〉は、自らその「一面性」と「限界」を示すことによって、「客観的」な認識に寄与する。すなわち、認識は、鋭く明瞭に構成された〈理念型〉に〈現実〉を論理的に関係づけることによって、その〈差〉を自覚し、その〈差〉によって〈現実〉を把握するとともに、新たなる視野に立って再び、より包括的で明確な〈理念型〉を構成していくという回路をたどる。認識の「客観性」とは、このような意味で、〈理念型〉と〈現実〉との緊張ある論理的な関係づけにおいてのみ成立し、この両者が思弁的に引き離されるとき、そこに「模写説」や「構成説」が生み出されるのである。

ウェーバーは言う、「社会科学の認識の「客観性」とは、むしろつぎの事柄から切り離しえない。すなわち、経験的所与というものは、たしかにつねに、それのみが認識に認識価値を与える価値理念に基づいて整序され、そうした価値理念から生じる認識の意義において理解されるのだけれども、しかしながら、この経験的所与というものは、認識の妥当なることを証明する為の根拠には決してならない、すなわち、そうした証明は経験的には不可能だということである[10]」。

ウェーバーの観点からすると、「模写説」や「構成説」の認識構図から生じる「経験的所与」の絶対化や、言語的な「命題の真偽」の判断のみによる真理の基礎づけは棄却されねばならない。認識の「客観性」は、研究者と彼の時代を支配する価値理念、あるいは「学問の地平」に規定されている。その意味で、特殊な意味では「主観的」である。にもかかわらず、〈理念型〉構成の概念的鋭さによって、その〈限界〉を鮮明にしていくこと、ここにこそ、「客観性」は結びついており、その真価が存するのである。それゆえに、「社会生活に関する学問の歴史とは、概念構成によって事実を思惟的に秩序づける試みと――このようにして得られた思惟像が、学問の地平（wissenschaftlicher Horizont）の拡張と推移によって解消することと――そして、変化した基盤のうえで新たに概念を構成することとの、絶えざる交替であるし、今後もそうなる[11]」と言いうるのである。

ここには、「客観性」という概念の意義転換が含まれている[12]。そして、〈価値分析としての解明〉こそ、論理的鋭さをもって〈理念型〉構成を成し遂げる作業として、こうした意味での「客観性」の基礎となる。

対象として選択された諸要素の集合を、まずわれわれは「解釈」せんとする。その点についてウェーバーはつぎのように言う。「「解釈」、もしくはわれわれの表現を使えば、「解明」は、実際にはつねに融合しているが、論理的には明確に区別すべき二つの方向をとることができる。まず第一に、それは「価値解釈（Wert-interpretation）」であることができるし、またそうなる。つまり、それはわれわれに、かの書簡（この文脈での例となっている〝ゲーテの手紙〟）の「精神的」内容を「理解」することを教えうるし、また教えるのである。それゆえ、われわれが曖昧なまま漠然と「感じている」ものを、「解明」が開示し、明瞭な形をとる「評価

（Werten）」の光の中へと高めるのである」[13]。見られるように、〈因果的解明〉とならぶ、〈解明〉の第一の方向である〈価値解釈〉は、態度決定とは論理的に異なって、対象の「精神的内容」を、「客観的」に明瞭な形をもって示す、論理的な前提作業なのである。

この〈価値解釈〉を通じて、現実の歴史的因果連鎖に内在するある特定の集合は、その「精神的」内容の固有性を明らかにし、〈理念型〉としての〈歴史的個体〉へと構成されて、「客観的」認識の出発点となる。それゆえウェーバーは、この「価値解釈」を志向する「解明」のことを〈価値分析（Wertanalyse）〉と呼んで、その論理的・「客観的」性格を示すのである。

### （c）価値分析の方法的性格

それでは、この〈価値分析〉という〈解明〉の方法は、他の認識様式の方法的手続きに比して、どんな特徴があるのだろうか。ウェーバーは、それを「文献学（Philologie）」と「歴史」とに対比して説明している。

エドワルト・マイヤーによれば、「文献学とは歴史の所産を現代へと移し、それを現存するものとして、したがって静止した状態で取扱う学問である」[14]。それゆえに、文献学は、歴史とは異なって、対象を因果的関心からではなく、その固有性において取り扱うことになる。しかし、マイヤーは、この文献学と歴史との対立面のみを見て、その関連性を否定する。ウェーバーは、そこに問題を見出すのである。

まず、ウェーバーは、「言葉の「意味」の解明」と、〈価値分析〉すなわち「「精神的内容」の「解明」」との相違を指摘する[15]。

一方の言葉の「解明」は、「史料・文献」の科学的加工及び利用のすべてにとって、基本的準備作業である。――準備作業であるというのは、それが必要とする精神的労力の価値や集中度が劣るからではなく、論理的事情によるのであるが。この言葉の解明は、歴史の立場からすると、「事実」を確かめるための技術的手段なのである[16]。

これに対する〈価値分析〉の特質とは何か。ウェーバーは、まず、それが、対象たる〈全文化〉を、対象それ自体のために観察し、それと価値との関係において理解するものであることを強調し[17]、「ゲーテのシュタイン夫人への手紙」と「資本論」とを例にとってつぎのように説明する。「(「ゲーテの手紙」と「資本論」という)二つのものは、明らかに、「言葉」の「解釈」――これについては、ここでは取り上げない――の対象になりうるばかりでなく、「価値分析的解釈」の対象にもなりうる。この「価値分析的解釈」は、対象の価値関係をわれわれに「理解」させるものである。すなわち、価値分析的解釈では、「ファウスト」を「解明」するのと同じように、シュタイン夫人への手紙を分析し、「心理学的」に解釈するし、――また、マルクスの「資本論」を、その思想内容について分析し、それと同じ問題に関する他の思想体系との思想的――歴史的ではなく――関係において叙述するということである[18]」。それゆえ、〈価値分析〉の対象を思想体系としての「資本論」という〈歴史的個体〉に定めるとすれば、そこで問題となるのは、その歴史的な影響などではなくして、思想体系としての論理的特質や整合性、他の思想体系に照らした思想的独自性なのである。すなわち、それは「言葉」の「意味」の解釈ではなくして、かの「思想体系」が社会的に、または、われわれの関心にとって、もちうる〈意味〉なのである。

ウェーバーは、以上の〈価値分析〉の論理的性格を総括して、つぎのように言っている。「わたしが対象の直接的評価の段階を出て、可能な価値諸関係の、理論的―解釈的熟慮の段階に入り、したがって対象から「歴史的個体」を形成するという場合、つぎのことを意味している。具体的で個性的、それゆえ、とことん唯一無二の形態とは――とりあえず形而上学的表現を使えば――「理念(Ideen)」が当該の政治的構成体〔たとえば「フリードリヒ大王の国家」〕、当該の人格〔たとえばゲーテとビスマルク〕、当該の著作〔マルクスの「資本論」〕にみずからを「化体(verkörpert)」し、「現実化」しているものなのだが、それをわたしが、自分と他者に対し、解釈を通して意識させるという意味なのである[19]」

それゆえに、こうした作業に必要とされる手続きで基本となるのは、論理的な〈分析〉と〈比較〉であり、それは、一方で、単なる「言葉」の字句上の意味解釈ではないと同時に、他方で、因果的な考察とも区別されるものなのである。

しかし、以上のかぎりでは、マイヤーの「文献学」の観点と大きく異なるものではない。問題は、さらに、つぎの点にある。

たしかに、〈価値分析〉は、対象の、歴史的・因果的意義から独立した、その固有性を捉えんとするものなのだが、それが成就するためには、実は、〈因果的解明〉の助けを借りなければならないということである。というのは、〈価値分析〉の対象が、それ自体、歴史的に制約されたものだからである。すなわち、歴史的に与えられた問題状況や、当の個人（「シュタイン夫人への手紙」ならゲーテ、「資本論」なら著者のマルクス）の個人史的な成長・発展の段階、他の思想から受けた影響などが対象の固有性そのものに直接関わっているのである。ジンメル批判でも触れられたが、言葉の意味そのものが具体的因果連関に内在してある以上、それの歴史的探求が不可欠であることは明らかである。「なぜならば、すべてのこうした因果的諸条件の知識こそ、まさに、われわれに、かの手紙（ゲーテの手紙）が生み出された心的状況（die seelischen Konstellationen）や、それと共に、この手紙自体をも、初めて、実際に「理解」することを教えるからである」[20]

かくて、〈全歴史的状況〉から〈全文化〉を理解することをめざす〈価値分析〉の立体的な方法の構造が明らかになる。実はつぎに見るように、〈因果的解明〉が成就するためにも〈価値分析〉は不可欠である。すなわち、〈価値分析〉と〈因果的解明〉は、手続きにおける論理的な性格は明確に区別されなければならないが、両者は相互に不可欠な要件となっているのである。〈価値分析〉と〈因果的解明〉は、相互に重層的に積み上げられていくことにより、〈解明的理解〉の構造化した方法を構成している。

## （d）可能な構成概念としての歴史的個体

さて、〈価値分析〉によって得られるものは、特定の対象の固有性を〈理念型〉的に鮮明化した〈歴史的個体〉である。

ところで、ウェーバーは、この〈価値分析としての解明〉の意義について、「「評価（Wertung）」における、可能な「立場」と「着眼点」を発見すること[21]」にあると強調する。われわれは、ここでこの「可能な」という点に注目しておきたい。

すでに見たように、「評価（Wertung）」には「観照的要素」が含まれ、それゆえに〈解明〉は直接の態度決定のみを導くわけではなく、「客観的」な性格をももちうる。この点からして、この「可能な」ということも二つの意味合いをもってくる。すなわち、第一には、われわれが当の対象について態度決定する上でとりうる、という意味で「可能な」立場や着眼点を与える。そして、第二には、歴史的・因果的考察において、当の対象が実際そのような〈意味〉をもちえた、と考えることができるという意味で「可能な」姿を与える。

ここで重要なのは第二の意味である。たしかに、〈価値分析としての解明〉は、対象を選択するという点において不可避に研究者の「価値関心」を含み、それゆえ、対象の精神的内容の理解を通して構成された〈歴史的個体〉は、現実の因果的連鎖に実際に内在するものとは異なる〈観念的な思惟像〉、すなわち、〈理念型（Idealtypus）〉という性格をもっている。しかし、それはもちろん、まったくの恣意的な「構成概念＝理論的虚構」なのではなくして、歴史的・因果的考察において、実際にそのようなものであったとすることが〈可能な〉概念なのである。そして、それゆえにこそ、この〈歴史的個体〉（動機的理解という目標に即して言えば、「恒常的動機の複合体」として把握された〈人格性〉）が、実際の因果的解明の根拠となることが可能なのである。

ウェーバーは、『中間考察』の冒頭においても、こうした〈理念型〉の合理的構成の現実的意義を力説している。すなわち、〈理念型〉とは、たしかに、「合目的的に構成された合理的類型、すなわち、確かなものとして与えられた諸前提から導出された実践的態度の内面的に「首尾一貫した」形態」なのであるけれども、この「もっとも合理的形態」は「現実性（Realität）をもつことが可能であり」、それゆえに、そこから出発して、「一定の理論的に提出しうる合理的帰結が、現実においてどの程度まで生起したのか、場合によっては、何ゆえ生起しなかったのかを探求する」ことが可能なものなのである[22]。

かくて、つぎのように言うことができる。「もちろん、われわれがここで「価値分析」と名づけてきたあの「解明」の形式は、他の形式、すなわち、「歴史的」・因果的「解明」の「道標」である。「価値分析」は、対象の「評価された」構成要素を提示する。そして、この構成要素の因果的「説明」こそ「因果的解明」の課題である。「価値分析」は、因果的遡源の糸口を創り出し、この因果的遡源を行なううえでの決定的な「観点」となるものをその遡源に与えるのである[23]」

こうして、〈価値分析としての解明〉は〈因果的解明〉へと結びついていく。

## （e）価値分析と〈人格性〉の意義

さて、価値分析を通じて構成される〈歴史的個体〉は、研究者の認識関心に応じて、一文化、一時代、一個人など、さまざまなレベルで構成されうるものである。すなわち、価値分析そのものは、つねに一個人を分析の目標に据えてなされるものではない。

ところで、ウェーバーは、『社会学の基礎概念』の冒頭で、自らの〈理解社会学〉の認識目的について、「社会的行為を、解明しつつ理解し、そのことを通じて、その社会的行為の経過や結果を因果的に説明しようとする学問[24]」であると述べている。とすれば、この〈理解社会学〉の認識目的は、特定の歴史的関心に基づいて行なわれた価値分析が、特定の個人にまでおよび、その〈人格性〉による行為の解明が問われるときに、立てられるということになる。それでは、価値分析と〈人格性〉の要素との関係はどのようになっているのだろうか。

ウェーバーは、歴史的事実一般について、その具体的固有性においてわれわれの関心の対象となるところの〈歴史的個体〉と、その〈歴史的個体〉を因果的に制約している〈歴史的原因〉とを区別しているが[25]、〈人格性〉

が歴史的関心において意義をもつ場合についても、つぎのように二つに分けている[26]。
①歴史上で「偉大」かつ「個性的」な個人の生涯の精神内容が、「固有の価値（Eigenwert）」をもつものとして、できるかぎり包括的な知識を得ようとする特殊な関心の対象となるとき。
②特定の個人の具体的な行為が、具体的な歴史的連関の原因的要素として、因果認識的関心の対象となるとき。
特定の個人の〈人格性〉そのものが認識の目標となるのは①の場合である。これは、いわば「伝記」的関心とでも言えよう。もちろん、こうした関心をいだくことは原理的に肯定も否定もできないものである。しかし、やはりこれは、対象となる「人物」への研究者の特殊な「思い入れ」に基づくものであろう。

歴史的な考察においては、〈人格性〉が問題となるのは、②の歴史的連関における原因的要素としてである方が一般的である。すなわち、あのとき、あの状況において、彼のなした〈行為〉はどんな歴史的結果をもたらしたのか、また、いかなる原因によってその〈行為〉はなされるに至ったのか、として問題になるのである。それゆえに、価値分析においては、一般に、〈人格性〉は対象たる特定の文化事象に内属し、それの個性的・原因的要素として考察されるということが分かる。

このような問題構成の現実的意味とは何だろうか。

〈人格性〉を〈文化〉に内属したものとして捉えるということは、心理学・性格学などのように行為者の「内部事象をそれ自体のために取り扱う[27]」のではなく、特定の行為の主体としての行為者を当の〈文化〉を担っている〈文化人〉として捉えるということである。すなわち、彼を、例えばカルヴィニスト、ユダヤ教の預言者、等々、と捉え、それを彼の〈恒常的動機〉として理解するということなのである。言いかえると、行為者としての彼が内属する〈全文化〉を、価値分析を通じて理解することにより、その構成要素としての彼の〈人格性〉を特定の〈恒常的動機の複合体〉として把握するということなのである。

しかし、その場合もちろん、〈人格性〉が実体としての〈全文化〉の単なる機能として捉えられるわけではない。〈人格性〉は〈全文化〉と無媒介に結びつくのではなく、それゆえに、その媒介として考察の環とされるのが、〈エートス（Ethos）〉であり、彼の属する〈社会層（soziale Schicht）〉なのである。(28)

かくて、〈価値分析〉は〈因果的解明〉に問題とその解決のための手がかりを与えることになる。すなわち、〈価値分析〉が、認識関心の対象たる〈全文化〉を〈歴史的個体〉へと構成しつつ理解し、その原因的構成要素として特定の個人の〈人格性〉とその〈行為〉を焦点化するとき、〈因果的解明〉は開始される。その場合、〈因果的解明〉が出発点とするのが彼の〈恒常的動機〉なのであり、〈恒常的動機〉は、また、〈価値分析〉によって与えられるということなのである。

われわれは、いまや、〈因果的解明〉そのものへと進みうる段階へと到達している。

注

（１）WL, S.93ff.（『ロッシャー』第二巻、四八ページ以下）

（２）ゲオルグ・ジンメル『歴史哲学の諸問題』（「ジンメル著作集」第一巻）、生松敬三／亀尾利夫訳、白水社、一九七七年、五二―五三ページ

（３）同書五四ページ

（４）WL, S.94.（『ロッシャー』第二巻、五〇ページ）

（５）リッカートとウェーバーの関係については、本章４（一）参照。

（６）WL, S.260.（『批判的研究』一六八―一六九ページ）

（７）WL, S.209.（『客観性』一〇八ページ）

（８）WL, S.208.（『客観性』一〇七ページ）

（９）WL, S.207.（『客観性』一〇六ページ）

(10) WL, S.213.（『客観性』一一二ページ）

(11) WL, S.207.（『客観性』一〇六ページ）

(12) 本章4（一）参照。「客観性」については、さしあたり、前掲、安藤英治『マックス・ウェーバー研究』および、前掲、浜井修『ウェーバーの社会哲学』など参照。

(13) WL, S.245f.（『批判的研究』一四六ページ）

(14) エドワルト・マイヤー「歴史の理論と方法」森岡弘通訳、前掲『歴史は科学か』所収、七六ページ

(15) WL, S.247.（『批判的研究』一四九ページ）

(16) WL, S.247ff.（『批判的研究』一四九―一五〇ページ）

(17) WL, S.248.（『批判的研究』一五〇ページ）

(18) WL, S.249.（『批判的研究』一五二ページ）

(19) WL, S.252f.（『批判的研究』一五六ページ）

(20) WL, S.250.（『批判的研究』一五三ページ）

(21) WL, S.246.（『批判的研究』一四七ページ）。なお、この点については、WL, S.122f.（『ロッシャー』第二巻、一〇八―一〇九ページ）も参照。

(22) GAzRS, I, S.537f.（『中間考察』一〇一―一〇二ページ）

(23) WL, S.251.（『批判的研究』一五四ページ）

(24) WuG, S.1.（『基礎概念』八ページ）

(25) WL, S.257.（『批判的研究』一六三ページ）

(26) WL, S.47.（『ロッシャー』第一巻、一〇一ページ）

(27) WL, S.83.（『ロッシャー』第二巻、二八ページ）

(28) 〈社会層〉については、GAzRS, I, S.251ff.（『序論』五六ページ以下）参照。また、そのウェーバー社会学上における意義については、内田芳明『ヴェーバー社会科学の基礎研究』（岩波書店、一九六八年）一九三ページ以下参照。
〈社会層〉と〈動機的理解〉の関連については、浜井修『社会哲学の方法と精神――批判的理性論集』（以文社、一九

七五年）一三六ページ以下参照。

## (三) 因果的解明とその検証

### (a) 歴史的個体の要素群への分解

本節（一）で見たように、因果的解明の課題とは、価値分析によって構成的に把握された〈歴史的個体〉の個性的な構成要素を生成史的にさかのぼって探求し、因果的に説明することである。しかし、それが開始されうるためには、特定の〈歴史的個体〉が認識関心に捉えられ、要素群へと分解されるという作業が先行することは明らかであろう[1]。すると、その場合、要素群へと分解される規準となるものは、いったい何なのだろうか。

すでに本章2（二）（a）で見たように、ウェーバーにあっては、個性的な現実そのものは内包的に無限の要素からなる因果連鎖なのであって、そのすべての要素を挙示することはそもそも不可能なのであった。それゆえに、無限の内包のなかから、当の現実を個性的たらしめる構成要素が選択されねばならないのである。この点について、ウェーバーはつぎのように言う。「決定要素が無限にある場合、その中から選択をおこなう可能性は、まず第一に、われわれの歴史的関心のあり方に制約されている[2]」。それでは、どのような点において、選択は歴史的関心に制約されているのか。

前項におけるわれわれの〈価値分析〉をめぐる考察からは、ウェーバーの社会学的関心において、二つの点で〈選択〉が〈関心〉に制約されていることが導かれうる。

まず第一に、われわれの初発の認識関心がいかなる文化事象をその考察の対象として選択するか、という点においてである。前項で見たように、われわれは、歴史的因果連鎖のなかの特定の諸要素の集合を選択し、それを〈歴史的個体〉へと構成的に把握するが、その選択とは、当の諸要素の集合を一文化・一時代・一個人など特定の文化事象として捉えるということなのである。そして、ここには、不可避に、われわれによる対象の「評価」

という主観的要素が含まれざるをえないのであった。前項での考察は、この主観的要素にもかかわらず、〈価値分析〉の作業そのものは「客観的」な性格をもちうるということを示したものであった。

さて、この〈価値分析〉は、選択された諸要素を、〈歴史的個体〉へと構成し、この〈歴史的個体〉にとっての固有性を特徴づける重要な要素と副次的要素とに性格づけつつ分類し、さらに、この〈歴史的個体〉にとっての原因的要素と結果的要素とを指し示す。

そこで、要素の選択が歴史的関心に制約される第二の場面へと立ち至る。すなわち、この〈価値分析〉が指し示した〈歴史的個体〉の固有性を特徴づける重要な構成要素にとっての原因的要素に、その因果的関心が向けられる場面である。

こうした原因的要素も、生起の全連関の内包上の無限性ということからすれば、やはり、無限に存在するということが言える。そこで、この無限の原因的要素から、われわれの認識関心にとって重要な要素が選択されることになる。

この場合、ウェーバーにおける「理解社会学」の認識関心は、原因的要素として、〈文化世界〉に内在する諸個人のなす具体的行為から離れることはない。そしてこれは、「理解社会学」が固有の「人間中心的(anthropozentrisch)な関心」に導かれているゆえなのである。

さて、このように対象の歴史的探求がその原因的要素としての諸個人の具体的行為を焦点化したとき、その〈行為〉の〈解明的理解〉の第二階梯をなす〈因果的解明〉が開始される。ウェーバーは「理解社会学」を定義して、「社会的行為を、解明しつつ理解し、そのことを通じて、当の行為の経過と結果とを、因果的に説明しようとするひとつの科学(3)」であるというが、この定義こそ、「理解社会学」が、この場面における〈因果的解明〉に役立てられるように整備された科学的手段であることを示している。そして、この科学的手段を通じて、〈因果的解明〉は認識としての妥当性を追求し、保証されるのである。

以上見てきたように、ウェーバーにおける対象の歴史的認識の妥当性は、要素選択における認識関心に依存した「主観的側面」が、二つの種類の〈解明〉の論理的・「客観的」性質によって二重に支えられることによって成立しうるものとなるのである。

かくて、われわれは、原因的要素として選択された諸個人の具体的行為における〈因果的解明〉と〈検証〉の論理構造へと踏み込む段取りへと到達することになった。

### (b) 古代イスラエル預言者の動機的理解

さて、われわれはこれまで論理的・抽象的な議論を余儀なくされてきたので、ここで〈因果的解明〉の方法的手続きを検討するにあたっては、ウェーバーの経験科学的モノグラフにひとつの例をとって考えてみることにしたい。

『古代ユダヤ教』はウェーバーの著作中でも最高傑作とされているが、そこにおいてわれわれは、〈解明的理解〉の方法の典型的な適用例を見ることができる。それゆえに、ここでは、この著作中のクライマックスでもある記述預言者たちによる〈預言〉の〈動機的理解〉の部分を取り上げることにしよう。

ウェーバーの古代ユダヤ教への関心は、彼の〈比較文化史的視座〉に基づいている。というのは、ウェーバーの見るところ、古代ユダヤ教の成立と発展こそ、「西洋及び近東の全文化発展の一転回点」に他ならなかったからである。ウェーバーは言う、「歴史的意義において、ユダヤ教の発展に匹敵しうるものと言えば、ギリシャの精神文化の発展、そして西欧について言えば、ローマ法の発展、ローマの官職概念に基礎を置くローマ教会の発展、そしてさらに、中世の身分的秩序の発展、そして最後に、それらを破砕しつつ、しかもその諸制度を継承発展させていく諸影響、宗教の領域で言えば、他ならぬプロテスタンティズムの発展、を数えうるにすぎない」[4]と。

ところで、ユダヤ教のどのような性格が西洋の全文化発展にとって歴史的意義をもったのかと言えば、ユダヤ教が、第一に、インドなどにおける永遠不変の世界秩序観とは異なった、終末と復活の約束を伴う歴史観を、そして第二に、その約束から規定されて発展した現世内行為についての宗教倫理、そしてそれに基づく合理的な生活態度を成立せしめたことであり、それらを『旧約聖書』に結実させたことであった。ユダヤ教からこれらを受け継ぐことなくして、およそキリスト教会とキリスト教的日常倫理の成立は考えられず、またそれゆえ、西洋における独特の文化発展は考えられなかったのである。

しかし、キリスト教が、ユダヤ教からこれらを受け継ぎつつ、普遍的世界宗教としてヨーロッパ世界に拡大するためには、ユダヤ教につきまとうパーリア民族的宗教性としての排外的傾向と律法を中心とした儀礼主義を払拭する必要があった。パウロによる伝道の決定的意義は、それを成し遂げたところに存するのである。

ところで、パウロによる宣教の核心は「十字架のイエスの福音」にある。すなわち、神の子・イエスが、その死によって、人間の罪を贖ったことにより、律法を行なう者も行なわざる者も〈信仰〉によって等しく救済に与りうるという教えにある。パウロの宣教は、実は、この核心において、最もユダヤ教的なものに結びついていた。すなわち、この「神の子の贖罪死」というキリスト教の教義こそ、ユダヤ民族の苦難と終末における復活を合理的に結びつけて解釈したあの〈苦難の神義論（Theodizee des Leidens)〉、なかんずく、それを「禍の予言」として告げ知らせた捕囚前の記述預言者たちの存在ぬきに考えられないものなのである。

かくて、ウェーバーの関心は、この記述預言者たちによる〈預言〉の〈動機的理解〉に結びついていく(5)。

まず、第一章でウェーバーは、古代イスラエルの社会構成・生活・宗教・倫理・総じて〈全文化〉を、非常に多岐にわたって考察する。そこでは、〈分析〉と他の隣接諸文化などとの〈比較〉を通じた〈価値分析としての解明〉が、その歴史的前提や動態の考察を含む〈因果的解明〉と、重層的に積み重ねられて、一歩一歩、古代イスラエルの歴史の固有性にとって決定的な意義をもった〈因果的要素〉とは何かが追い詰められている。ここでは深く立ち入ることはできないが、複雑で多岐にわたる第一章の論述は、〈価値分析〉と〈因果的解明〉の重層という視点からこそ、明確な方法的裏づけをもって分析しうるであろう。それは今後の課題とする他はない。

さて、そうした第一章の考察は、ようやくにして、その考察の中心を〈預言〉に収斂させていく。先の認識目的に対して直接解答せんとしている第二章の考察は、この〈預言〉を取り上げた〈因果的解明〉のまさに典型例となって、全体の考察のクライマックスを形作るのである。

記述預言者に関わるウェーバーの叙述は、彼らの客観的役割に関する、つぎのような説明から開始される。「アモスからエレミヤ、エゼキエルに至る捕囚前の預言者たちは、局外の同時代人から見ると、なんといっても、政治的民衆煽動家（Demagog）、場合によっては、時事評論家であった(6)」

ところで、問題となるのは、彼ら預言者たちが、主観的にもデマゴーグたらんとしていたのかというと、そうとは言えないことである。

ウェーバーは、まず、預言者たちの対内・対外政策に関する態度を分析しつつ、政治的デマゴーグであれば想定しうるような「政治的動機」の有無について考察する。

当時の政治状況、なかんずく、国際的政治状況においては、預言者が聴衆に語りかけるということは、不可避に、さまざまな党派対立や利害闘争のいずれかに加担することを意味していた。それゆえ、結果としてどの勢力の利益に合致することになったのかという個々の現象における客観的役割だけからでは、預言者によって主観的に思われた動機は分からないのである。

そこで、ウェーバーは、預言者の行為を、他の政党的デマゴーグに一般的に見られる類型的行為と比較してみる。すると、預言者たちはつぎのような特色を示す。すなわち、まず、たとえ自国民の禍となる予言が的中したときでも、自らの予言の能力を誇り、自らを売り込むようなところが見られない。また、ネブカドネザルのような外国大勢力に対したときに、進んで服属を勧めるという売国的言動をするかと思うと、当の外国勢力からの贈り物や招待に対するに呪詛をもってするという、いかにも相反する態度を示す。このような預言者のふるまいは、政治的デマゴーグにおいて類型的に見られるようなひとつの政治勢力を利するという「政治的動機」からは説明されえないのである。かくて、つぎのように結論づけられる。「これらすべてが示すことは、預言者はたしかに、客観的には政治的な、なかんずく、国際政治的なデマゴーグ、または政治記者であったが、主観的には政治的党員ではなかったことである(7)」

対内政策に関する預言者のふるまいの分析では、さらに、第一章で考察された古代イスラエルの社会構成に関する知がものを言ってくる。

預言者たちは、絶えず社会倫理的な愛を強調するのであるが、まず、この預言内容の特徴が、彼ら預言者の出身社会層の利害状況による動機づけをもって説明しえないことがわかる。なぜならば、彼らの出身社会層は、社会倫理的愛の要求からは非難の的となるような富める層である場合が多いからである。

また、彼ら預言者たちを、「民主主義的社会理想の担い手」[8]とするわけにもいかない。なぜならば、預言者は、自律性なき無教養なデーモスの支配を忌避するからである。

このようにウェーバーは、対外・対内政策に関する預言者のふるまいの〈動機〉について、さまざまな角度から「政治的動機」によって説明を試み、その不可能性を示して、それを棄却していくのである。とすると、真の動機とは何であったのだろうか。

そこで、まずウェーバーは、預言者の社会学的性格について明確な規定を与えることから考察を開始する。このとき手がかりとされるのは、この古代イスラエルの預言者についてのさまざまな事実に関する知見のみならず、他の諸宗教・諸文化において類似の神託や予言や呪術をこととする、宮廷預言者・先見者・戦争予言者・呪術師などに関する知見、特に、それらの人々の類型的行為とその動機に関する経験的知識などである。

古代イスラエルの預言者を、社会学的に見て、一つの身分としうるのは、彼らが無報酬で神託をなすというところにある。[9]この点が、宮廷預言者や先見者など、他の営利経営を行なう者たちと彼らを区別しているのである。ところで、この無報酬というやり方は、それを検討してみると、預言者たちの、他の社会層に対する精神的独立性の、原因なのではなく結果であることが分かる。すなわち、実は、預言者がなす「禍の予言」などには、すすんで金を支払う者とていないことの結果なのである。

それでは、この誰からも喜ばれないような「禍の予言」を発し続ける預言者のその精神的独立性は、いったい何によって支えられているのか。

無報酬の神託をなすところからすると、預言者たちは、それぞれ個人的なパトロンをもっていたのであるが、そのパトロンとなったのは高貴で敬虔な知識層であった。ということは、預言者は、この高貴で敬虔な知識層に支持されるような〈動機〉をもっていたと推定することに無理はない。ところで、この高貴で敬虔な知識層はと言えば、敬虔な諸伝統の見張り人という特質をもっている。その点からすると、預言者の動機の根底には、なんらかの革新的思想がではなく、古きヤハウェ主義の伝統が息づいているのではないかと推定しうるだろう。

かくて、預言者における〈恒常的動機〉として、ヤハウェ主義的伝統に基づいた〈宗教的動機〉が推定される。これは、彼ら預言者たちの社会学的位置からの因果的な推論である。

さて、このように推定された〈宗教的動機〉は、〈検証〉に付されねばならない。すなわち、〈政治的動機〉からは適合的に説明されえなかった預言者の言動が、この〈宗教的動機〉には適合的か否かが検討されねばならないのである。

さて、この〈宗教的動機〉を前提にすると、預言者の対外政策に関する態度は、ヤハウェのみがイスラエルの運命を定めるという観点から説明しうることがわかる。すなわち、「もし、エレミヤが見たように、ヤハウェがイスラエル民族をしてネブカドネザルに屈服するように定めているのなら、民はその運命に従うべきなのである。大王たちがヤハウェの意思の執行人であるかぎり、大王たちに対抗するがごときは瀆神的行為なのである」[10]。このことは、ヤハウェとイスラエル民族の契約にのみ基づいたものであるがゆえに、この屈服の勧告は、ネブカドネザルがごときに取り入るを意味しない。とすれば、先に見た外国勢力に対する一見矛盾する態度も整合的に説明できる。

つぎに、対内政策に関する態度も、彼ら預言者の、ヤハウェ主義的伝統への忠実さから説明しうる。すなわち、農耕祭儀や狂躁道によって汚れる農民たちも、外国の祭儀や不正の祭儀を、政治的に有利だからという理由で、保護したりする王たちも、ともに厳格なヤハウェ主義からすると、敵とみなされねばならなかったのである。

さらに、ウェーバーは、預言者の祭司に対する態度も、〈宗教的動機〉によってはじめて説明できることを明らかにしている。

かくて、預言者たちの身分状況から推定された彼らの〈恒常的動機〉が、彼らの具体的行為という〈結果〉によって〈検証〉されたことになる。そして、これ以降の考察は、妥当なものとして確定された、この〈宗教的動機〉によって〈動機による説明〉が可能となっていくのである。

さて、捕囚前のこれらの預言者たちの〈預言〉は、その後の王国の崩壊と「捕囚」という事実となって現実化することにより、その後のイスラエル民族の運命にとって決定的な意義をもつこととなった。しかし、そのように〈預言〉が大きな影響力をもつに至った要因としては、それが単に「捕囚」として現実化した事実ばかりではなく、これらの〈預言〉のもつ特殊な性質も与っていた。そして、この特殊な性質こそ、彼ら預言者たちの〈宗教的動機〉からのみ説明しうることなのであった。ウェーバーの考察は、この〈預言〉のもつ特殊な性質についての、〈動機〉による説明を通した、詳細な因果的あとづけに入っていく。[11]

それには、まず、預言者の心理学的特質（大多数の預言者が、忘我恍惚状態を経験するエクスタティカーであった）が、彼らの〈宗教的動機〉といかなる形で連動したのかが考察されねばならない。

呪術師や預言者がエクスタシスという心的状態性（Zuständlichkeit）に没入するということだけであるならば、他の宗教においても普通に見られることである。それでは、古代イスラエルの預言者のエクスタシスの特徴とはどこにあるのかと言うと、第一に、その激情的特徴（emotionaler Charakter）であり、第二に、預言者自らが、その状態性を意味あるものとして解釈した（sinnhaft deuten）という点が挙げられる。しかもその解釈は、エクスタシスという状態性をそれ自体として救済財と評価するのではなく、預言者に与えられた「使命（Sendung）」を示すものという方向に統一されていたのである。古代イスラエルの預言者のエクスタシスが考察される場合には、その種差的な特徴をなす、これらの二点がいかなる意味をもつのかが説明されねばならない。

ウェーバーによれば、これら二点の特徴こそ、ユダヤ教の宗教性の特質からのみ説明されうるのである。

まず、〈預言〉は、たいていはエクスタシスについて語る、しかも、エクスタシスが去った後になって語る。

それゆえに、かの「激情性」は、エクスタシスという状態性そのものからは説明できない。ところで、預言者は、エクスタシスによって、「神に充たされている」と感ずるのであるが、絶対的な尊厳性をもつヤハウェであれば、被造物のなかに現実に入り込むことなどあろうはずがない。それゆえに、預言者たちは、それを神の肉声を聞いたと捉えて、その意味について思いをめぐらす。そして、その意味を解いたときにはじめて、預言者は語りだす。すなわち、「この激情（Emotion）は、精神病理学的状態性それ自体の激情（Pathos）からでは決してなく、預言者が体験したことの意味を首尾よく把握しているという熱烈な確信からこそ発するのである[12]」。

さらに、それまで一貫して狂躁道（Orgiastik）や魔術（Magie）と闘ってきて、それゆえ、エクスタシスを生ぜしめる方法や、エクスタシスのための団体形成と無縁であったというユダヤ教の宗教性の特質が、預言の内容に方向性を与えることになった。

預言者のエクスタシスは、他の宗教におけるシャーマンのように「求めて」没入した状態性ではない。それは、まったく根拠のない、突然の出来事であり、内発的（endogen）なものなのである。それゆえに、預言者たちはそれを、神の使命が下ったと捉える他はないのである。

しかし、真実、神の使命を受けたとしうる根拠はどこにあるのか。彼らが「偽りの預言者」ではないということは、何を基準にして主張できるのか。預言者自身にとっては、神の肉声を聞いたという確信で十分である。しかし、神の使命であるならば、聴衆にも妥当しなければならない。預言者は、自らが「聞いた」神の声の意味について思いをめぐらさざるをえない。

ヤハウェ主義の伝統が、預言者の〈解釈〉に方向を与えることになる。すなわち、彼を真正の預言者としうる根拠は、エクスタシスそれ自体にあるのではなく、彼の「聞いた」神の声の意味が、伝統の思想から、すなわち、ヤハウェとイスラエルの民との間に交わされた契約（berith）の思想から解釈しうるということに求められていくのである。

ヤハウェとの契約をないがしろにするイスラエルの民の倫理的罪悪への厳しい非難、そしてそれゆえの〈禍の預言〉、彼が真正の預言者であるならば、彼の「聞いた」神の声の意味とは、そのようなものでなければならない。心からヤハウェ主義の伝統に忠実であればあるほど、彼は以上の意味を確信し、彼の語り口は激情的なものとならざるをえない。なぜならば、「民衆をして人倫（Sittlichkeit）へとうながし、そして、罪悪を〔禍の威嚇によって〕罰する預言者だけが、偽の預言者ではない[13]」というのが、伝統的な「契約思想」からの帰結だからである。

〈禍の預言〉は聴衆から嫌われ、また事実売国的ですらあった。そして、預言者自身それを自覚している。しかし、語ることは彼自身のなすことではなく、激情の神ヤハウェの「事柄（Sache）」ゆえに避けることはできない。〈預言〉は典型的な〈使命預言〉である。「エレミヤは、二つのわれに引き裂かれるのを感ずる。彼は神に、語ることを免除してほしいと嘆願する。彼は欲しない。しかし、語らねばならぬ。自分に吹き込まれたものであって、自分自身から湧き出づるものではないと感ずるところの事柄を、然り、語らねばならぬのは恐るべき運命であると感ずるところの事柄を。語らざれば、恐るべき呵責に苛まれ、烈火のごとき激情が彼を捉え、その重圧は忍ぶに耐えがたく、語る以外にはすべがないのである[14]」

預言者エレミヤの内面的葛藤を描写するウェーバーの筆致には、彼自身の預言者エレミヤへの感情移入と共感が加わって、豊かな精彩があふれている。しかし、それは単に、ウェーバーの想像力や表現力の卓越性にのみよるわけではない。むしろ、それは、以上見てきたような段取りをもった、預言者の〈動機の理解〉と〈動機による説明〉という〈解明的理解〉の確かな方法的手続きに支えられているゆえなのである。

### （c）因果的解明の方法的手続き

ここで、古代イスラエルの預言者の動機的理解に見た〈因果的解明〉の方法的手続きを整理してまとめておくことにしよう。

認識の論理的な構造は、具体的ケースにおけるその認識の経験的妥当性に疑いが生じ、それが実証されねばならなくなって、はじめて、明らかになる。この実証が、はじめて、無条件に、適用された概念の〔相対的〕確定性を要求し、例外なしに常に、普通化的認識を前提する。この二つは、単に「感情移入」されたにすぎぬ共同体験あるいは追体験の思考による加工、すなわち、それらの「経験」への変形の基礎をなしている。そして、人間の行為の「解明」を検証（Kontrolle）する目的のために「経験的規則」を用いることは、この場合、まったく表面的な外観によってのみ、具体的な「自然諸事象」における同様な手続きと区別されるにすぎない。⑮

（ⅰ）対象の概念的確定と要素への分解

すでに、〈価値分析としての解明〉により、古代イスラエルの〈全文化〉が〈歴史的個体〉へと構成されている。そして、そうした〈全歴史的状況〉のなかに内属するものとして、〈捕囚前の預言〉が認識関心に捉えられる。「ドイツの母親」の例では、子供にビンタを与えたという具体的ケースにおいて、その〈動機〉が疑われたが、この場合は、〈預言〉という具体的ケースにおける〈動機〉が問題になっている。

まず、この具体的ケースが、さらに、要素へと分解される。すなわち、〈預言〉がおこなわれた〈状況〉として、「対外政治状況」「対内政治状況」「各社会層の状況」などが分析的に確定される。「ドイツの母親」のケースでは〈恒常的動機〉は既知であったが、この場合は未知であるので、まずはカッコで括られている。

（ⅱ）〈恒常的動機〉の推定と〈検証〉による確定

まず、〈預言〉の果たした対外・対内政治における客観的機能から可能と思われる〈政治的動機〉が、〈恒常的動機〉の項に代入されて、その〈政治的動機〉から予想されうる行為の経過と結果が、仮説的に構成される。その場合、観察者において貯えられた、経験的規則に関する知識がフルに動員され、類似の多くのケースと比較検討される。

ウェーバーは、このような「ある一定の条件を除外したり、変化させたりした場合に、何が生じたで「あろうか」という点についての言表[16]」のことを〈客観的可能性判断〉と呼び、つぎのように説明している。「それには概して遊離（Isolationen）と一般化（Generalisationen）が重要である。すなわち、われわれは「所与の事実」を「構成要素」へ分解する。この分解は、それぞれの要素が「経験の規則」にはめ込まれうるまで、それゆえ、他の要素がそのまま「条件」として存在する場合に、この要素のそれぞれから、経験的規則によれば、どのような結果が「期待」されたで「あろうか」が確かめうるまでおこなわれるのである。ここで使われている意味での「可能性」判断とは、それゆえ、つねに経験的規則の参照を意味するのである[17]」。そして、「所与の事実」についての知識を〈「史実的」知識（“ontologisches” Wissen）〉と呼び、経験的規則についての知識を〈「法則的」知識（“nomologisches” Wissen）〉と呼んでいる[18]。

さて、〈政治的動機〉から構成された連関が期待するような「行動」を、預言者は現実にはとらない。それゆえに、〈政治的動機〉を彼らの〈恒常的動機〉とすることはできないのである。

そこで、〈恒常的動機〉となるものは別に求められねばならない。そしてこの探求において第一の手がかりとされるのは、預言者たちの〈社会学的位置〉、すなわち彼らの出身社会層や、現在の身分状況・階級状況、さらには、他の社会層とのつながりなどである。もちろんこの場合においても、すでに〈価値分析〉されている〈歴史的個体〉の社会構造についての〈「史実的」知識〉と、社会層などに関する〈「法則的」知識〉とを十分に活用することを通じて、預言者たちの〈恒常的動機〉に関する仮説が得られるのである。

さて、この〈恒常的動機〉に関する仮説は、単数であるとはかぎらない。むしろ、仮説という性質からして、複数であることが普通であろう。それらは、また、妥当なものであるか否かを〈検証〉されねばならない。

そこで、また〈客観的可能性判断〉の論理が適用される。すなわち、それぞれの仮説的〈動機〉から、明証的な意味連関に従って行為の経過と結果が構成され、実際に起こった結果と比較されるのである。

さて、そのとき、構成されたいくつかの仮説的な連関において、期待される外的経過が明確には異ならないような場合には、動機間の闘争に巻き込まれながら、なかなか結着をつけがたいということが起こってくる。ここに、この仮説—検証の方法の限界が現れてくるのである。この点に関して、ウェーバーは、つぎのように言う。「この検証が比較的正確になしとげられるのは、心理学実験のうちで、残念ながら、それに適した、きわめて特殊な、わずかの事例についてだけである。計測が可能で、その帰属が一義的な、大量現象という〔同様に限られた〕事例については、統計による検証が可能であるが、しかもそれも、きわめてさまざまな程度の近似において達成されるにすぎない。それ以外の場合には、歴史的生活ないし日常的生活のつぎのような事象――すなわち、「動機」ないし「動因」〔そのつどその実践的意味にいたるまで探求された「動機」ないし「動因」〕という決定的なひとつの点では異なっているが、それ以外の点では相等しいといった事象を、なるべく多く比較するという可能性があるだけである。そしてこれは、比較社会学の重要な課題である。因果帰属を達成するには、残念ながら、動機連鎖の個々の構成要素を仮りになかったものと考えてみて、その場合に起りそうな経過を構成してみる「思考実験」という不確かな手段しか残されていないことが、きわめて多い[19]」。このように、検証は困難な場合が多いのだが、これのみが仮説を妥当なものにする道である点は変わらない。

このようにして確定された〈恒常的動機〉は、意味連関として把握された〈文化人の人格性〉の〈理念型〉である。そして、ここから〈動機による説明〉が可能となってくる。

### (iii)〈解明のシェーマ〉としての〈恒常的動機〉と現実の〈動機〉

個々の具体的行為においては、まず、すでに確定された行為者の〈恒常的動機〉からの説明が可能となる。ところで、個々の具体的行為において問題となるのは、かの〈恒常的動機〉が当の場合でも現実に働く〈動機〉であるとは限らないということである。〈恒常的動機〉からの感情的な逸脱による行為や、無意識的・半意識的な行為が、ここでは、ありうるケースとして問題になるのである。

〈動機による説明〉は、〈恒常的動機〉から出発して、行為の経過や結果を説明しながら理解していくのであるから、まずは合理的な構成をとることになる。それゆえ、非合理的な無意識的・半意識的な行為はまったく理解されないのかというと、そうではない。

ウェーバーはつぎのように言っている。「「目的意識的」行為が、経験的現実の中で、著しい実際的意義を有するため、「目的論的」合理化は、歴史的諸連関の因果的分析にとって、非常に優れた索出的価値（heuristischer Wert）を有するところの観念形象を創出するための構成手段として使われる[20]」。

すなわち、「目的論的」に合理的な行為の連関が仮説的に構成されると、そこからの偏差を通じて、どのような要因が、どのような範囲で、非合理な結果をもたらしているのかが明確となり、そうした媒介的な操作によって、無意識的・半意識的行為も、当の行為者よりも一層明確に理解が可能となっていくのである。また、〈恒常的動機〉からの説明によってはどうしても理解しえない個々の特定の具体的行為については、当の〈恒常的動機〉とはまったく異なるような〈動機〉への新たな探索にキッカケを与えるのが、かの合理的な構成なのである。ウェーバーは、こうした「目的論的」に合理的な構成を〈解明のシェーマ（Deutungsschema）[21]〉と呼んで、その意義を強調している。

かくして、〈因果的解明〉は、個々の具体的行為の局面においても、むしろ行為主体当人におけるよりも一層明確に、〈行為〉の〈真の動機〉に迫っていくことができるのである。

ところで、こうした個々の具体的行為においておこなわれた〈因果的解明〉は、すでに〈恒常的動機の複合体〉として、一応の確かさをもって捉えられている行為者の〈人格性〉の〈理念型〉を再び検討の俎上に載せるであろう。そして、それを一層内容豊かなものへと高め、いわば〈第二次理念型〉とも言うべきものを構成せしめるであろう。

そうなると、〈因果的解明〉は、一層高度な確かさをもった〈恒常的動機〉から、新たに出発しうることとなる。そして、このように、〈恒常的動機〉の理念型の整備と〈因果的解明〉の作業を繰り返すことにより、次第に、生き生きとした現実的な〈意味連関〉に迫っていくことができるのである。そして、そのように把握された〈意味連関〉が、いかに深々と行為者の内面的な実相にまで食い込み、いかに生き生きとそれを照らし出しうるのかは、古代イスラエルの預言者たちの〈動機的理解〉の例をもって、あますところなく示されている。

〈明証性〉と〈妥当性〉の問題に触れておくことにしよう。

### （d）明証性と妥当性

さて、最後に、〈理解〉における〈明証性（Evidenz）〉と〈妥当性（Gültigkeit）〉の問題に触れておくことにしよう。

ウェーバーは「すべての解明は「明証性」を追求する」[22]と言う。この〈明証性〉とは、主観的に思われた意味について、論理的に整合的に推論しうる場合か、観察者において行為者の「心理的な連関」が感情移入的に追体験しうる場合に、そこで得られた〈理解〉がもつ「ハッキリわかる」という性質のことである。[23]

たしかに、この二つの〈明証性〉は、それぞれ異なった根拠に基づいている。しかし、この論理的明証性と追体験的明証性とは、相互に矛盾するものではなく、むしろ、両者をともに備えた〈理解〉こそ勝れた意味で〈明証的〉なのである。

さて、われわれは、本章において一貫して、概念的客観化・因果的判断・検証という過程を含む「客観化的認識様式」としての〈解明的理解〉の論理的構造を追求してきた。そして、そこにおいては、つねに、理解の〈妥当性〉が問題にされてきたと言いうる。ゴットルの「推論」やリップスの「感情移入」が、〈理解〉の論理的基礎づけの議論としては棄却されざるをえなかったのも、それらが〈妥当〉な理解を保証しないがゆえのことであった。

とすると、このような〈妥当性〉とは異なる質をもった〈明証性〉とは、〈解明的理解〉にとっていかなる意義をもっているのであろうか。

この〈理解〉における〈明証性〉の特殊な意義は、「単に〔経験的規則によって〕「概念的に把握されたにすぎないもの」（das bloß [aus Erfahrungsregeln] "Begriffenen"）」[24]としての自然事象と比較することにより明らかになってくる。

すでに見てきたように、「心的事象」の〈理解〉においても、〈客観化的認識様式〉としての〈解明的理解〉という方法が成立し、その〈仮説・検証〉という手続きは、自然事象の認識における妥当な手続きとはなんら変わりはない、というのがウェーバーの主張であった。

ところで、自然事象の認識においてもそうなのだが、〈仮説―検証〉という手続きにおいて、仮説形成の過程そのものは、後で検証が控えているからといって、まったく恣意的になされうるものではない。すなわち、仮説形成そのものにおいても、つねに、観察さるべき当の事象および他の事象との関わりなどについて、それまでに蓄積された〈経験〉や〈経験的規則〉が配慮され、一般的妥当性をもちうるように論理的に整理されて、「ハッキリわかる」という明証性をもった〈仮説〉が形成されうるように努められるのである。

しかし、その場合、自然事象における仮説形成が概念的連関や論理的整合性のみを頼りにするのに対し、「心的事象」では、それに加えて、感情移入的に追体験しうるという性質も頼りとすることができるのである。すなわち、「心的事象」においては、単に概念的論理的に可能であるばかりではなく、感情移入的に可能な〈仮説〉を形成しうるのである。それゆえに、「心的事象」の〈解明〉における仮説は、自然事象における仮説に比して、その分だけ「特殊な「確実性」(eine spezifische “Gewißheit”)[25]」をもつことになる。

この「特殊な「確実性」」について、ウェーバーの主張には両面性がある。

その第一は、それがもつ優位性である。すなわち、〈解明的理解〉における仮説が、自然事象におけるよりは、一層確かとしうるような内容へと形成可能なために、〈理解社会学〉は、自然事象を扱う学問よりは、むしろ安定した方法的基礎の上に立つことができるということである。たしかにその仮説とて、検証されないうちは、やはり〈仮説〉にすぎない。しかし、たとえ検証がおよびえない場合においても、この「特殊な「確実性」」の意義は残り、研究を進めるうえではかなり頼りにしうるものなのである。

しかし、ウェーバーの主張の第二の面は、そうは言っても、この「特殊な「確実性」」をもった〈明証性〉と、検証に支えられた〈妥当性〉とは、論理的には厳密に区別しなければならないということである。ゴットルの

「推論」やリップスの「感情移入」は、〈理解〉の仮説形成としては有効であり、〈明証性〉へと到達しうるものである。すでに見たように、ゴットルやリップスの誤りは、〈明証性〉をもって得られた〈理解〉の仮説を、論理的にも〈妥当〉なものとしてしまうところにあったのである。すなわち、ウェーバーの批判は、「認識の発生における心理学的経過の問題を、それとはまったく異なるその認識の論理的「意味」や経験的「妥当性」の問題と混同すること」[26]にもっぱら向けられていたのである。

以上をまとめて、ウェーバーは、つぎのように言う。

> このような「理解的」に解明されたものの「明証性」が、「妥当性」といかなる関わりをもつものではないことは、慎重にわきまえておく必要がある。なぜなら、この「明証性」は、その論理的面からすると「解明によって」把握可能な連関のただ「思惟可能性」を、その事柄の面からするとそれの客観的可能性を、前提として含むにすぎないからである。だが、現実の分析においては、単にその明証性という質だけで、具体的な事象の説明が問題となっているところでは仮説としての意義が、また、発見法のためであれ、一義的な用語法のためであれ、一般的な概念の形成が問題となっているところでは「理念型的」な観念形象としての意義があるのである。[27]

この〈明証性〉という特殊な質を十分に理解しておくことは、これまで見てきた〈解明的理解〉の方法としての特質を把握するうえで不可欠なものであろう。そして、これは、文化科学における解明的理解の意義の性格にも関わっているのである。

(1) 本節(一)において引用し考察した「ドイツの母親」の例において、すでに予示されている。
(2) WL, S.271f.(『批判的研究』一八四ページ)
(3) WuG, S.1.(『基礎概念』八ページ)
(4) GAzRS, III, S.7.(『古代ユダヤ教』八ページ)
(5) ウェーバーによる、古代イスラエルの預言者の行為の〈動機的解明〉については、浜井修「ウェーバーと古代イスラエルの預言者」、前掲『社会哲学の方法と精神』参照。
(6) GAzRS, III, S.281f.(『古代ユダヤ教』四一七ページ)
(7) GAzRS, III, S.288f.(『古代ユダヤ教』四二八ページ)
(8) GAzRS, III, S.292.(『古代ユダヤ教』四三二ページ)
(9) 「身分(Stand)」については、ウェーバーは特別の規定を与えている。WuG, S.179f.(『諸類型』二一四ページ以下)参照。
(10) GAzRS, III, S.296.(『古代ユダヤ教』四三九ページ)
(11) GAzRS, III, S.299ff.(『古代ユダヤ教』四四四ページ以降)。なお、預言の心理的性格については、前掲、浜井修「ウェーバーと古代イスラエルの預言者」参照。
(12) GAzRS, III, S.305.(『古代ユダヤ教』四五二ページ)
(13) GAzRS, III, S.310.(『古代ユダヤ教』四五八―四五九ページ)
(14) GAzRS, III, S.301f.(『古代ユダヤ教』四四七ページ)
(15) WL, S.111.(『ロッシャー』第二巻、八六ページ)
(16) WL, S.275.(『批判的研究』一九〇ページ)。なお、〈客観的可能性判断〉については、多くの研究があるが、なかでも次のものが参照されるべきである。青山秀夫『マックス・ウェーバーの社会理論』岩波書店、一九五〇年、五一ページ以下、前掲、田中真晴「因果性問題を中心とするウェーバー方法論の研究」二一五ページ以下、折原浩「経験的モノグラフと方法論との統合的解釈――方法論ゼミの一方針として」、東京大学教養学部教養学科編「教養学科紀要」第十二号、一九七九年

（17）WL, S.275f.（『批判的研究』一九〇―一九一ページ）
（18）WL, S.276f.（『批判的研究』一九二ページ）
（19）WuG, S.4f.（『基礎概念』一八ページ）
（20）WL, S.129f.（『ロッシャー』第二巻、一二〇ページ）
（21）WL, S.130.（『ロッシャー』第二巻、一二一ページ）
（22）WuG, S.2.（『基礎概念』一〇ページ）
（23）この〈明証性〉については、普通使われるような「論理的に明確な根拠をもつ」という意味とは区別して理解される必要がある。この点について、ウェーバーはつぎのように述べている。「この表現はここでは、「意識諸事象の内的直観性」の代わりに用いられる。それは、論理的に未加工の「体験」についてもそう言われる「直観的」という表現の多義性を避けるためである。この「明証性」という表現は、普通は、論理学者たちによって、このような意味においてではなく、判断の諸根拠の認識という意味で使われていることは、わたしもよく知っている」。WL, S.115.（『ロッシャー』第二巻、九五ページ）
（24）WL, S.115.（『ロッシャー』第二巻、九二ページ）
（25）WL, S.102.（『ロッシャー』第二巻、六六ページ）
（26）WL, S.111.（『ロッシャー』第二巻、八五ページ）
（27）WL, S.115.（『ロッシャー』第二巻、九二―九三ページ）

## 4　文化科学と解明的理解の意義

### (一)　リッカートを超えて

われわれは、かつて必ずしも十分に明らかにされてこなかった、ウェーバーの〈解明的理解〉という方法の論理的基礎と方法的特質に深く内在を余儀なくされてきた。これまでの議論で、ようやく、その全体的構造は明らかにされえたと思われる。

そこで、このような〈解明的理解〉の特質から、どのようなウェーバーの〈人格性〉概念をめぐる問題把握が浮きぼりにされるかを見ていく前に、ここで、この〈解明的理解〉の方法がもつ文化科学全体における意義を整理しておきたいと思う。

さて、本章1(二)で触れたように、われわれの議論は、これまでの大方の議論とは異なって、意識的にウェーバー自身の論脈に内在し、それを構成的に把握するという方法をとってきた。それゆえに、ここでは、これまでに明らかにされたウェーバーの〈解明的理解〉の方法の、他の論者に比しての種差的特質を押さえておくことが必要であろう。

これまでの展開でもわかることであるが、ウェーバーの〈解明的理解〉の方法は、それが〈他者理解〉という問題に関わりながら、その問題を直視したディルタイの「解釈学」の系列に連なるというよりは[1]、やはり、リッカートの「文化科学」の概念的論理構成に多くを学んでいることは間違いのないところであろう。すなわち、妻マリアンネも指摘するように[2]、ウェーバーの方法論的探求は、一面において、リッカートに学びながら、それを踏み越えて進んでいった過程としても捉えうるのである。

それゆえ、ここでは、ウェーバーをリッカートと対比しておくことが、なによりもウェーバーの特質をよく明らかにするであろう。

そこで、ここでは、ウェーバー自身による、自らとリッカートとの理論的立場の同一性と差異性に関する言及を取り上げて、それを手がかりにすることにしよう。それは、『ロッシャーとクニース』の比較的始めの部分に付された長い注である。

そこでは二つの点が語られている。

第一の点は、「心的」客体においては、「物的」客体とは異なって、類概念や法則的把握が及びえないという、ゴットルらの主張に対する、ウェーバーの反対の表明である。ウェーバーはつぎのように言う。

> この研究においてこれから先、基礎となる立場は、リッカートが、私の考えではまったく正当にも、つぎのような見地から出発している限りにおいて、リッカートの立場に接近する。すなわち、「心理的」あるいは「精神的」諸事実は――この多義的な術語がどのように限定されようとも――原理的には、「死せる」自然とまったく同様に、類概念や法則による把握の及びうるところのものであるという見地である。(3)

さらに第二に、ウェーバーは、リッカートへの支持の限界点を超えて、自らの独自の到達点を提示する。すなわち、リッカートの、「文化科学VS自然科学」という方法論上の対比軸を唯一のものであるとする考えの誤りを指摘したうえで、別の方法論上の対比軸を提起するのである。

> 「外的」経験と「内的」経験との客体が、われわれに対して、根本的には同様なあり方で「与えられている」という彼の命題を仮りにとるとしても、それでもなお、依然として、リッカートによって強調された「他人の精神生活の原理的な把捉不可能性」に反して、いかなる種類の人間行為および人間の表出の経過も有意味な解明が可能である、ということが成立するのである。（略）かの解明が提示する、「所与」を超えた

処置の可能性は、リッカートの躊躇にもかかわらず、このような解明を方法的に使用する諸科学をひとつの特殊グループ〔精神科学〕として総括するのを正当化するところの特効薬である(4)。

第一の点から検討してみよう。

「心的」客体も、類概念や法則的把握が及びうるという点をリッカートとウェーバーの共有する論点であると考えると、その点から両者が展開する論考の方向における差異が明らかになってくる。

「文化科学」と「自然科学」という二つの科学領域の方法上の区別の鮮明化に力点を置いたリッカートは（「方法の優位」!(5)）、対象がわれわれに対して、〃いかに与えられているか〃による科学領域の区別を断念して、その区別の基準を「文化価値」との関係性へと求めていく。リッカートは言う、「この区別をもっとはっきり際立たせるためにわれわれは、自然科学〔すなわち合法則的または普遍概念的連関に向けられ、文化価値や文化価値と客体との関係を問題にしない考究〕とは反対に、歴史的「個性化的」手続きを明瞭に価値関係的手続きと称することが必要である(6)」。

リッカートによれば、「価値」とは「歴史的素材の選択を指導すると共に、一切の歴史的概念構成を指導するもの(7)」であり、価値に関係して、はじめて、個性化的叙述は成立し、その拠って立つ価値の普遍性のみが、文化科学の客観性を保証するところのものなのである。すなわち、彼はつぎのように言う、「簡単に言えば、文化科学の統一性と客観性は、われわれの文化概念の統一性と客観性に制約され、後者はまたわれわれの評価する諸価値の統一性と客観性に制約されているのである(8)」。

こうして、リッカートにあっては、「歴史哲学なき歴史学は存在しない(9)」こととなり、歴史哲学が価値の妥当性を基礎づけることによって、文化科学の「客観性」を保証することになるのである。

これに対して、ウェーバーは、超越的な哲学的思弁によって、自らの〈理解社会学〉の「客観性」を基礎づけようとする試みをすべて拒否する。ウェーバーが志向する経験科学的認識にとっては、時間的・空間的な広がりをもちつつさまざまな形で展開している諸文化相互の間に現実に存在する「神々の争い」とも言うべき諸価値の対立は、決して、あらかじめ〈価値判断〉がなされてはならないからであった。そのゆえに、ウェーバーからすれば、価値の「普遍性」や「妥当性」をただちに持ち出すリッカートの「文化科学」の概念は、いくつかの点で問題とならざるをえないものであった。われわれの見るところ、ウェーバーは、以下の三つの点において、少なくとも、リッカートの「文化科学」と異なった見地に立っていたと思われる。

まず第一に、「文化科学」の成立根拠と「文化価値」の関係は、両者において異なったものとなるだろう。ウェーバーにあって、歴史哲学による裏打ちが期待されない「文化価値」は、超越論的な根拠として「文化科学」の固有性を支えることができなくなる。重点は、「文化価値」の内容自体から、むしろ、それを担う主体としての「文化人（Kulturmensch）」に移される。かくて、ウェーバーにあっては、さまざまな〈文化〉に内属したそれぞれの〈文化人〉の〈人格性〉が解明的理解可能であるという見地が、「文化科学」の成立において決定的意義をもつことになった。そして、この見地から出発してこそ、彼の壮大な〈比較文化史的視座〉は成立するのである。ウェーバーは言う。「すべての文化科学の超越論的前提とは、われわれが、特定の、あるいは一般に、なにかひとつの「文化」を価値ありと思うことではなく、われわれが、意識して世界に態度をとり、それにひとつの意味を付与する能力と意志を与えられた文化人であるということである[10]」

第二の点は、認識の「客観性」の根拠づけをめぐる相違である。

諸価値の対立という現実を承認しつつ、なお、認識の「客観性」を追求しようとすれば、リッカートのような歴史哲学による解決とは異なった根拠づけの論理が要請される。そこで、ウェーバーが試みたのは、「客観性」の論理構造の概念的な反省である[11]。ウェーバーは言う、「現実を論理的意味での理念型に論理的に対比させながら関係づけることと、現実を理想から評価的に価値判断することとを、するどく区別することは、学問的な自制の基本的義務であり、詭弁を防ぐためのただひとつの手段である[12]」。見られるように、〈価値〉の「超越的な普遍性」・「妥当性」によって認識の「客観性」を基礎づけようとしないウェーバーにあっては、認識の「客観性」は、

「論理的意味」から形成された〈理念型〉への「論理的な関係づけ」によって保証されなければならないのである。そして、この論理的態度を維持する主体的根拠はと言えば、すでに本章3（二）（b）で見たように、〈文化人〉が「文化的対象」に対するときの「「観照的」と言いうる契機」に他ならないのである。[13]

この点は、第三の問題を生み出す。すなわち、ウェーバーにおいては、類概念や法則的把握を通じた「普遍化的認識」が、リッカートにおけるよりは、はるかに重要な意味合いを帯びてくるということである。リッカートにとっては、「普遍化的認識」を基本とする自然科学的概念構成は、文化科学においては、手段として用いうるとしても、まさにその「限界」こそが問題となるべきものであった。[14] しかし、ウェーバーにあっては、「理念型」の論理的な形成において、どうしても「普遍化的認識」が不可欠なものとならざるをえない。すなわち、「普遍化的認識」としての〈『法則的』知識（"nomologisches" Wissen）〉こそ、「個性的認識」の「客観性」を保証する基礎に不可欠なものなのである。この論点のためにこそ、ウェーバーは、心的客体においては類概念や法則的把握がおよびえないというゴットルなどに反対する戦線において、リッカートと出発点をともにしたのであった。しかし、ウェーバーにあっては、それは一層徹底化されているのである。

以上のように、ウェーバーは、方法論上の基本的な論理的基礎において、リッカートを超えて、まったく独自な基盤のうえに立つようになっていったものと思われる。

ところで、以上のようなウェーバーの方法論上の論理的な努力には、彼固有の問題関心が反映していると見るのが正しいであろう。「文化価値」の超越的な根拠づけを志向せず、さまざまな〈文化〉に内属した〈文化人〉の解明的理解可能性を基礎に据えるということは、それ自体、諸文化の歴史的な相対化という観点が孕まれている。相対化されて検討されるべきは、各論者がそれまでに前提としていたヨーロッパ近代に固有の〈人格性〉に他ならない。そして、この中心点から、ウェーバーの〈比較文化史的視座〉が据えられていくのである。次節でのわれわれの考察は、この点にいよいよ焦点を絞っていくことになる。

注

（1）本章1（三）注（7）参照。
（2）Marianne Weber, *a.a.O.*, S.353.（前掲、マリアンネ・ウェーバー『マックス・ウェーバー』第一巻、二四六ページ）。なお、筆者のリッカートに関する知見はいまだまことに貧弱なものにとどまっており、それゆえ、本項におけるウェーバーとリッカートとの対比も暫定的なものにすぎない。にもかかわらず一項を設けてこれを論じるのは、通説的リッカート像に照らしつつ、ウェーバーの位置を明確化せんと願うためである。この点については特に、識者の教示を待ちたい。
（3）WL, S.12.（『ロッシャー』第一巻、三〇ページ）
（4）WL, S.12f.（『ロッシャー』第一巻、三一ページ）
（5）前掲、安藤英治「マックス・ウェーバーにおける形式的思考の意味」参照
（6）Heinrich Rickert, *Kulturwissenschaft und Naturwissenschaft*, 4 und 5 Aufl., J.C.B.Mohr, 1921, S.97.（リッケルト『文化科学と自然科学』佐竹哲雄／豊川昇共訳〔岩波文庫〕、岩波書店、一九五〇年、一四六—一四七ページ）
（7）*Ibid*, S.155.（同訳書二一六ページ）
（8）*Ibid*, S.161.（同訳書二二三ページ）
（9）*Ibid*, S.162f.（同訳書二二五ページ）
（10）WL, S.180.（『客観性』八二ページ）
（11）本章3（二）（b）参照。なお、ウェーバーにおける「客観性」のもつ意義については、もちろん『客観性』論文が参照されるべきである。WL, S.146ff. また、これを論じたものとしては、前掲、安藤英治『マックス・ウェーバー研究』などがある。
（12）WL, S.200.（『客観性』一〇〇ページ）
（13）本章3（二）（b）参照
（14）vgl., Heinrich Rickert, *Die Grenzen der naturwissenschaftlichen Begriffsbildung*, 5.Aufl., Tübingen, J.C.B.Mohr,

1929.

## (二) 解明的理解の方法的意義

さて、人間の〈人格性〉による〈行為〉の〈解明的理解可能性〉という論点は、ウェーバーによって、どのような方法的意義をもって捉えられているだろうか。

ウェーバーは、『ロッシャーとクニース』第二部において、〈『解明』という『カテゴリー』〉という表題の下、〈解明的理解〉の意義について二つの点を指摘している。[1] それらの点は、『社会学の基礎概念』においてもそれぞれ第一節の第七項と第九項で取り上げられている。それゆえに、ウェーバーの一貫した見地であると考えて間違いないであろう。それはつぎのとおりである。

第一の点は、〈解明的理解〉が、個性的な歴史的対象に関する認識の「客観性」の保証において、新しいプラスの要因になるということである。

すでに見たように、普遍妥当性を備えた〈『法則的』知識〉は、個性的認識においても、その認識の「客観性」を保証するうえで不可欠なものであるのだが、しかし、現実的な因果連鎖がその内包において無限の要素を含むということからして、やはりひとつの限界性を有しているのである。というのはこうである。普遍妥当性を備えた〈『法則的』知識〉とは、特定の価値関心に基づいて、ある要素を〈本質的なもの〉として選び取り、他の要素を〈偶然的なもの〉として捨象するときにのみ本来的な意味で〈法則性〉として考えうるのであるから、捨象した他の要素が無視しえなくなるにしたがって〈法則〉としての妥当性は現実的ではなくなるのである。こうした事情はもちろん、自然事象においてもなんら変わることがない。

ウェーバーは、その点を、岸壁の崩落を例にとって説明している。

岩壁の一塊が無数の破片となって砕け散ったような場合に、破片の一つひとつについて「落下の法則」からその軌跡を確定せんとすることはほとんど無意味であり、実際には、その破片の一つひとつについても「落下の法則」とは矛盾していないはずだという判断で満足する他はない。すなわち、破片の一つひとつについて、その軌跡を必然性判断をもって予見することなどありえないのである。ウェーバーによれば、「特定の前提のもとにおける、多数の個別事例においてはじめて、それを超えて「蓋然性判断（Wahrscheinlichkeitsurteilen）」にまで至らしめることが可能となる」[2]。それゆえに、具体的個性的な自然事象の因果帰属が問題となる場合には、論理的（技術的ではなく）に言って、せいぜいのところ、ある幅をもった確率論的な議論をなしうるのみとなる。

さて、〈解明可能性〉を前提とした場合、ある特定の個性的な状況下において、ある特定の〈行為〉が、自然事象の場合のように法則論的に「可能」であるというばかりではなく、「目的論的」に合理的なものであると判断しうるようになる。すなわち、特定の意図や洞察、そして、それを踏まえた〈行為〉が前提にできる場合には、〈解明的理解〉という方法によって、当の〈行為〉を、十分に〈動機〉をもったものとして、すなわち、「適合的に生ぜしめられたもの」として考えることができるのである。

こうした事態は、「経験的規則」をもってする〈法則的把握〉とは別の面における、認識の「客観性」の保証を可能とする。すなわち、特定の〈行為〉について、それが「経験的規則」からみて可能だ（「因果適合性」）というばかりではなく、行為者がいだく「主観的動機」からして「合理的だ」（「意味適合性」）という判断をなしうるようになるということである。

こうして、〈解明的理解〉は、個性的認識において、その精度を高め、より高度な妥当性をもった認識をわれわれにもたらす新しい根拠となるのである。

さて、〈解明的理解〉のもたらすもう一つの意義については、第一の意義ほどには、これまであまり論じられていない。しかし、現代の社会学において、ウェーバーの〈理解社会学〉がもつ方法的意義を考えるうえでは重要な論点であると思われる。

ウェーバーはつぎのように言う。「人間の「行為」を解釈しようとする場合には、われわれは、生起するものについての、ただ経験的に観察されたにとどまる、きわめて厳密な「規則」への単なる関係づけによっては満足しえない[3]」。とすれば、われわれは何を知ることによって満足するというのか。ウェーバーは、経験的統計的証明の欠陥についてつぎのように述べる。「(経験的・統計的証明は、たとえあらゆる条件を完全に整えたとしても)、それ自体としては、「解明」を一歩も前進させはしないであろう。というのは、そうした証明は、それ自体としては、われわれに、つぎのようなことを「理解」せしめるに至りえないからである。すなわち、「なにゆえ」そもそもその時に、またなにゆえいつも、かのやり方で、反応が起るのかということである[4]」

問題点を鮮明化するために、われわれは『社会学の基礎概念』において同様の趣旨で述べられたつぎの言葉をも援用しておこう。ウェーバーは、そこにおいて、動物社会の機能分化という事態に触れつつ、それに対する機能主義的説明を評してつぎのように言っている。「われわれが望むのは、分化をとげた個々の類型の機能が「自己保存にとって重要性をもつ」という、かなりわかりやすい事柄を理解することだけでもなく、また、獲得形質の遺伝の仮定ぬきに、あるいは、その仮定をどのように解するにせよ前提として、いかにその分化が説明されうるのかという点が明らかにされることだけでもない。われわれは、同時に、つぎのようなことを知ることを望む。1、いまだ中立的で分化をとげていない最初の諸個体から分化が開始されるのは、いったいいかなる要因によるのか。2、分化をとげた個体をして、分化をとげた集団の自己保存という利害に現実に役立つように「平均的に」行動させるのはいかなる要因によるのか[5]」

以上のウェーバーの言明から、つぎのようなことが理解されうるであろう。

もし、「認識目的」が個性的現実の具体的因果連関の把握にあるとすれば、個々の具体的諸事実を自らの例解として下属させるような一般的説明図式を持つことでは、その目的は満足せられないであろう。例えば、相対的に安定していたあるシステムにおいて機能障害が生じ、それまで順機能的であった特定の類型の〈行為〉が逆機能的になったとする場合、現実にそれを担っている当の行為者が、別の、より順機能的な〈行為〉に転じたとしても、われわれは、その〈行為〉が当該システムにとって順機能的であることを指摘することで満足するわけにはいかない。なぜならば、当の行為者自身は、主観的には、システム全体の自己保存を意欲しているとはかぎらないばかりか、仮に意欲していたとしても、ある行為が順機能的であるか否かは、観察者による事後的な判断なのであり、当の行為者にとっては、限られた情報をもってする限られた選択肢のうちからの〈主体的〉な選択を伴わざるをえないからである。システムが、つねに自己保存の方向へと〈行為者〉を駆り立てるなどとアプリオリに前提することなどは、浅薄なオプチミストか極端な保守主義者のみがよくなしうるところであろう。

ところで、〈解明可能性〉を前提とすれば、そのような具体的個別的局面における当の行為者の〈行為〉は、その主観的に思われた意味によって「動機的に」理解しうるようになる。すなわち、〈解明的理解〉によって、具体的因果連関の〈意味〉が把握されるのである。そして、このことは、〈解明的理解〉の方法のみがよくなしうる独自な認識なのであり、ウェーバーは、ここに、〈理解社会学〉の本来の重要な意義があると考えている。

さて、われわれは以上で、ウェーバー自身の主張に沿いながら、〈解明的理解〉の方法的意義を見てきた。そして、これらの点は、現代の社会科学の現状に照らしてみても、決して無視しえない、いやそれどころか、再度照明を当てられるべき内容を含んでいると思われる。

しかしながら、〈解明的理解〉の論理的根拠の反省と、方法としての彫琢の背景には、これら二点の意義にはとどまらないウェーバーの関心の広がりが存在している。それを明らかにすることこそ、本書全体の叙述がその目的の一つとするところのものである。

注

（1）WL, S.66ff.（『ロッシャー』第一巻、一三八ページ以下）

（2）WL, S.68.（『ロッシャー』第一巻、一四一ページ）

（3）WL, S.69.（『ロッシャー』第一巻、一四四ページ）

（4）WL, S.70.（『ロッシャー』第一巻、一四五ページ）
（5）WuG, S.8.（『基礎概念』二七ページ以下）

# 5　文化人による文化人の理解——〈人格性〉と〈比較文化史的視座〉

## （一）文化人としての人格性——人格性概念の原像

われわれは、〈比較文化史的視座〉の全体像を把握するために、その前提としての〈方法としての理解〉の論理構造に分け入った。われわれの探求は、方法としての〈解明的理解〉の彫琢をめざすウェーバーの論理的認識論的反省の根底に、〈人格性〉概念そのものの根本的な再検討があるはずであると見定め、それをウェーバー自身の論脈にできるかぎり内在しつつ探り当てんとして試みられたものであった。

われわれの議論は、まず、〈解明的理解〉という特殊な認識様式の論理的妥当性の根拠を明らかにするという課題をも引き受けて遂行されてきたために、認識論的な論点に深くかかわらざるをえなかった。それゆえに、われわれが見てきた〈解明的理解〉の論理構造が、いかにウェーバーの〈人格性〉概念に関する原認識に関わり、それがまた、〈比較文化史的視座〉の特質に結びついているのかを、全体を振り返りつつ、反省的に捉えておく必要があるだろう。

すでに見てきたように、〈解明的理解〉の論理構造は、その論理上で決定的に重要なポイントにおいて、つねに、〈人格性〉概念の特殊な意義に結びついていた。

まず、〈人格性〉の要素を対象とした因果的認識の可能性は、〈人格性〉の要素そのものが、なんら神秘的な超越性をもつものではなくて、現実的な具体的因果連鎖に内在しているものであることを究極の支えにしていた（本章2（二）（a）（b））。

つぎに、「心的事象」の概念的客観化を通じた認識の可能性は、あらゆる〈意識された〉存在判断がつねに概念を前提にするものであるとともに、そうした〈意識している存在〉としての〈人格性〉が「客観的」な定在としての具体的な〈文化〉を担っている〈文化人〉として捉えうるということに根拠を据えていた（本章２（二）（c））。

さらに、〈解明可能性〉をめぐる論理的・認識論的議論の成果が現実的に扱いうる〈解明的理解の方法〉へと結実するときに、決定的に重要なポイントを握る〈恒常的動機〉という観点そのものは、われわれが現実的な〈人格性〉の存在性格を〈恒常的動機の複合体〉として捉えるという点に由来していた（本章３（一））。

そして、〈人格性〉の原理は、〈価値分析としての解明〉と〈因果的解明〉において、われわれの関心を導く中心であり、また、研究者であるわれわれも〈人格性〉であることをもって、対象に対して「観照的」態度をとり、認識の「客観性」をめざすことを得るのである（本章３（二））。

かくして、ウェーバーは、つぎのように主張することができる。「歴史家の「解明」にとって、「人格性」とは、「謎」なのではなく、反対に、あらゆる存在するもののうちで、唯一の解明的に「理解しうるもの」である」[1]。そして、これは、『ロッシャーとクニース』で展開された〈解明的理解可能性〉に関する論議の結論なのであり、こうした〈人格性〉の見地をもって、ウェーバーはクニース流の「人間学的流出論」を批判しているのである[2]。

このように〈解明的理解〉の論理構造上で決定的な意義をもつ〈人格性〉概念とは、すでに何回も強調してきたように、〈文化人〉として把握された〈人格性〉に他ならない。

そこで、われわれは、ウェーバーにおける〈人格性〉概念の原像を〈文化人としての人格性〉として捉えることができるであろう。この〈文化人としての人格性〉概念の性格を整理するとつぎのようになる。

まず、第一の〈文化人としての人格性〉の性格とは、それが特定の〈文化〉に内属してのみ存在するという点にある。

ウェーバーは、ロッシャーやクニースの「二つの流出論」に対決しつつ、心的事象そのものも具体的な因果連関の項をなしており、それゆえに、因果的解明の可能な対象であることを詳細に明らかにした。そして、それは〈人格性〉が、現実的因果連関を超越するという意味で、独自の原因性であるとか、神秘的な「尊厳」をもっているとか考える、実体的な人間観への鋭い批判であった。

さて、〈文化人としての人格性〉の性格は、現実的因果連関に内在しているというだけでは明らかにならない。それは、さらに、特定の文化価値に結びついた〈意味連関〉に、すなわち、特定の〈文化〉に内属しているのでなければならない。この点は、すでに、〈解明的理解可能性〉の論理的根拠と、〈価値分析としての解明〉における〈人格性〉の把握のしかたをめぐって、われわれの見てきたところである。しかし、ここで注意すべきことは、〈人格性〉が単に対象として〈文化〉に内属したものとして捉えうるというばかりではなく、そもそも人間は、特定の〈文化〉に内属し、それを自らのものとして担うときはじめて、〈人格性〉としての意義をもってくるということなのである。すなわち、〈人格性〉が〈文化〉に内属しているということは、何かあらゆる〈文化〉から超越するような「主体」としての抽象的な「人格性」なるものがまずあって、それが「文化を担う」というようなものではなく、当の〈文化〉を担うときはじめて〈人格性〉たりうるということである。これが、〈人格性〉を〈文化人〉という〈恒常的動機の複合体〉として捉えるということの意味なのである。

このような〈人格性(Persönlichkeit)〉概念の把握は、その語の本来の出自であるラテン語のペルソーナ(persona)の意味により近づいたものだと言えるであろう。というのは、ペルソーナはもともと「仮面」であり、それゆえ、ペルソーナとは劇における「役割」の意識の強いものであったのである。カントは、このペルソーナを理性的存在者に内在する超越性として捉え返し、すぐれて近代的な意味における抽象的「人格性(Persönlichkeit)」を成立せしめたが、ウェーバーの把握は、ここからさらに反転して、本来のペルソーナの意味により近づいたかのようである。

しかし、そうした〈人格性〉概念の転換は、もちろん、カント的近代からの復古ではありえず、〈人格性〉のより現実的な把握である。このように〈人格性〉を広く〈文化〉に内属した性格において捉えることによって、

〈解明的理解〉の方法は、近代ヨーロッパに固有なカント的「人格性」を相対化し、遠く古代文化世界、あるいは、アジアの諸文化世界に生きる〈人格像〉との〈比較〉のパースペクティブをもつことになったのである。

さて、〈文化人としての人格性〉概念の性格の第二は、それが単に「客観的」に〈文化〉に内属しているというばかりではなく、〈意識しつつ〉内属しているという点である。すなわち、自らが内属している〈文化〉がもたらしている特定の〈価値〉や生の〈意義〉を自らのものとして引き受け、それと〈恒常的な内的関係〉に立つとき、人間は〈人格性〉としての意義をもってくるということである。

この特定の〈価値〉や生の〈意義〉を、自らの動機として、対象的に意識しているという点は、〈解明可能性〉の根拠づけにとって決定的な意義をもっていた。そして、この〈意識性〉という要素が、ウェーバーにおける〈行為〉の性格と、その〈自由〉の意義に深く結びついていくことになる。さらに、この〈意識性〉ゆえにこそ、〈人格性〉は〈行為〉の〈主体〉となり、〈責任性〉を引き受けるという倫理的な意義をも備えてくるのである。

この〈行為〉における〈意識性〉と〈自由〉という点から、次章での考察は開始されるであろう。

さて、われわれは、本章における〈解明可能性〉をめぐる考察から、〈文化人としての人格性〉の概念について、第三の重要な性格を捉えることができる。

すなわち、〈文化人としての人格性〉は、特定の文化に内属し、特定の〈価値〉や生の〈意義〉を自らのものと〈意識〉しているばかりではなく、それに対して「客観的」になり、必要とあらば、自らの立場を変えることができるという能力を前提としているのである。

われわれは、本章３（二）（b）において、〈価値分析〉の「客観性」について考察した。そしてそこでは、〈価値分析としての解明〉の作業が、「対象に対する「立場」を、少なくとも理論的には、変えうるという能力[3]」を前提条件としていることを見た。このような能力は、文化価値を「客観的」に分析しうるということばかりではなく、ひるがえって、自らのいだく〈価値〉に対しても「客観的」になり、〈立場〉を変えうるということでもなければならない。

ウェーバーは、〈価値分析〉という作業における解釈の解釈者自身に対する意義に触れて、つぎのように言っている。「よく言われるように、「解釈するということ」は、解釈者自身の内面的「生活」や「精神的視野」を広げ、彼をして、生活様式の可能性やニュアンスをそれ自体として把握して考え抜き、自分自身を、知的に、美的に、倫理的に、〔最も広い意味において〕異化しながら発展させ、さらに、彼の「心」を――いわば――「一層価値感受性の強いもの」にすることを可能ならしめる」[4]。見られるように、〈価値分析としての解明〉の作業は、対象自体の「価値関係」を明確化するばかりではなく、解釈者自身の視野を広くすることを通じて、解釈者自身がいだく「価値」や生の「意義」をも一層クリアーなものにしていくのである。そして、このように、自らがいだく「価値」を「客観的」に明晰なものにするということが、また、それに対する「立場」を変えうるという能力に結びついているのである。

この点は、先の〈意識性〉に伴った〈人格性〉の〈行為〉の〈主体性〉と〈自由〉とに、そしてまた、その倫理的な〈責任性〉に深い意義を与えていく。

かくて、以上の三つの性格を備えた〈文化人としての人格性〉は、ウェーバー理解社会学の、否、すべての文化科学の成立根拠となる。


すべての文化科学の超越論的前提とは、われわれが、特定の、あるいは一般になにかひとつの、「文化」を価値ありと思うことではなく、われわれが意識して世界に態度をとり、それにひとつの意味を付与する能力と意志とを与えられた文化人であるということである[5]。

超越的で絶対的なひとつの価値を、文化科学のアプリオリな前提となしえないかぎりにおいて、ウェーバーの文化科学の焦点は、文化事象を担う主体としての〈文化人〉に定められるのであるが、この〈文化人の人格性〉

の内実こそ、以上見てきた三点の性格を備えていたのである。すなわち、〈文化人〉は、具体的因果連関の項として特定な文化と価値のなかに内在しながらも、それを不断に距離化（Distanzierung）しつつ緊張を孕む〈意識性〉をもって対峙し、自らの行為に意味を含ませることを通じて世界に意味を付与していく。他方、〈文化人〉は、自らがいだく〈文化価値〉と他の〈文化価値〉とを厳しく対質させ、必要とあらば、自らの「立場」を変える能力を持つ。このようにして、世界に態度をとるというところに、〈文化人〉の本領があり、また鋭い緊張があるということなのである。

ウェーバーの〈解明的理解〉とは、以上のような〈人格性〉を備えた〈文化人〉の相互理解の方法的な結晶化である。もちろん、すべての人間の行為が、〈文化人〉の〈人格性〉をもってする〈行為〉であるわけではない。しかし、この〈文化人〉の〈人格性〉が理解可能であることこそが、あらゆる人間的な営みについての探求を可能にし、文化とその歴史を可能にするのである。

そしてここに、かの〈比較文化史的視座〉の根拠が据えられた。すなわち、ウェーバーの〈比較文化史的視座〉は、各文化世界においてそれぞれ独自な性格をもつ〈文化人〉の、可能な〈理解〉から出発するのである。

注

（1）WL, S.133.（『ロッシャー』第二巻、一二九ページ）。なお、ウェーバーにおける〈人格性〉概念の意義に触れたものとしては、小倉志祥『マックス・ウェーバーにおける科学と倫理』（弘文堂、一九五八年）三二五ページ以下が参照さるべきである。
（2）本章1（一）参照
（3）WL, S.260.（『批判的研究』一六九ページ）
（4）WL, S.247.（『批判的研究』一四八ページ）
（5）WL, S.180.（『客観性』八二ページ）

## (二) 近代ヨーロッパ的人格像への関心

ウェーバーにおける〈人格性〉概念の原像を、前項のように、広く、〈文化人としての人格性〉として把握することからは、〈人格性〉をめぐるウェーバー固有の問題関心が、この上もなく明らかに照射される。そうした問題構図は、ウェーバーの『宗教社会学論集』における、〈人格性〉概念の取り扱いのなかにくっきりと現れている。ここでは、詳細な分析に立ち入ることはできないが、それでも、簡単に大まかな見通しをつけることはできる。

まず、『宗教社会学論集』全巻の冒頭の論文たる『プロ倫』では、〈人格性概念〉はつぎのような形で登場する。それは、ピューリタンの禁欲がめざす理想についてふれた部分である。

> われわれに熟知の言葉で言えばつぎのようである。ピューリタニズムの禁欲――およそ「合理的」な禁欲はすべてそうだが――の働きとは、「恒常的動機（konstante Motive）」を、特に禁欲自体によって「修得」された恒常的動機を、「一時的感情（Affekte）」に抗して、主張し、固守する能力を人間に与えること――つまり、人間を、こうした形式的・心理学的意味における「人格性」へと教育することにある。(1)

ウェーバーにとって、それゆえ、その読者たるヨーロッパの人間にとって、「熟知の」〈人格性〉とは、もちろん、近代ヨーロッパに固有な、「自由」で「合理的」で「自立」した、「啓蒙主義的人格像」に他ならない。ここで言われていることは、「啓蒙主義的人格像」が、ピューリタニズムの禁欲の理想を基盤にして成立したものに他ならないということである。

『プロ倫』では、このように、ピューリタニズムの禁欲から発する〈人格性〉の理想像が、その宗教的基盤を失って、「啓蒙主義的人格像」を経過しつつ、いわゆる「資本主義の精神」の担い手へと没意味化・転化していく過程が明らかにされる(2)。

さて、『儒教と道教』では、このような西洋の〈人格性〉の理想像とはまったく性格の異なった儒教的な〈人格性〉の理想像が検討されている。それこそ、〈君子理想（Gentleman-Ideal）〉と称されるものに他ならない。ウェーバーは、その性格に触れて、つぎのように言う。

> 救済（Heil）への正しき道は、現世の永遠で超神的な秩序である道（Tao）への順応であり、それゆえ、宇宙的な調和（kosmische Harmonie）から帰結する、共同生活の社会的要請への順応であった。したがってまた、現世的諸権力の堅固な秩序に、恭順な態度で服従（pietätvolle Fügsamkeit）することであった。個々人にとってみると、自分自身を、こうした意味での小宇宙（Mikrokosmos）へ、すなわち、あらゆる面で調和を保ち均衡のとれた人格性へと形成することこそが、それに照応する理想なのであった。儒教的な理想人、すなわち君子の「典雅と品位（Anmut und Würde）」は、伝統的な義務の遂行において発揮されたのである(3)。

そして、こうした〈君子理想〉の現世順応的性格を、先に見たピューリタニズムの人格理想と対比する。

> およそ現世を超え出ようとするあらゆる努力が欠如しているところでは、現世に立ち向っていく事自体の重みも欠けてこざるをえないものである。たしかに、そうした場合でも、民衆の馴化とか君子のよい身のこなし（gute Haltung）とかは発生しえた。しかし、それらが生活態度に与える様式は、本質的に消極的な要素による性格づけに停まらざるをえず、われわれが「人格性」という概念に結びつけるところの、内からの統一をめざすあの努力を発生させえなかった。生活は、あくまで個々の出来事の連続であるに停まり、超越的な目標へと方法的に（methodisch）定められた全体たることはなかったのである(4)。

そして、さらに、『ヒンズー教と仏教』では、その末尾において、『儒教と道教』での考察をも総括しつつ、またもや、アジアの人格理想と西洋の人格理想を対比し、結論的につぎのように言うのである。

「人格性」についての特殊西洋的な考えの根底をなす現実世界への関係を、「その日その日の要求」に従ったけれんなき行為によって獲得せんとする思想は、固有の非人格的法則性を発見することにより世界を実践的に支配せんとする西洋の純粋に物象的な合理主義と同様に、アジアの知識人文化にとっては、ずっと無縁なものであった。生活態度を厳格に儀式的・祭礼的に様式化することにより、アジアの知識人文化は、近代西洋的なつぎのような試みからたしかに守られた。すなわち、その試みとは、まさに当の個人にとってのみ、すべての他人に比し、固有であると見なされることばかり追い求め、自らの頭髪を引き上げて泥沼から這い上ろうとするような悪あがきで「人格性」を示さんとするようなものである。こうした試みは、「様式」たるべき自分固有の芸術形式を計画的に発見せんとする試み同様に空しいだろう。しかし、アジアの知識人の自己規律（Selbstdisziplin）がもつ、かの純粋に神秘主義的（ヒンズー教）であったり、純粋に現世内的・審美的（儒教）であったりする目標は、もちろん、生活における実際の諸勢力を意に介しない時にのみ追求しうるものであり、現実的に行為する「大衆」の関心からはかけ離れたものであった。それゆえに、そうした目標は、大衆をして、原生的なままの呪術的拘束（die Ungebrochenheit magischer Gebundenheit）の下に残留せしめたのである。(5)

ここからは、近代西洋的な人格理想を相対化しつつ、他方、アジアにおける人格理想の追求がもたらす問題点をも指摘していることが読み取れるだろう。

さて、以上のように大雑把なフォローでは、もちろん、ウェーバーの主張内容自体についての検討はできない。

しかし、少なくとも、『宗教社会学論集』の各論文において、それも結論部分において、各文化世界における〈人格性〉の理想像が取り上げられ、それらの性格が比較されているという事実だけは把握せられよう。

さらに確認できることは、ウェーバーが、自らも内属している近代ヨーロッパの禁欲的プロテスタンティズムが基盤を据えた〈人格性〉の理想像から出発しつつ、つねに、それを念頭に置いて、他の文化世界における〈人格性〉の理想像との対比をおこなっていることである。

かくて、本章で追及してきた、ウェーバーの〈解明的理解可能性〉をめぐる認識論的議論に秘められている〈人格性〉概念の再検討の意味が、彼の問題関心の構造との関係で明らかになってくる。

すなわち、ウェーバーにとって問題であり、経験科学的研究の対象とされねばならないのは、近代ヨーロッパに固有の「人格理想」にほかならなかった。しかしながら、ウェーバー以前の方法論的議論には、陰に陽に、プロテスタンティズムに由来し、「啓蒙主義思想」を経て論理的に純化した近代ヨーロッパ的人格像が前提化されていた。それゆえにこそ、まずは、〈人格性〉概念そのものの再検討から出発せねばならなかったのである。そして、その探求の末に到達した見地こそ〈文化人としての人格性〉の見地であり、これによって近代ヨーロッパ的人格像そのものを考察の対象としうる基礎が論理的な意味においては築かれたことになるのである。

かくて、ウェーバーは、そうした基礎のうえに立って、壮大な〈比較文化史〉の構想を展開していく。そして、この探求は、彼の方法からして当然のことながら、〈法則的知識〉を理論的に整序し、概念構成を整えていく、狭義の社会学的作業と相互媒介しながら進行していくのである。

それでは、ウェーバーをして、このような探求に駆り立てたところの〈近代ヨーロッパ的人格像〉が孕む問題性とは何なのであろうか。

その点については、われわれはもちろん、かの『プロ倫』においてその一面を知ることができる。しかしながら、ウェーバー自身認めるとおり、『プロ倫』では「因果関係のただ一つの側面しか追求されておらず」「つぎに分析さるべき西洋での発展（die weiterhin zu analysierende Entwicklung）」[(6)]についての研究は、まとまったモノグラフとしては終に実現しなかったと言える。

とはいえ、そのような経験科学的モノグラフと相互媒介の関係に立つ概念整備の作業は『経済と社会』として残されており、とりわけて、『宗教社会学論集』の三部作を踏まえた基本的概念構成の再整備の作業が『社会学の基礎概念』として残されている。われわれは、ここに、ウェーバーによって把握された〈近代ヨーロッパ的人間像〉が孕む問題性への視座を読み取ることができるはずであろう。

いまや、われわれの探求は、〈方法としての理解〉から〈対象としての行為〉へと展開していかねばならない。その作業は、いま述べた事情からして、これまた、一個二重の性格をもたざるをえない。すなわち、ウェーバー理解社会学の〈行為類型論〉を中心とした基本的概念構成を論理的に検討・解釈しつつ、そのなかに孕まれた〈意味〉を探ることによって、〈近代ヨーロッパ的人格像〉の問題性をウェーバーがいかに捉えているかを明らかにするということである。

注

（1）GAzRS, I, S.117.（『プロ倫』下、七四ページ）
（2）vgl., GAzRS, I, S.202ff（『プロ倫』下、二四四ページ以降）。なお、第2章7も参照。
（3）GAzRS, I, S.514.（『儒教』三八〇ページ）
（4）GAzRS, I, S.521.（『儒教』三九〇—三九一ページ）
（5）GAzRS, II, S.377f.（『ヒンズー教』二二一ページ）
（6）GAzRS, I, S.12.（『序言』二四ページ）

# 第2章　ウェーバー行為類型論と〈物象化としての合理化〉

## 1　考察対象としての行為類型論

われわれは、ここで、ウェーバーの〈行為類型論〉を考察対象に据えようとしている。この〈行為類型論〉そのものは、現実的な歴史的行為とは異なる理論上の構成概念である。それでは、この〈行為類型論〉とはウェーバー理解社会学の全体構成において、いかなる地位を占めているのだろうか。

ウェーバーは、「社会学は、類型概念（Typen-Begriffe）を構成し、現象の一般的規則を求めるものである[1]」と言う。ところで、そのような〈理解社会学〉を〈行為類型論〉という観点から捉えてみる場合には、少なくとも、二つのレベルにおける類型論が、論理的に区別されるべきである。それは、〈準拠枠としての行為類型論〉と〈経験的一般的規則としての行為類型論〉として名づけうるものである[2]。

われわれは前章で、ウェーバーにおける普遍化的認識の意義について見てきた。現実的な歴史的行為を対象とした個性的認識においても、まったく同様に、その認識が妥当なものへと導かれうるためには、経験的に蓄積された現象に関する普遍化的経験知・経験的規則が前提とされなければならない。〈類型概念〉を構成し、現象の一般的規則を求める狭義の理解社会学は、そうした要請に応えて概念的整備を行なう、個性的認識への準備作業

（Vorarbeit）であると言いうる。

ウェーバーは、そのような現象の一般的規則を整序する作業を、カズイスティーク（Kasuistik）と名づけている。すなわち、そのような経験知の集成は、何かある「統一的原理」から導出される「演繹体系」として獲得されるものではなく、まさしく、経験的に得られた規則性に関する知の、類型的に整序された集成なのである。

ここに〈経験的一般的規則としての行為類型論〉が成立することになる。『経済と社会』に見られる狭義の理解社会学には、この〈経験的一般的規則としての行為類型論〉がきわめて多様な形で展開されている。例えば、『宗教社会学』における「預言者」や「祭司」、『支配の社会学』における「ヘル」や「行政幹部」などの〈行為〉の性格に関する記述はすべてこれにあたり、これがまた、『宗教社会学論集』などの経験科学的歴史的労作における探求に役立っているのである。

さて、このような〈経験的一般的規則としての行為類型論〉は、より一層根底的な概念的道具立てに支えられている。というのは、われわれの経験知は、それが類型化され整序されるためには、その整序の作業を導く指針となる〈準拠枠〉を必要とするからである。ここに、〈準拠枠としての行為類型論〉が成立する。そしてこれが、〈経験的一般的規則としての行為類型論〉に対して、論理的には先行するものである。

ウェーバーは、『経済と社会』の第一章たる『社会学の基礎概念』において、最終的にこれを定式化している。周知の社会的行為の四類型、すなわち、①目的合理的行為、②価値合理的行為、③感情的行為、④伝統的行為がそれである。(3)

それでは、このような、経験知でもなく、また、体系をそこから演繹すべき「統一的原理」でもない構成概念の意味するところとは何なのであろうか。このような概念の構成をさらにその根底で導くものとは何なのであろうか。

それは、ウェーバーにあっては、研究者の〈認識関心〉に導かれることになる。「或る一つの、あるいは、他の方向にだけ準拠しているような行為、特に、そういう社会的行為は非常に稀である。同様に、これらの行為が準拠している方向の種類は、もちろん、準拠方向の種類を網羅したものでは決してなく、社会学の目的のために作られた概念上の純粋類型に他ならない。現実の行為は、これらの純粋類型との間に大小の距離があり、更に多くの場合、それらの混合物である。それらが、われわれにとって、目的にかなったものであるか否かは、まったく結果次第である[4]」

前章で見たように、「生起の全連関」は、内包において無限の要素を含んでいる。それゆえに、われわれの対象認識は、われわれの〈価値関心〉と不可避に結びついた、主観的な要素選択から出発せざるをえない。それはまた、対象が〈行為〉である場合も同様である。それゆえに、行為諸類型のカズイスティークを行なうための〈準拠枠としての行為類型論〉は、要素選択を行なう研究者の認識関心に沿って構成されるのである。

すなわち、この四類型構成をもつ〈準拠枠としての行為類型論〉は、まさに直接に、ウェーバー自身の〈行為〉への関心に従って構成されているということになる。

ここに、われわれがこの〈行為類型論〉を考察対象にする意義が存在する。すなわち、たしかに〈行為類型論〉は、歴史的具体性をもって存在する〈行為〉そのものではないが、だがしかし、そこにこそウェーバーの〈行為〉への関心を探り出し、その意味を考えうる場があるのである。

とすれば、われわれのこの四類型の〈行為類型論〉についての考察は、それら四類型を、相互に関係のないバラバラなものとしてではなく、ウェーバーの〈関心〉そのものを示す統一的な構成原理において把握するものでなければならないだろう。本章での以下の考察は、事実そのような構成原理が、この四類型構成の根底に潜んでいることを明らかにするであろう。

これまでのウェーバー研究において、この四類型が、その構成原理とともに統一的に把握されてきたとは言いがたいであろう[5]。しかし、その構成原理からの把握によってのみ、四類型相互の布置関係が明らかになるばかりでなく、〈行為類型論〉に内在するダイナミズムとその帰結、さらには、そうした〈行為類型論〉の構成に込められたウェーバーの〈問題関心〉と〈思想像〉が明確なものとなるに違いない。

さて、それでは、この四類型構成をもつ〈準拠枠としての行為類型論〉を導く構成原理とは、いったい何であろうか。それを解き明かすことは、本章全体の課題である。しかしここでは、若干議論の先取りになるが、以下の行論に見通しを与えるために、基本的な構造を提示しておくことにしたい。

わたしの見るところでは、四類型構成の〈準拠枠としての行為類型論〉は、二つの異なった種類の準拠軸に基づいて構成されている。

第一の軸は、〈行為〉における〈意識性〉に関わっている。

われわれは、前章で、〈人格性〉のもつ性格として〈意識性〉という点を析出し、その〈解明的理解〉における意義を見てきた。この〈意識性〉という性格は、〈行為〉を特徴づけている。ウェーバーは、「主観的に思われた意味」を含むか否かによって、〈行為（Handeln）〉とそれを含まない単なる〈行動（Verhalten）〉とを区別する[6]が、そこからも、この〈意識性〉が〈行為類型論〉の構成において決定的意義をもつことは推し測りうるであろう。

ところで、後に見るように、この〈行為〉における〈意識性〉が、〈行為〉の〈合理性（Rationalität）〉そして〈自由（Freiheit）〉に結びついている。すなわち、〈合理性（rational）—非合理性（irrational）（R—I軸）という準拠軸が、〈行為〉における〈意識性のレベル〉を基準として設定されることになるのである。

〈準拠枠としての行為類型論〉の構造図式

<table>
<tr><td>C—I軸<br>R—I軸</td><td colspan="2">自足性（C）⟷手段性（I）</td></tr>
<tr><td rowspan="2">合理性（R）<br>↕<br>非合理性（I）</td><td>②価値合理的行為</td><td>①目的合理的行為</td></tr>
<tr><td>③感情的行為</td><td>④伝統的行為</td></tr>
<tr><td>意味をもたない行動</td><td>⑤純粋精神物理的領域</td><td>⑥純粋社会機能的領域</td></tr>
</table>

第二の軸は、〈行為〉の〈意識性〉が、特定の窮極的な〈価値〉や生の〈意義〉を志向するところから生じるものである。

〈行為〉は、それが「主観的に思われた意味」を不可欠なものとして含むかぎりにおいて、つねに〈価値〉との緊張関係に立たされているが、理念としての〈価値〉と現実的具体的な〈行為〉とは、極度に多様な連関構造をもちうるものである。その場合、〈行為〉における〈意識性〉という点から見ると、〈行為〉は〈価値〉を実現するための〈手段〉として意識されているのか、または、〈行為〉それ自体の〈価値〉が意識されて〈自足的〉なものなのかが区別され、それに応じて〈価値〉と〈行為〉の連関を整序することが可能となろう。

この点から、〈行為〉の性格を示すもう一つの準拠軸、すなわち、〈自足性（consummatory）―手段性（instrumental）〉（C―I軸）という準拠軸が設定されることになるのである。

以上の二つの準拠軸を設定すると、四類型構成の〈準拠枠としての行為類型論〉は、前ページに掲げたような布置構造をもつものとして把握されうる（本章４参照）。本章では、このような構造図式を析出するとともに、ここからの展開として、『基礎概念』における基本的諸概念の構成を再解釈し、そこに込められたウェーバーの基本的問題把握を明らかにせんとしている。

そして、ここでの考察は、〈近代ヨーロッパ的人格像〉の社会的な基盤としての〈人格性―物象性〉の二項対立構造を照らし出し、ヨーロッパ文化世界固有の問題性としての〈物象化〉という事態の本質と帰結を示すであろう。

注

（１）WuG, S.9.（『基礎概念』三一ページ）

（２）この〈準拠枠としての行為類型論〉も、〈経験的一般的規則としての行為類型論〉も、用語としてはウェーバー自身の用語ではなく、分析のために構成した筆者の用語である。そして、その意味するところは、以下の叙述が示すであろう。

（３）WuG, S.12.（『基礎概念』三九ページ）

（４）WuG, S.13.（『基礎概念』四一―四二ページ）

（５）この類型を論じたものとしては、前掲、青山秀夫『マックス・ウェーバーの社会理論』三一ページ以下、日高六郎

「マックス・ウェーバーの人間観――合理的なるものと非合理的なるもの」（前掲、安藤英治ほか編『マックス・ウェーバーの思想像』所収）一〇二ページ以下、前掲、安藤英治『マックス・ウェーバー研究』二九三ページ以下、Parsons, *op.cit.*, p.640ff, Schluchter, *a.a.O.*, S.190ff. など。また、〈目的合理性―価値合理性〉の対概念の意義を論じたものとしては、他に、池田昭『ウェーバー宗教社会学の世界』（勁草書房、一九七五年）、四五ページ以下、佐藤慶幸『行為の社会学――ウェーバー理論の現代的展開』（新泉社、一九七六年）三〇ページ以下、など。また、これと関連して、〈整合合理性―目的合理性〉の対概念の意義を論じたものとしては、前掲、折原浩『危機における人間と学問』三八二ページ以下、林道義「ウェーバーにおける歴史と「意味」――折原浩氏の批判〔本誌五百四号掲載〕に答える」（『思想』一九六九年十月号、岩波書店）、など。

（6）WuG, S.1f.（『基礎概念』九ページ）。ただし、このことから、「無意識的動機」や「動機抑圧」などの諸事象が、理解社会学の考察対象から排除されていると考えてはならない。ここでは、〈意識性〉という性格の重要な意義を確認しておけば足りる。vgl. WuG, S.4f.（『基礎概念』一七―一九ページ）

## 2　行為の合理性と自由

### （一）行為の自由と意識性

クニースの〈人間学的流出論〉には、〈人格性〉の自由が、合理的な因果的認識の及びえない非合理的なものであるという、一つの「自由観」が背後にあった。ウェーバーの〈人格性〉概念の再検討は、同時に、そのような「自由観」そのものへの批判でもある。ウェーバーにおける〈自由〉は、非合理的であるどころか、反対に、最も合理的な〈目的―手段〉のカテゴリーに結びついている。ウェーバーはつぎのように言う。

どのように理解されたものであれ、意志の「自由」が行為の「非合理性」と同じものであるとか、行為の

「非合理性」が意志の「自由」によって起されるとかいう仮定の誤りはハッキリしている。「盲目の自然」と同じように——しかし、それより大きいわけではない——特に「計算できないということ」は、狂人(Verrückten)について特権的に言えることである。これに反し、われわれがこの上もなく経験的に「自由の感情」をいだくのは、つぎのような行為を行なうときである。すなわち、われわれが合理的に、言い換えると、物理的・心理的「強制」や情熱的「感情」を伴わず、判断の明確さが「偶然に」曇るようなこともなく、遂行したと自覚するような行為、あるいは、その行為において、われわれが、ある明確に意識された「目的」を、われわれの知識の尺度、すなわち、経験的規則から見て最も適当な「手段」をもって追求するような行為である。（略）人間の行為がそれほど純粋には合理的な解明が可能であるとは言えないこと、事実についての非合理的「偏見」、考え違い、誤りのみではなく、「気質」「気分」あるいは「感情」なども人間の「自由」を曇らせていること、それゆえ、人間の行為も、さまざまな程度で、「自然事象」の経験的な「無意味性」と関わりあっていること、これらのことがまさに純粋にプラグマーティシュな歴史学を不可能ならしめている。しかし、行為は、このような「非合理性」を、まさに個々の自然事象とわかちあっているのである。(1)

この引用からは、ウェーバーにおける〈行為の自由〉の姿を、明瞭な形で捉えうる。重要なことは、ここで明らかに、ウェーバーが〈行為の自由〉を、〈意識性〉と、そして、〈合理性〉と結びつけて考えていることである。そして、さらに、その〈自由〉とは、〈非合理性〉と結びつけられた〈自然性〉の対極に現れていることもわかるだろう。すなわち、ここからは、ウェーバーにおける〈行為の自由〉をめぐって、つぎのような二極対立の構図を析出することができるのである。

| | |
|---|---|
| 自　由 | 自然性 |
| 意識性――― | 無意識性 |
| 合理性 | 非合理性 |

このように、ウェーバーにおける〈行為の自由〉の概念について図式化してみると、この二極対立構図は、一見して、かのカントにおける自由観をわれわれに想起させるであろう。たしかに、ウェーバーは、この〈自由〉をめぐる概念構成において、カントの倫理学から多くを学んでいるのである[2]。

とすれば、ウェーバーにおける〈行為の自由〉の性格の特質を明らかにしようと思えば、われわれはそれをカントの「自由の理念」と比較することが必要であろう。ここでは、本書の行論に必要なかぎりで、この点に立ち入ってみよう。

周知のように、カントにおける「自由の理念」は、理想的存在者としての「意志の自律」にその核心がある。カントはつぎのように言っている。

> 意志の自律はあらゆる道徳法則ならびにこれに遵う義務の唯一の原理である。これに反して意志のあらゆる他律は、決して責務の基礎を与えないのみならず、むしろ責務の原理と意志の道徳性とに反する。すなわち法則のあらゆる実質〔すなわち欲求された対象〕から独立であること、およびそれと同時に、格率がもたなければならない純粋な普遍的立法形式によって意志が規定されるところに、道徳性の唯一の原理が成立するのである。しかし前の独立性は消極的意味における自由であるが、後の純粋な実践的理性の自己立法は積極的意味における自由である。したがって道徳的法則の表現するものは、純粋な実践的理性の自律、いいかえれば自由に他ならない。この自由こそあらゆる格率の形式的制約である。この制約のもとにおいてのみ、格率は最上の実践的法則と一致しうる。ゆえに法則と結合される欲望の対象に他ならないところの意欲の実質

が、実践的法則を可能ならしめる条件としてこの法則のうちに入り来るときに、意志の他律、すなわち衝動や傾向性に従う自然法則への従属が生ずるのである。(3)

ここに見られるように、意志の自律とは、まさに、「衝動」や「傾向性」といった〈自然性〉に対立して屹立する〈意識性〉であり、この意志の自律と他律をめぐる構図が、ウェーバーにおける〈行為の自由〉の構図にくっきりと影を落としていることは否定しえないところであろう。

ところで、叡智界と感性界とを二元的に区別するカントにあっては、〈自由〉は叡智界の秩序であり、感性界に対しては「原因性」として現れる。そして、そのようなものとして、〈自由〉が対象あるいは内容に結びつくとき、われわれの因果的認識の及ばない、かの「自由の因果性（Kausalität durch Freiheit）」(4)が成立する。かくて、カントの「自由観」は、さまざまな形をとって歴史学派および歴史家たちの方法論に取り入れられつつ、人格性の行為の自由と非合理性を同一視する議論の「哲学的原型（philosophischer Archetypos）」(5)となったのであった。

ウェーバーは、この点を指摘しつつも、「自由の因果性」の実際上の難点に関する「形而上学的」議論には立ち入らない。蓋し、それについては、学問領域が異なるというばかりではなく、クニースなどへの批判によって現実的に超えていると考えたからであろう。カントの抽象的・形式的な自由をめぐる構図は、ウェーバーにとってはむしろ、これとは異なった角度から問題とならざるをえないものであったのである。

それは、経験科学としてのウェーバー理解社会学にとっては決して避けて通ることのできない、歴史的世界の現実における〈価値〉の多様性に関わるものである。

意志の自律に自由の核心を見るカントは、意志の格率が依るべき普遍的法則、すなわち道徳法則をかの有名な「定言命法」として提出する。ウェーバーの考察は、「定言命法」のもつ実質的意義をめぐって展開される。

このカントの「定言命法」の極度の形式性は、往々にして、それが行為の評価の内容的な指示をまったく含まないとの解釈を生み出した。まず、ウェーバーは、そのような見解を批判する。

ウェーバーは、ある男性がある女性との性愛的関係（erotische Beziehung）についてつぎのように述べるような場合を例に出す。「最初は、二人の関係は、単に情熱にすぎなかったが、いまやそれはひとつ価値である」[6]

この場合、カント倫理の冷静な即事性（Sachlichkeit）は、この前半を「最初は、われわれ二人は互いに単なる手段にすぎなかった」と言い換えて、例の「定言命法」[7]の特殊例として扱うであろうとウェーバーは指摘する。そうなると、カントの形式的表現は、具体的事例において、まさに具体的な内容指示をおこなうことになるのである。ウェーバーは、この例から、カントの原理が、「倫理的事態の測り知れない多様さの、全く天才的な定式化」[8]であるとする。

このように、カントの「定言命法」は、その形式性にもかかわらず、行為の内容に具体的な指示を与えていくものであるのだが、ウェーバーによれば、「しかしながら、問題はさらに複雑になる」[9]。

「単なる情熱にすぎない」という言葉で表現された、かの消極的な述語でさえ、ある特定の立場からは、生の内的に最も真正なものや本来的なものの冒瀆と主張されうるものであり、非人格的あるいは超人格的それゆえ生に対して敵対的な「価値」機構からの、あるいは、日常生活の生気のない凝固物に拘束されていることからの、また、「課せられた」非現実性の僭越な要求からの、唯一の脱出口、あるいは、王道の、冒瀆と主張されうるものなのである。[10]

ウェーバーのこの指摘は、つぎのことを意味している。すなわち、かのカントの「定言命法」は、極度に形式的な形態をとっているがゆえにこそ、計り知れないほど多様な内容を包摂し、行為の倫理的価値についての基準たりうるものなのだが、しかし、それでさえも、ある特定の傾向の価値観については、これをあらかじめ拒否してしまっているということである。この特定の傾向の価値観とは、いかなる倫理的法則をも拒否し、道徳的リゴリズムに対して敵対するような種類のものであるが、そうしたものでさえ歴史的現実のなかでは固有の意義を主張し、「内在的尊厳」をも要求するのであり、これに対しては科学的な反証を加えたりすることなどできないのである。

それゆえに、価値評価はともかくとして、歴史的事態を冷厳に直視せんとするウェーバーにあっては、少なくとも、そのような傾向の価値観さえ、あらかじめ排除したうえで考察を進めていくわけにはいかないのである。事柄は、神と悪魔という形で相互に対立しあう、歴史的現実における価値の多様性に関わっている。カントの「定言命法」では、そもそも、〈価値〉と〈価値〉、〈義務〉と〈義務〉の絶対的な対立は前提とされていない。しかし、同一の内容の行為が、ひとつの価値からすれば絶対的に善なる行為となるが、他の価値からすると絶対的に悪なる行為となるという、一点の妥協の余地もない対立の現実のなかにおいて、〈行為〉の〈自由〉を鋭く照らし出すことが問われているのである。

超越的な「価値哲学」によってひとつの「価値」を指示することはできない。それは、現実の人間の〈人格性〉による〈選択〉に属する事柄だからである。そこで、ウェーバーのとった道は、カントの「定言命法」の形式性を支えている〈意志の自律〉の内容的要素たる〈意識性〉を明確な基軸に据えることであった。すなわち、高度な〈意識性〉をもって〈合理的〉に遂行されるところにこそ、〈行為の自由〉の本源的意義があると考えたのである。

ところで、こうした〈自由〉論は、それぞれの〈自由な行為〉を導くべき〈窮極の価値〉のひとつを指示するようなことはない。しかし、これは「価値の相対主義」とはまったく異なるものである。というのは、この構図においてこそ、それぞれの〈主体〉としての人間は、自らの価値選択を厳しく迫られることになるからである。「人間的な安逸にとってはおよそ歓迎されないことであるが、にもかかわらず避けがたい認識の木の実とは、まさに、かの対立（神と悪魔というように諸価値が対立していること）を知らねばならないこと、それゆえ、いかなる個々の重要な行為も、それぱかりか生の全体も、もしそれが自然事象のようにただ過ぎゆくものではなく意識的に導かれるべきものであるとするならば、窮極的な決定の一連の連鎖を意味しているということを見てとらねばならないということに他ならない。すなわち、プラトンにおいて言われるように、魂はこの窮極的な決定を通して自己の運命を――この運命とは彼の行ないや存在を意味する――選ぶのである[11]」

われわれは前章で、〈文化人としての人格性〉概念の特質を捉えてきたが、以上の考察から、〈行為の自由〉の特質こそ、〈人格性の自由〉の内容そのものであることがわかるだろう。すなわち、人間は、神と悪魔とが対立する〈神々の争い〉という歴史的現実のなかで、一つの〈窮極的な価値〉を選び、それを自らのものとして恒常的に把持し、意識的、それゆえ、合理的に、〈自らの価値〉が求める〈行為〉を首尾一貫してし続けるとき、勝れた意味で〈文化人としての人格性〉となり、〈自由〉を得るということなのである。

以上のような、〈意識性〉を媒介とした〈人格性の自由＝行為の合理性〉という観点こそ、ウェーバーの〈文化人〉としての人間把握に結びつく根本的認識であり、ここから、クニースらに見られた「人格性の自由＝非合理性」という観点が批判されることになる。

さて、意識的に、それゆえ、合理的に導かれた行為というものは、単に倫理的な要請にとどまるものではない。ウェーバーは言う、「知的―理論的な、あるいは、実践的―倫理的な立場選択においての論理的、または、目的論的な「首尾一貫性」という意味での合理的なものは、歴史的生の他の諸力（Mächte）に比べれば限られた不確かなものであったとしても、人間に対してなんといっても強い力（Gewalt）をもっている〔昔からもっていた〕のである[12]」。すなわち、合理的な意識性は現実的な原因的要素として働いているのである。

かくして、〈意識性〉を根拠とした〈自由＝合理性〉という視点は、経験科学としての〈行為の諸類型〉の比較研究においても、第一の基軸となる。

さて、このように、カントとは異なる見地から、〈意識性〉のレベルによって〈行為〉の〈合理性―非合理性〉を問う構図をとるとすると、そこにはつぎのような問題点が現れてくる。

第一に、その〈意識性〉としての〈自由〉は、いったいいかなる〈自然性〉に対立しているのかということである。ウェーバーの〈自由〉の対極にある〈自然〉とは、〈行為〉の〈自由＝合理性〉といかなる連関をなしているのかが問われねばならない。そうしてはじめて、ウェーバーにおける〈自由な主体〉の意味がクリアーな形で捉えうるであろうからである。（→２（二））

第二の問題は、〈自由な主体〉が自らの〈自由〉の根拠として選ぶ〈窮極的価値〉と〈行為〉との関連の問題である。すなわち、選ばれた〈窮極的価値〉は、いったいいかなる内容として、〈行為〉において受け止められ、現実化されるのかに関する一般的な考察がなされねばならないであろう。論理的意味内容の等しい〈価値〉を選んだ場合でも、それが現実的な〈主体〉によって〈行為〉に移される場合には、極度の多様性を生み出すからである。（→３）

以上の二点の考察は、〈準拠枠としての行為類型論〉に内在する構成原理を明らかにするであろう。そしてそうなると、〈行為諸類型〉のそれぞれの性格が明確となり、（→４）さらに、〈行為諸類型〉の相互の間に潜むダイナミックな関係が〈理解社会学〉の基本的概念構成へと展開していく方向が開示されていくであろう。（→５）

注

（１）WL, S.226f.（『批判的研究』一一七―一一九ページ）

（２）vgl. Marianne Weber, *a.a.O.*, S.102.（前掲、マリアンネ・ウェーバー『マックス・ウェーバー』第一巻、七二ページ参照）

（３）カント『実践理性批判――改訂版』波多野精一／宮本和吉訳（岩波文庫）、岩波書店、一九五九年、五四ページ

（４）WL, S.62.（『ロッシャー』第一巻、一二九ページ）

（５）WL, S.62.（『ロッシャー』第一巻、一二九ページ）

（６）WL, S.506.（『価値自由』三六ページ）

（７）この場合には、邦訳書注にもあるとおり、つぎの第二法式を意味している。「君自身の人格ならびに他のすべての人の人格に例外なく存するところの人間性を、いつでもまたいかなる場合にも、同時に目的として使用し決して単な

る手段として使用してはならない」(カント『道徳形而上学原論――改訳』篠田英雄訳〔岩波文庫〕、岩波書店、一九七六年、一〇三ページ)
(8)WL, S.506.(『価値自由』三六ページ)
(9)WL, S.506.(『価値自由』三八ページ)
(10)WL, S.506.(『価値自由』三八ページ)
(11)WL, S.507f.(『価値自由』四〇―四一ページ)
(12)GAzRS, I, S.537.(『中間考察』一〇一ページ)

## (二)二つの〈自然〉領域との緊張

カントの「理性的存在者の自律」という〈自由観〉においては、形式的にただちに「傾向性」あるいは「衝動」として表現しえた〈自然〉領域は、ウェーバーの〈自由観〉ではどのようなものとして捉えられているのであろうか。

ウェーバーは『理解社会学のカテゴリー』において、自らの〈理解社会学〉を、一方で「心理学」と、他方で「法教義学(Rechtsdogmatik)」とに対比して説明している。『社会学の基礎概念』になると、「心理学」の系列ではさらに「生物学」や「生化学」が、「法教義学」の系列では社会の有機体的把握が、引き合いに出されている。

このような説明構図は、ウェーバーにおける〈自然〉領域を捉えるうえで、少なからぬ示唆を与えていると思われる。

この点に関連したものとして、ウェーバーは、『R・シュタムラーにおける唯物史観の〝克服〟』(一九〇七年)という論文において、「規則(Regel)」と「規範(Norm)」「格率(Maxime)」という概念の社会学的意義を論じている。われわれは、この個所を手がかりに考察を進めていくことにしよう。

ウェーバーは、まず、「規則」という概念を、経験的な「存在」について観察された〈経験的規則〉としての「規則」と、価値判断の基準となる〈規範〉としての「規則」とに区別する。このように区別すると、「心理学」「生物学」などの諸学は〈経験的規則〉にのみ関わり、「法教義学」などの諸学は〈規範〉にのみ関わるということが見えてくるだろう。

さて、〈意識性〉をもった〈行為〉を経験的に存在するものとして考察するときには、右の二種類の「規則」は、二重の転換を遂げることになる。

まず、〈経験的規則〉に関連して、ウェーバーはつぎのように言う。「ある人が「私の消化は規則正しい」と言うとき、彼は第一に、単なる「自然的事実」のみを言い表している。すなわち、消化が一定の時間的継起に従って行なわれている、ということである。この「規則」は、自然的経過からの抽象である。しかし、彼は、「障害」を取り除くことを通じて、彼の方から、消化を「規則正しくする」ことを余儀なくされることがある。そのようなときにもまた同じ言葉を述べるとすれば、外的な経過はたしかに前と同様だが、「規則」概念の意味は異なっている。すなわち前の場合には、「規則」は「自然」において観察されたものであり、後の場合には、「規則」は「自然」に対して求められたものなのである[1]」。すなわち、〈意識的〉な行為者が、「自然」において観察された「規則」を、彼の行為の〈規範〉にするということが起こるのである。

他方で、〈規範〉としての「法的規則」などについては、ウェーバーはつぎのように言う。「外的事象の「意味」も、その経験的な存在の面が考えられる場合には、論理的な意味からいって「自然」になるのである[2]」。すなわち、教義学的「意味」に基づいて推論された社会的規範としての「規則」あるいは「法的規則」は、経験的に捉えられるべき〈行為〉における因果的要因としては、その教義学的「意味」とはまったく異なるものとして考えなければならないのである。というのは、「法的規則」は教義学的「意味」そのままの形において〈行為〉の因果的要因となるのではなく、〈行為者〉がそれをいかに意識していたかという内容によって因果的要因となるからである。その場合、教義学的「意味」は、行為者にとって対象としての「自然」に他ならないのである。

ウェーバーは、経験的存在において観察された〈経験的規則〉としての「規則」も、価値判断の規準となるべき〈規範〉としての「規則」も、それらを行為主体が〈規範〉についての表象である〈格率〉とするときにはじめて、彼の動機の要素として、彼の〈行為〉の原因の一部となると考えている。そして、その場合、行為主体が〈格率〉とした「規則」が、〈経験的規則〉であろうと〈規範〉であろうと、〈行為〉を対象とした経験科学にとっては、論理的にはいささかも相違はないのである。

ウェーバーは、〈規範〉の経験科学的な意義について、『経済と社会』ではつぎのように述べている。

法秩序はそこでは、論理的に「正しい」と論証しうる諸規範のコスモスを意味するのではなく、現実の人間行為を事実的に規定する根拠の複合体を意味する。[3]

かくして、意識的な人間の〈行為〉は二つの〈自然〉領域に対峙することになる。「心理学」「生理学」などにおいては、〈経験的規則〉を〈自然法則〉へと定式化することがめざされ、「法教義学」などにおいては、〈社会的規則〉が存在すべき〈規範〉として考察される。しかし、現実の行為者は、多くの場合、それらの〈経験的規則〉〈社会的規則〉に、無意識的あるいは単なる習慣によって従っているだけである。それゆえ、行為者は、一つの「精神物理的装置」として前者（これを仮に「第一次的自然」と名づけておこう）に内属し、また、「社会機能的存在」として後者（同じく「第二次的自然」と名づけよう）に内属する。[4] しかしながら、行為者は、それらを反省的に対自化することにより、彼自身を意識せる自由な主体となし、〈行為〉することを得るのである。

さて、以上のように二つの〈自然〉領域と〈意識的〉に対峙する自由な主体としての人間は、ウェーバーにあっては、抽象的人格ではない。むしろ、彼は、二つの〈自然〉領域に対峙することで、〈自然〉諸領域の深刻な緊張関係を自らのものとして抱え込むのである。ウェーバーは言う。「宗教的および現世的諸財の所有にはさまざまな領域があるが、それらの領域に対する人間の関係が合理化され、あるいは、意識的に昇華されていくと、否応なしに、個々の領域における内的自己法則性が首尾一貫した形で意識されるようになり、それによって、外界との関係における原生的で素朴な態度においては隠されていた、それぞれの領域相互の緊張関係が生じるようになる[5]」

すなわち、アプリオリに与えられた超越的存在者たりえない現実的存在としての人間は、「定言命法」に導かれてただちに〈自然〉領域を超越するわけではなく、自らと世界とを反省的に区別し、世界の「意味」について意識的・思索的態度をもって省察し（理論的合理主義）、それを基礎として自らの行為の〈格率〉を打ち立て、その〈格率〉に基づいて意識的に世界に働きかける（実践的合理主義）ことをもってのみ、〈自由な主体〉として〈自然〉領域に対峙しうるのである。そして、このことがまた、宗教的あるいは現世的諸領域の緊張関係を自覚させるという結果をもたらしていく。

観察者の立場から言い換えると、行為者が〈自由な主体〉として〈自然〉領域に対峙する過程とは、行為者が〈文化人〉として、自らが内属する〈文化〉の意味を悟り、それを自らの〈規範的格率〉として、自覚的に担っていくか、あるいは、当の〈文化〉を超越する新たな〈文化的な意味〉に覚醒していくか、という過程を示している。まさに、彼は抽象的な人格として主体なのではなく、つねに、現実的な緊張を内に抱え込んだときにおいて、はじめて〈文化人としての人格性〉を獲得し、〈主体〉となるのである。

注

（1）WL, S.328f.（『シュタムラー』三八―三九ページ）
（2）WL, S.336.（『シュタムラー』四六ページ）
（3）WuG, S.181.（『法』五ページ）

（4）内田芳明も、ウェーバーにおける自然の位置について、われわれとは若干異なる視点から「第一次的自然」と「第二次的自然」とに分けて考察している。『古代ユダヤ教』第一巻、訳者序文参照

（5）GAzRS, I, S.541.（『中間考察』一〇八ページ）

## 3 〈価値〉と〈行為〉

### (一)〈手段性〉と〈自足性〉

われわれは、ウェーバーにおける〈合理性〉という概念が、〈意識性〉を根拠に〈自由〉の概念に結びついているという点について考察してきた。〈意識性〉のレベルをめぐって〈合理性—非合理性〉の軸が成立することは、〈準拠枠としての行為類型論〉の第一の柱である。

ところで、この〈合理性〉という概念は、極度に多様な内容を伴ってあらわれうる。この多様性は、一口に〈合理性〉といっても、何のための、何に関する〈合理性〉なのかによって性質が異なってくることに由来している。すなわち、その淵源とは、第一に、〈行為〉と〈価値〉との関係の多様性にあると思われる。それゆえに、〈行為〉と〈価値〉の内在的な連関構造を明らかにすることを通じて、この多様な〈合理性〉の性格が整序されうるにちがいない。ここでは、その点に注目しながら検討を進めることにしよう。

ウェーバーの〈行為類型論〉が論じられる場合、われわれは、ただちに、〈目的合理性—価値合理性〉の対概念に注目せざるをえない。事実、従来の〈行為類型論〉をめぐる議論は、つねに、この対概念をめぐっておこなわれてきた[1]。

ところで、われわれがここで、〈行為〉と〈価値〉の内在的な連関構造に注目しながら、この〈目的合理性—価値合理性〉の対概念を検討するといかなることが見えてくるであろうか。

周知のように、〈目的合理性―価値合理性〉という対概念は、『社会学の基礎概念』（一九二二年）において定式化されているが、同じ問題を扱った『理解社会学のカテゴリー』（一九一三年）には登場していない。それゆえに、この概念は、ウェーバーの最晩年に固有なものかというと必ずしもそうではない。われわれが、用語そのものにはこだわらず、〈行為〉と〈価値〉との関連に視点を据えて顧みると、ウェーバーが各所で同様の事柄を論じているのを知ることができる。

われわれは、まず、それらのウェーバーによる議論を比較することから始めよう。

①『社会学の基礎概念』（一九二二年）

1、目的合理的行為　外界の対象物や他の人々の行動を予想し、そのような予想を、結果として合理的に追求され考量される固有の目的の為に、「条件」や「手段」として利用しつつ行なわれる行為。2、価値合理的行為　或る特定の行動がもつ無条件に固有の価値――倫理的・美的・宗教的などどんな風に解されるものでもよい――それ自体への、結果にかかわらない意識的な信念（Glauben）に基づいた行為。[2]

②『客観性』論文（一九〇四年）

意味を含む人間の行為の窮極の要素を思考によって考察する時には、いつでもまず、「目的」と「手段」のカテゴリーに結びつけて行なわれる。われわれが、何かを具体的に意欲する時には、それは、「それの固有の価値のため」か、窮極において意欲されているものの為の手段としてかのいずれかである。[3]

③『理解社会学のカテゴリー』（一九一三年）

特に、先に定義した意味での「目的合理的」行為は、すべて一般に予想（Erwartungen）に準拠している。

（略）もちろん、ゲマインシャフト行為の可能な〔主観的に思われた〕意味は、特に第三者の「行為」についての「予想」に準拠するということだけに尽きるものではない。それについては、極限的な場合には、まったく無視でき、第三者に意味関係をもつ行為が、〔「義務」とかそのほか何であれ〕行為の意味内容それ自体の主観的に信じられた「価値」にのみ準処することがありうる。すなわち、行為は予想準拠的（erwartungs-orientiert）ではなく価値準拠的（wertorientiert）でありうるのである。[4]

　われわれは、以上の三つの個所を比較検討することにより、つぎの点を析出することができると思われる。『客観性』論文ではいちばん明確だが、他の二つにも共通して読み取られうることは、対比されている二つの〈行為類型〉の相違点が、よく誤解されるような、〈目的—手段〉関係の有無にあるのではなく、むしろこの〈目的—手段〉関係の存在は両者の共通点であるということである。詳しく言うとこうである。二つの〈行為類型〉は、それが〈意識的〉なものであるかぎりにおいて、ともに、なんらかのものを意欲して、あるいは、準拠して（orien-tiert）行なわれる。そして、それらを、観察者が思考によって考察するときには、つねに〈目的—手段〉のカテゴリーに結びつけて、それを捉えるということである。

　それでは、二つの〈行為類型〉を区別するメルクマールとはどこにあるのか。それは、ある特定の〈行為〉に際して〈意欲〉されるものが、当の〈行為〉によってもたらされるであろう事態に対する〈予想〉の内容にあるのか、あるいは、当の行為をなすこと自体にあるのか、という点である。すなわち、ある具体的な〈行為〉は、それが意欲する〈目的〉・〈価値〉という観点から見た場合に、〈目的〉・〈価値〉にとって〈手段的（instru-mental）〉なのか、当の〈行為〉自体の価値において〈自足的（consummatory）〉なのか、という点において性格を異にする二つの類型に区別しうるというわけである。

　このように見てくると、ウェーバーは、〈行為〉の〈倫理性〉をめぐっても、この〈手段性—自足性〉を基準とした区別を立てていることに気がつくであろう。すなわち、『価値自由』論文（一九一七年）における〈成果価値（Erfolgswert）—心情価値（Gesinnungswert）[5]であり、『職業としての政治』（一九一九年）における〈責任倫理（Verantwortungsethik）—心情倫理（Gesinnungsethik）[6]〉という対概念である。すなわち、この〈手段性—自足性〉という基準は、ウェーバーの生涯を貫通して、〈行為〉を考察する基本的基準であったとみられるのである。

たしかに、この〈手段性—自足性〉という準拠を立てて〈行為諸類型〉を位置づけるという見解は、これまでのウェーバー研究において見られないものである。それゆえに、これを根拠づけるために、われわれはつぎのような諸点を検討しておくことにしたい。

それは、第一に、この〈手段性—自足性〉という基準が、〈価値〉と〈行為〉との間のどのような連関構造にその由来をもっているのかであり、第二に、ウェーバー理解社会学の射程といかなる関わりをもっているのかであり、第三に、分析用具としていかなる有効性をもっているのかということである。

さて、前節で見た〈自然〉領域の対極に自覚される〈価値〉領域は、素朴な形態にとどまっているにしろ、教義体系へと発展しているにしろ、なんらかのひとつの〈理念〉として存在するものである。そうした〈理念〉は、現実的な形態をとるものとして、実現されなければ空疎なものにすぎないであろう。それゆえに、〈価値〉は、その実存という面から見るならば、〈行為によって実現される〉か、〈行為として存在する〉かしかない。すなわち、〈価値〉と〈行為〉は、区別されてある、か、または、一体のものとしてあるのである。

これを図式的に表すとつぎのようになる。

〈価値〉と〈行為〉は

（A）その存在という面において見ると

（A—1）一体のものとしてある、か

（A—2）目的と手段という区別としてある。

（B）その連関という面において見ると

（B—1）価値による行為の意味づけという面がある、とともに

（B―2）行為による価値の実現という面がある。

このような、〈行為〉と〈価値〉の関係構造は、〈行為〉が〈意識性をもった行為〉として、単に観察者から見ての純機能的意義へと還元しえない、〈意味〉を備えているという点から直接に派生する本質的な構造連関である。〈価値〉は、〈行為による価値〉であるか、〈行為としての価値〉であらざるをえず、〈行為〉は、〈価値のための行為〉であるか、〈価値としての行為〉であらざるをえないのである。

われわれは、この〈価値のための行為〉を〈手段的（instrumental）な行為〉と名づけ、〈価値としての行為〉を〈自足的（consummatory）な行為〉と名づけようと思う。このような〈行為〉の類型的区別を立てると、先に見たように、〈目的合理的行為―価値合理的行為〉の対概念が、その最も自覚的意識的に追求された〈手段的行為―自足的行為〉であるということがわかるであろう。

さて、それでは、このような〈行為諸類型〉の区別の基軸は、ウェーバーの学問的実践的な射程といかなる関わりをもつであろうか。それをつぎに明らかにせねばならない。

注

（1）従来の諸説については、本章1、注（5）参照。

（2）WuG, S.12.（『基礎概念』三九ページ）

（3）WL, S.149.（『客観性』五四ページ）

（4）WL, S.441f.（『カテゴリー』四四―四六ページ）

（5）WL, S.514.（『価値自由』五三ページ）。なお、これについては、WL ,S.505.（『価値自由』三四―三五ページ）も参照。

（6）GPS, S.539.（『政治』四二四ページ）

### (二)〈手段性—自足性〉視点の射程——その１、禁欲と観照

ウェーバー社会学における、〈手段性—自足性〉視点の射程を、われわれは、彼の宗教社会学の基本視点において見ることができる。もちろん、それが〈行為類型〉の基本性格に関するものである以上、さまざまな点において多くの問題に関わっているのだが、われわれはその最も典型的かつ核心的な問題を取り上げることにしよう。それは、〈救済方法論（Heilsmethodik）〉の類型に関わっている。

宗教的救済への希求は、「現世」における不正や苦難が自覚され、意識的に拒否されるにつれて、ますます彼岸においての救済へと、その志向するところを昇華させていく。すなわち、「現世の「意味」に関する思考が体系的になり、現世そのものの外的な組織が合理化され、現世の非合理的内実の自覚的体験が昇華されたものになるにしたがって、それとまったく並行して、宗教的なるものの独自な内容は、ますます非現実的になり、全ての形ある生活とはかけ離れたものになっていく[1]」。

すると、そのような救済の内容に照応して、救済に至る方法（Heilsmethodik）も合理化されることになる。そして、やがて、それによって「神的なるもの自体の此岸での所有」がめざされるようになるのである。

ところでしかし、全能で超越的な神が被造物に対峙するという内容の「神観」をもつところでは、神を所有することは不可能なので、①神の〈道具〉であろうとするか、②神の〈容器〉として神によって満たされたものであろうとするかのいずれかとなっていく。ここに〈手段性—自足性〉視点の意義があらわれてくることになる。

まず、ウェーバーは言う。「（右記①②という）両者のいずれの場合においても、神的ならざるもの（das Nichtgöttliche）こそが、日常的人間の身から払い落さねばならないものであり、そうしてこそ彼は神にふさわしいものになりうる。そして、この神的ならざるものとは、なによりもまず、人間の身体の日常的状態および日常的現世のことであり、二つながら自然に与えられているところのものである[2]」。見られるように、救済方法論は、その本質から言って、二つの〈自然〉領域に対立する、〈意識性〉それゆえ〈合理性〉の要素を含んでいる。

しかしながら、同じく〈合理性〉への志向をもちながら、神の〈道具〉たろうとするか、神の〈容器〉たろうとするかという違いは、両者が現実に生み出す結果において重大な相違となる。

神の〈道具〉たろうとする立場の実践的帰結は〈禁欲（Askese）〉であり、〈容器〉たらんとする立場のそれは〈観照（Kontemplation）〉となる。ウェーバーは、この〈禁欲〉と〈観照〉とについて詳細な比較分析を行なっているが、それを概観することにより、われわれは重大な問題を見出すのである。[3]

〈禁欲〉は神の〈道具〉として神に導かれた「積極的な倫理的行為」[4]であるのに対して、〈観照〉は、積極的な行為としてではなく、むしろ神的なものに〈容器〉として満たされているという一種の〈状態性（Zuständlichkeit）[5]〉であるとウェーバーは言う。たしかに〈禁欲〉においても、それが神の命じるところのものであるかぎりにおいて、完全に〈自足性〉を失うことはない。しかしながら、それを〈観照〉と対比するときには、その〈行為〉は〈手段的〉性格が色濃く、〈観照〉はむしろ神的なものとの合一という感情状態において〈自足的〉性格が強いものであるということが理解されよう。

しかし、両者の態度のコントラストが最もはっきりとするのは、両者がともに現世内においてそれぞれの〈救済方法〉を実践しようとするときである。

現世内禁欲の場合、彼は現世の〈意味〉を問わずに、自らの〈天職（Beruf）〉に邁進するうってつけの〈職業人（Berufsmensch）〉となる。なぜならば、「彼にとっては、現世における彼個人の合理的行為によって、自分にはその窮極の意味はわからないような神の意志を執行しているのだという意識で十分だからである」[6]。彼の合理的行為は、禁欲的理想にふさわしく現世を改変するための〈道具〉であり、〈行為〉そのものが救済財としての意味をもつものではない。彼の〈行為〉は、彼に救済をもたらすために有効な〈現実根拠〉ですらなく、単に救済に予定されていることを確信するための〈認識根拠〉であるにすぎない。一見逆説的なようだが、現世内的禁欲が〈現実根拠〉としての意義を失っていることによって、かえってますます〈禁欲的行為〉への駆動力は高まる。彼の〈行為〉は、神の〈道具〉として有効なものとして、積極的に現世を合理的に組織するという〈目的〉

に向けて、徹底的に〈手段的〉に、〈目的合理的〉性格を強めていくのである。

これに反して、〈観照〉にとっては、現世的生活態度の合理的組織化は、〈観照〉という目標に到達するための手段であるにすぎないゆえに、消極的な性格にとどまってしまう。なぜならば、〈観照の目標〉とは神的なるものとの神秘的な合一を得ているという感情状態そのものなのであるから、現世内での行為は、これを妨げる誘惑であるにすぎず、〈観照家〉は不断にこの現世内での行為を極小化することに努めるようになるのである。これこそが、〈観照〉がすぐれて〈自足的〉なそれゆえ〈価値合理的〉性格をもつことからの実践的帰結なのである。

かくて、〈禁欲〉と〈観照〉とは、同じく神的ならざる〈自然〉領域に対立するという意識的・合理的な性格をもちながら、〈救済〉という〈価値〉に関してその〈行為〉が〈手段的〉なのか〈自足的〉なのかという相違によって、実践的にはまったく相反する帰結を生み出すことになるのである。

このように、〈禁欲〉と〈観照〉を対比させることのなかに、〈手段性―自足性〉視点の宗教社会学的意義が見えてくるのであるが、われわれにとってさらに注目すべきことは、ウェーバーがつぎのような言明をなしていることである。「主として東洋およびアジアにおける救済宗教性と、主として西洋のそれとの、歴史的に決定的な差異は、前者が本質的には観照に、後者が禁欲にと、帰着していったという点である[7]」。これは、〈禁欲〉と〈観照〉を対比させるウェーバーの射程がどのような広がりをもったものであったのかを示している。すなわち、この引用に明らかなように、〈手段性―自足性〉視点は、〈救済方法論〉の性格における〈禁欲―観照〉という対比に生かされつつ、ウェーバーの〈比較文化史的視座〉の根幹に位置する基軸となっているのである。

注

（1）GAzRS, I, (S.571. 『中間考察』一五九ページ)

（2）WuG, S.325. (『宗教』二〇四ページ)

（3）vgl., WuG, S.328ff.（『宗教』二一一ページ以下）
（4）WuG, S.328.（『宗教』二一一ページ）
（5）WuG, S.330.（『宗教』二一五ページ）
（6）WuG, S.332.（『宗教』二二〇ページ）
（7）WuG, S.334.（『宗教』二二五ページ）

## （三）〈手段性―自足性〉視点の射程――その2、責任倫理と心情倫理

〈行為諸類型〉における〈手段性―自足性〉視点の実践的な射程は、政治家としてのウェーバーの実践経験を背景にした、政治活動における〈倫理性〉の問題において、その内実を示すことになる。『職業としての政治』（一九一九年）において、ウェーバーは行為の〈倫理性〉を決定づける、まったく相反する二つの原則について述べている。周知の〈責任倫理（Verantwortungsethik）〉と〈心情倫理（Gesinnungsethik）〉の二つである。その規定はつぎのようである。

心情倫理の格率に従って行為する――宗教的に言えば「キリストは正しきを行ない、その結果を神に委ねたもう」――か、それとも、自分の行為の〔予知しうる〕結果について責任を負わねばならぬという責任倫理の格率に従って行為するのかというのは測り知れぬほど深い対立である。(1)

この規定からすれば、すでに述べたように、〈責任倫理―心情倫理〉の軸がぴったりと〈手段性―自足性〉の視点に重なっていることは明らかであろう。とすれば、〈手段性―自足性〉の視点はつぎのような意義をもっていることが確認できる。

すなわち、この視点は、宗教的な〈救済方法論〉において見たような、〈行為〉が〈価値〉を志向する際のその〈志向〉のあり方を分析する基準となっているばかりではなく、逆に、〈行為者〉の内面を統制して〈価値〉から〈行為〉を秩序づけていく〈規制〉の方向の性格を捉える視点ともなっているのである。そしてここで特に注目しておくべきことは、このように〈手段性―自足性〉の視点が〈価値〉と〈行為〉との間における〈志向〉と〈規制〉という両面の関係に深い対立を孕んだ性格の広がりを見出すことにより、〈価値〉と〈行為〉の連関が示すパラドクシカルなダイナミクスの構造が鋭く剔抉されることである。

ウェーバーは、つねに「暴力」という悪魔的な力を手段として用いることを運命づけられている現実政治において、つぎのような〈倫理的パラドックス〉が繰り返し現出せざるをえない点に特に留意を促している。「すべて暴力的な手段を用い、責任倫理という道を通って活動する政治的行為をもって追求されるものは、「魂の救済」をあやうくする。しかし、信念の戦いに当って、純粋の心情倫理によって「魂の救済」を求めても、その場合には、結果に対する責任が欠けているところから、「魂の救済」は、幾世代にも亙って傷つけられ、信用を失うことがある[2]」

つねに現実に直面し現実を相手とせざるをえない〈政治的行為者〉にあっては、現世逃避的観照家のように、内省的に自己に閉じこもることをもって静かに自足しているわけにはいかない。というのは、その〈政治的行為〉は、現実に対し、現実を変化させつつ、それによって変わった現実によって逆に規定を受けることになるからである。それゆえにこそ、〈責任倫理〉に従った行為が、場合によっては手を血に染めることで、本来の〈目的〉である「魂の救済」そのものを危うくしうるばかりか、〈心情倫理〉に従った行為は、結果を考えず「魂の救済」をただ一心に求めるそのことゆえに、かえって現実からのリアクションを受けて、「魂の救済」を可能にする条件を自ら破壊していくことがありうるのである。

〈政治的行為〉のみならず、他者の〈行為〉との相互連関のなかにある〈社会的行為〉は、現実において〈価値〉を実現するに際して鋭い緊張とダイナミクスの中に立たされるのであるが、ここにその一端が示されたように、行為の〈手段性―自足性〉という性格の広がりは、そのダイナミクスの構造そのものに深く結びついていると言わねばならない。

このように、〈手段性―自足性〉視点は、ウェーバーの実践的な行為の倫理性をめぐる観点にまで関わって、ますます重大な意義をもつことが明らかとなる。それゆえに、〈手段性―自足性〉の視点は、〈準拠枠としての行為類型論〉を構成するうえでの原理的な基軸に据えられているとみられるのである。

注

（1）GPS, S.539f.（『政治』四二四ページ）

（2）GPS, S.546.（『政治』四二九ページ）

## 4　行為類型論の図式構成と四類型の位置価

### （一）〈準拠枠としての行為類型論〉の構造図式

われわれは、ここまでの考察によって、ウェーバー行為類型論に内在する二つの準拠軸を析出してきたことになる。すなわち、第一には、〈意識性〉のレベルを基準とした〈合理性（rational）―非合理性（irrational）〉（R―I軸）の軸であり、第二には、前節で析出した〈手段性（instrumental）―自足性（consummatory）〉（C―I軸）の軸である。

それでは、これらの二つの準拠軸に従って四類型の〈行為諸類型〉はいかに整序されるのであろうか。その点に関しては、ウェーバーのつぎの言明が手がかりとなる。「単なる「感情内容」に対して、われわれが「価値」と呼ぶものは、つぎのようなものであり、しかもそれのみである。すなわち、態度決定の、言い換えると、積極的なものであれ消極的なものであれ、分節して意識された「判断」の内容と成りうるもののことである」[1]。ここで言われていることは、「価値」というものが、「感情内容」の高次に意識されたものであるということである。このことから、不確かな「感情内容」を伴った行為は、明瞭な意識において自覚されるようになると〈価値合理的行為〉へと移行していくことがわかるであろう。

それでは、〈伝統的行為〉は、〈手段性〉において特徴づけられる〈目的合理的行為〉の〈意識性〉の低下形態と言いうるだろうか。たしかに、〈伝統的行為〉は、〈手段性〉という性質からはほど遠いかに見える。しかしそれは、〈伝統的行為〉をそれだけで単独に取り出して見た場合である。まず、〈伝統的行為〉は、〈感情的行為〉に比すると、〈自足性〉という性質の乏しいものであることは明らかだろう。その点に注意すると、〈伝統的行為〉が〈手段性〉からほど遠く感じられたのは、〈目的合理的行為〉における〈手段的〉な合目的的性格の〈意識性〉が極度に低下しているからであると理解される。より積極的に言うならば、〈行為〉自体の内容を問わず、〈伝統〉を既成事実として受け入れてそれに従うような場合には、それはそれで、〈行為〉自体とは異なる他の〈目的〉、例えば、〈伝統〉への帰依や、既成の地位の保全などのための〈手段〉と解されよう。

〈準拠枠としての行為類型論〉の構造図式

| C—I軸 ＼ R—I軸 | 自足性（C）⟷手段性（I） | |
|---|---|---|
| 合理性（R）↕非合理性（I） | ②価値合理的行為 | ①目的合理的行為 |
| | ③感情的行為 | ④伝統的行為 |
| 意味をもたない行動 | ⑤純粋精神物理的領域 | ⑥純粋社会機能的領域 |

かくて、上掲の図式構成を得ることになる。

さて、このように図式構成された〈準拠枠としての行為類型論〉は、どのような緊張を内に孕み、どのようなダイナミクスを示すであろうか。すでに述べたところから、それぞれの地位そのものはこの図において鮮明であろうから、相互の間の関係に特に着目しながら分析を進めていくことにしよう。

注

（1）WL, S.123.（『ロッシャー』第二巻、一一〇ページ）

## （二）四類型の位置価

〈準拠枠としての行為類型論〉の構造図式は、それぞれの〈行為類型〉が、まさに〈理念型〉的な構成概念であるということ、そして、それらの布置関係と相互の移行関係を明瞭なものとして理解させる。その点を手がかりにして、まずここでは、それぞれの類型の性格について見ておきたい。

### （a）⑤および⑥について

ウェーバーの〈行為類型論〉は、四つの類型によって構成されているが、その〈行為（Handeln）〉とは、行為者の主観において自覚された〈意味〉を含まないという点で異なっている〈行動（Verhalten）〉の領域が背後に広がっている。既述のように、〈意識性〉のレベルをもって〈合理性—非合理性〉の軸が立てられているところからすれば、この〈行動〉は、〈意識性〉を含まないものとして、〈感情的行為〉や〈伝統的行為〉より下位の領域に属すると考えるのが妥当であろう。

また、この〈行動〉も、〈手段性—自足性〉の軸に沿って、二つの領域に分析的に区別することが可能となるであろう。ここに、かの二つの〈自然〉領域が広がっている。しかし、もちろん、それら二つの領域（ここでは⑤と⑥）を区別するのは観察者であり、また、これら二つの領域をどこまで鮮明に区別するかは、もっぱら観察者の関心に従うものであろう。

ている。[1]

## （b）④伝統的行為について

これは「身についた習慣による」行為と定義されているが、ウェーバーはこれの純粋類型を「厳密に伝統的な行動（das streng traditionale Verhalten）」と呼び、〈行為（Handeln）〉の限界、あるいは限界のかなたのケースとしている。[1]

それでは、いかにして〈行動〉は〈行為〉へと移行するのであろうか。ウェーバーはつぎのように言う。「この類型が体系構成の中に属するのは、単に限界ケースとしてのみではなく、〔後で触れるように〕習慣化されたものへの固執が、さまざまな程度や意味において、意識的にしっかりと維持されることがあることにもよっている」。[2] すなわち、この類型を〈行為〉とするのは、感情的にか、または信念としてか、いずれにしても意識的に伝統に固執するという要素を含むためである。

ここから、つぎのような重要な点が見えてくる。すなわち、伝統が感情的に維持されている場合には、その〈行為〉は一面において〈感情的行為〉であるという性格をもつであろうし、伝統が信念として維持される場合には、その〈行為〉はむしろ〈価値合理的行為〉の性格をもってくるであろう。

とすれば、この〈伝統的行為〉という類型は、それが〈行為類型〉であるためには、必ず〈感情的行為〉あるいは〈価値合理的行為〉の性格を同時に含まねばならず、また、他方で、それが単に〈感情〉や〈信念〉によってのみ維持されているのではないかぎりでは、〈手段的〉な〈目的合理的行為〉の性格をも含まねばならないということになる。すなわち、この〈伝統的行為〉という類型の〈行為類型〉としての存立は、他の①②③の類型の存立に依存しているということであり、そこに依存と緊張の関係が存在しているということである。

逆に言うならば、この類型は、純粋類型となる場合には、〈行為〉からはみ出して〈行動〉へと頽落し、主観的な意味を含まない〈自然〉領域における存在となってしまうということである。そして、その〈行動〉の担い手は、自由な〈人格性〉をまったく喪失した、単なる社会機能上の「役割存在」へと頽落してしまうということである。

（c）③感情的行為について

これは「直接の感情や気分による行為」と規定されているが、[3] この類型も〈行動〉との限界ケースであることは見やすい。

ところで、ウェーバーは、さらにつぎのように付け加えている。「感情的に条件づけられた行為が感情の意識的発散として行なわれるような時それを昇華というが、そんな時には、多くの場合〔いつもではないが〕、その行為はすでに「価値合理化」や目的行為、あるいは、その両者へと進んでいる」[4]。すなわち、この類型においても、それが〈意識性〉を含む〈行為〉であるかぎりにおいて、一面では、〈価値合理的行為〉あるいは〈目的合理的行為〉の性格を含んでいるということである。それゆえに、この類型もその存立のためには、他の①②の類型の存立が条件となっていることになるのである。

この点が、またつぎの点を示している。すなわち、この〈感情的行為〉も、それが純粋類型になると、「異常な刺激」に対する単なる反応としての〈行動〉になってしまい、この〈行動〉の担い手も、そうした反応を示す〈精神物理的装置〉へと頽落して、単なる「自然存在」になってしまうということである。

（d）②価値合理的行為について

〈準拠枠としての行為類型論〉の構造図式は、この〈価値合理的行為〉が高度に〈意識的〉であるとともに〈自足的〉な性格をもち、その意味において、「特定の行動の固有価値（Eigenwert eines bestimmten Sichverhaltens）それ自体への意識的な信念に基づいた行為」[5]であることを明瞭に示している。

ところで、ウェーバーはつぎのように言う。「行為において、それが感情に基づいてなされるか、価値合理的になされるかは、つぎの点において異なる。すなわち、後者においては、行為の窮極目標が意識的に作り出され、首尾一貫して計画的にそれがめざされるということである。それを除いては、両者は、行為の意味が行為の彼方にある結果にあるのではなく、特定の性質の行為そのものにあるという点で共通している」[6]

この引用の後半では、〈価値合理的行為〉が〈感情的行為〉とともに〈自足的〉な行為であることが、端的に言明されている。それでは、前半で言われていることは何か。

まず、「窮極目標」が〈意識的〉に作り出されるという性格が、この類型の、〈感情的行為〉に比しての、合理性すなわち自由を示している。

しかし、「首尾一貫した計画性」という性格からは、この類型の〈合理性〉が単なる〈意識性〉にとどまらないことが見えてくる。というのは、この「首尾一貫した計画性」とは、それが現実の〈行為〉において実現される場合に、その〈行為〉が〈目的合理性〉という性格を伴うということを示しているからである。例えば、先に見てきた〈救済方法論〉における〈観照〉について見ても、〈観照〉という〈価値合理的行為〉が行なわれうるためには、それに向けて〈現世的生活〉が〈目的合理的〉に統御されている必要があることは明らかである。すなわち、〈価値合理的行為〉が類型として存立するために不可欠な要素である「首尾一貫した計画性」は、〈目的合理的〉性格をもっているということである。

ここからつぎのことが言いうる。〈価値合理的行為〉は、それが〈純粋類型〉になると「予想される結果」は無視され、その意味からしても首尾一貫した〈意識性〉のレベルすなわち〈合理性〉のレベルが低下する。そして、それにより〈自由〉は十全なものではなくなる。

### (e) ①目的合理的行為について

この〈目的合理的行為〉は、どんな場合にも〈感情的〉あるいは〈伝統的〉に行動するものではないという点からして、〈行動〉の無意識性＝非合理性と鋭く対立している。

ところで、われわれは、この〈目的合理的行為〉が、高度に〈意識的〉な〈手段性〉によって特徴づけられている点をしっかりと押さえておく必要がある。この〈手段性〉とは、念を押して確認すれば、〈行為の意味〉が、

「特定の性質をもった当の行為そのもの」にあるのではなく、「行為の彼方にある結果」にあるということである。すなわち、ここでの〈目的合理性〉とは、単なる「目的意識性」ではなく（それだけならば〈価値合理的行為〉も〈目的意識的〉である）、当の〈行為〉がもたらすであろう「結果」が計算され、その「結果」のための「手段」として、当の〈行為〉がなされるということである。

それゆえに、〈目的〉が高次化し、そのための〈行為〉の〈目的合理化〉が進んでいくと、一つひとつの〈行為〉に内在する〈価値〉は失われてくる。そうして、この〈目的合理的行為〉は、〈価値合理性〉と対立するような場合には、「価値を忘れた純粋な目的合理的行為」[7]へと転化していき、〈価値〉の合理的追求にはマイナスに働くようになるのである。

すなわち、〈純粋目的合理的行為〉では、それが準拠すべき「目的」については、既存のものとして無反省に受け入れるか「所与の主観的な欲望」として捉えることで、意識的・合理的思考が放棄されるのである。この意味からして、〈目的合理的行為〉も、それが純粋類型になると、〈自然性〉に侵食され、〈意識性〉・〈合理性〉のレベルを低下させ、この意味で〈自由〉から遠ざかっていかざるをえないのである。

さて、以上でわれわれは、〈準拠枠としての行為類型論〉につき、〈静態的〉な分析を行なってきた。われわれの考察は、以上の限りでも、各類型間の依存関係と緊張関係に触れてきている。特に、それぞれの〈純粋類型〉が、さまざまな形で〈自然性〉に侵食され、〈合理性〉のレベルの低下を招いた形態であること、それゆえに、〈目的合理性〉と〈価値合理性〉の統一された〈行為〉において〈合理性〉は最高度に高まるということは、重要な点として押さえられねばならない。

しかし、ウェーバーの〈準拠枠としての行為類型論〉の図式構成は、それが〈動態的〉に捉えられるとき、その真の意義を見せることになる。そのような〈動態的〉な構造は、〈準拠枠としての行為類型論〉に続く基本的概念構成の展開にくっきりと現れている。

注

（1）WuG, S.12.（『基礎概念』三九ページ）
（2）WuG, S.12.（『基礎概念』三九ページ）
（3）WuG, S.12.（『基礎概念』三九ページ）
（4）WuG, S.12.（『基礎概念』四〇ページ）
（5）WuG, S.12.（『基礎概念』三九ページ）
（6）WuG, S.12.（『基礎概念』四〇ページ）
（7）WuG, S.15.（『基礎概念』四九ページ）

## [補論]『理解社会学のカテゴリー』と『社会学の基礎概念』の概念構成の差異について

本書では、ウェーバー個人の理論内容における通時的変化に立ち入ることはできない。第1章2冒頭で注記したように[1]、本書では、一九〇三年『ロッシャーとクニース』第一部発表以来のウェーバーを、統一的なまとまりをもつ一貫した見地に立つものとして把握し、解釈してきた。この解釈上の見地は、大筋において誤りのないところであると考えられる。

しかし、すべての独創的な思想家・理論家がそうであるように、ウェーバーにおいても、思想—理論内容上の強調点、構成、用語法などの微妙な変化は否定しえないところである。そこで、本書に必要な点についてのみ、用語上の変化について触れ、解釈を与えておくことにしよう。

ここでは、『理解社会学のカテゴリー』における〈行為類型論〉の構成において中心的な対概念である〈整合合理性—目的合理性〉なる対概念についてのみ考えておきたい。

この対概念の意義は、すでに、折原浩によって明らかにされている。[2] 折原によれば、『理解社会学のカテゴリー』における〈目的合理性〉概念は、行為主体の主観的意識の明晰性と結びつけられている点が決定的に重要である。というのは、こうすることで、この〈主観的目的合理性〉が、〈客観的整合合理性〉と著しく明瞭に対比しうるからである。ウェーバーが、事実上の〈客観的整合合理性〉は必ずしも〈主観的目的合理性〉と一致するわけではないと述べている点を捉えて、折原はつぎのように言っている。「この場合、この言葉の背後には、諸個人が整合型に同調して行動しているにもかかわらず、つまり、客観的には「整合合理的」に行動しているにもかかわらず、いな、そのためにかえって、行為の主観的「目的合理性」が低下する〔=〈没意味化〉!〕という矛盾関係が想定され、考えられているのではなかろうか」。[3] この把握から、〈客観的整合合理性―主観的目的合理性〉の対概念は、〈折原没意味化論〉の鍵を握ることになる。

さて、本書では、この〈折原没意味化論〉を最も重要な手がかりとしつつ、それをより広い文脈の下で、ウェーバーの統一的解釈へと位置づけ直そうとしている。にもかかわらず、本書での〈行為類型論〉の検討は、『社会学の基礎概念』における四類型の概念構成を考察の対象として、〈客観的整合合理性―主観的目的合理性〉の対概念を度外視してきている。それゆえに、この対概念と、本書での考察の関わりを明らかにしておく必要があろう。なぜならば、『社会学の基礎概念』では、この対概念そのものが消えてしまっているからである。

問題となるのは、〈行為類型論〉における概念構成の変化が、ウェーバーにおける、どのような思想的―理論的変化を意味するのかという点にある。ウェーバー自身は、この変更を「できるだけ理解しやすいようにするため」[4]と言っている。しかし、折原も指摘するとおり、『理解社会学のカテゴリー』で強調された〈目的合理性〉における行為主体の主観的意識性の面が、『社会学の基礎概念』においては、あたかも、研究者たるわれわれから見ての妥当性と混同されているかのようであり、〈没意味化〉という問題把握をウェーバーから読み取ろうとしているわれわれにとって看過できない問題点がなお含まれているのである。[5]

そこで、ここでは問題を絞って、つぎの二点についてのみ考えておくことにしたい。その第一は、なにゆえ

〈整合合理性〉なる概念を棄却することにしたのかという点であり、第二は、はたして〈目的合理性〉における主観的意識性の面は重視されなくなったのかという点である。

さて、たしかに『基礎概念』では〈整合合理性（Richtigkeitsrationalität）という概念は使われていない。ところが、〈整合的（richtig）〉という用語を追跡してみると、われわれは、冒頭からつぎのような重要な記述にぶつかる。「1、「意味」とは、ここでは、（a）実際に、（tatsächlich）、α、歴史的に与えられたひとつの場合に、ひとりの行為者によって、あるいは、β、与えられた多くの場合に、諸行為者によって、平均的かつ近似的に、主観的に思われた意味であるか、あるいは、（b）概念的に構成された純粋型（ein begriffich konstruierte reine Typus）において、類型として考えられた単数、または、複数の行為者によって、主観的に思われた意味のことである。それは、なにか客観的に「整合的（richtig）」、または、形而上学的に基礎づけられた「真の（wahr）」意味といったものではない[6]」

この記述を、〈主観的目的合理性―客観的整合合理性〉の対概念と対比すると、われわれはつぎのような推論をなしうるであろう。

折原によって鋭く指摘された『カテゴリー』における〈目的合理性〉概念の主観的意識性とは、当の行為主体において〈実際に（tatsächlich）主観的に思われているということであり、他方の〈整合合理性〉概念の客観性とは、研究者が妥当であると考えうるということであった。すると、そうした意味での〈主観性―客観性〉の対比が、この『基礎概念』の冒頭においても生かされているのではないかと考えられるわけである。

ところで、そこで問題となるのは、〈整合合理性〉概念が、研究者によって概念的に構成された純粋型における「類型的なもの」として位置づけ直されたうえで、わざわざそれについて、「客観的に「整合的」なものではない」と注記されている点であろう。この点だけ見ると、われわれの解釈は棄却さるべきかに見えるからである。

しかし、われわれはこの点を、ウェーバーの徹底した〈価値自由（wertfrei）〉な態度から理解することにより、われわれの解釈の積極的な論拠としうるのである。

ウェーバーにおける〈合理性〉は、それが現実の〈行為〉において現出する際には、計り知れない多様な姿をとることができた。すなわち〈合理性〉は、概念的に捉え返すと、〈行為〉における〈意識性〉と、そして〈自由〉と結びつくものに他ならなかった。例えば、〈意識的〉に、それゆえ〈合理的〉に遂行された〈禁欲〉は、幸福主義的な価値観をもってみると、著しく〈非合理的〉なものであろう。このように、〈合理性〉の多様性には、神と悪魔のように厳しく対立する諸価値を背景に、相互に矛盾する形態すら含み込まれているのである。とすれば、研究者は、自らの価値観のみを前提として、行為者の行為の「評価」を一面的に下すことを厳につつしまねばなるまい。

それゆえに、ウェーバーは、研究者にとって「規範的に「正しいもの」(das normativ "Richtige")」と思われる類型についても絶対視せず、経験的事象の因果帰属という目的に向けた手段的意義においてのみ捉えるのである。『カテゴリー』(一九一三年)と『基礎概念』(一九二〇年)とのちょうど中間の時点(一九一七年)に発表された『価値自由』論文では、その点についてつぎのように言っている。

研究者は、たとえばある時代の人々の特殊な種類の類型的心情を特徴づけるために、彼にとって個人的にみて倫理的に規範にかなっており、この意味で客観的に「正しい(richtig)」と思われるような心情のタイプと同様に、彼にとって倫理的にまったく規範にもとると思われるような心情のタイプをも構成することができるのであり、それをもって研究さるべき人々の行動を比較できる。あるいは、最後に、彼は、個人的には、積極的にも消極的にもなんら特定の評定をしないような心情のタイプをも構成しうる。それゆえ、規範的に「正しいもの」は、この目的にとってなんら独占権を有しない。(7)

すなわち、経験科学的な理念型的類型構成においては、〈整合合理性〉とは相対的なものにすぎず、むしろ位置づけの手段たる「概念的に構成された純粋型」として捉え返されるべき性格を有している。それゆえに、『基礎概念』では、〈整合合理性〉概念は方法論的により正確な表現に替えられねばならなかった、と解釈しうるのである。

　さて、このように解釈すると、〈目的合理性〉概念の規定の「変化」についても明証的な〈説明〉がなしうるようになる。

　折原の指摘するように、たしかに、『基礎概念』における〈目的合理性〉概念は、行為者自身の主観的意識性との結びつきが曖昧化しているかのようである。

> 厳密に目的合理的に、つまりわれわれに妥当だと思われる経験に準拠して手段を選択した場合には、行為はいかに経過したであろうか。[8]
>
> ある特定の人間行為が、厳密に目的合理的に、つまり、誤謬や感情によって乱されずになされ、そして一つの目的〔経済〕だけに全く一義的に向うとしたら、それはいかに経過するであろうか。[9]

〈目的合理性〉の規定変化を思わせるこの二ヵ所の表現では、明らかに、それは研究者から見ての〈妥当性〉とともに使われている。この表現はたしかに問題となるところだ。

　ところが、われわれは、この二つの個所が、『基礎概念』の叙述全体のなかでどこに位置しているのかを反省することから、ひとつの重大な手がかりを得るのである。

　すでに見てきたように、〈準拠枠としての行為類型論〉の四類型中における〈目的合理的行為〉とは、〈R―I軸〉において〈意識性〉のレベルが高く、〈C―I軸〉において〈手段性〉の性格が強い、という点によって特徴づけられる。ところで、ここで重要なことは、先の〈目的合理性〉が研究者から見ての〈妥当性〉とともに使われている二つの個所が、この〈準拠枠としての行為類型論〉の四類型の定義が与えられる個所より前段の部分にあたるということである。[10] すなわち、〈準拠枠としての行為類型論〉が第二節で初めて登場するのに対して、前者は、第一節に現れるのである。

さて、第一節を詳細に検討してみると、〈目的合理的（zweckrational）〉あるいは〈目的合理性（Zweck-rationalität）〉という語は、合計で五ヵ所十一回使用されている。[11] そのうちで、「意味適合性」における合理性の種類を示すために〈価値合理性〉と対にされて、しかも、カッコで括られて登場する一ヵ所一回を除いて、他の四ヵ所十回においては、〈目的合理性〉という語の使用法に一つの大きな特徴がある。すなわち、それらはすべて、〈理念型（Idealtypus）〉を構成する方法的手続きを説明するために用いられているのである。

われわれは、〈整合合理性〉概念の用語上の変化について、それが理念型的に構成された〈合理的な純粋類型〉として性格規定を明確にしたのだという仮説を得たが、ここでは、この〈類型〉を構成する方法的手続きにおいて、〈目的合理性〉という考え方が使われているのである。

この事情は、〈準拠枠としての行為類型論〉において、〈目的合理性〉を単なる〈目的—手段〉関係の合理性と考え、〈価値合理性〉を〈目的—手段〉関係が含まれないものと考えるかぎりにおいては、まったく理解できないであろう。ここでまた、われわれが見てきた〈準拠枠としての行為類型論〉の構成が念頭に置かれる必要がある。すなわち、〈目的合理的行為〉とは、当の〈行為〉が他の〈目的〉を得るという結果を予想し、その〈手段〉として高度に意識されたものであるという〈手段性〉に特質があり、〈価値合理的行為〉とは、当の〈行為〉自体が〈目的〉として意識されるという〈自足性〉に特質があるのである。言い換えると、〈価値合理的行為〉においても〈目的—手段〉関係は含まれるのであり、その場合、〈目的〉と〈手段〉は同一の行為において一体化しているということなのである。

こうした両合理性の性格から、〈理念型〉構成における方法の特質が出てくる。

すなわち、研究者が、合理的に〈理念型〉を構成する場合には、当事行為主体のいだく〈価値理念〉を価値分析し、それによって合理的に〈目的〉を析出し、その〈目的〉から合理的にとられるべき〈行為〉が確定されるのであり、この手続きにおいては、〈価値合理的行為〉の場合でもなんら変わりはないということである。〈価値合理的行為〉の類型構成では、研究者は、「当の行為をなすこと自体」が〈目的〉であるゆえに、当の行為が〈手段〉として選ばれると考えて、〈理念型〉を構成するのである。

それゆえに、この〈理念型〉構成の手続きを、総じて、〈目的合理性〉に基づいた方法的手続きとすることができる。

〈準拠枠としての行為類型論〉における〈目的合理性─価値合理性〉の対概念が、そのような類型構成の手続きにおける〈目的合理性〉とは異なる特別な意義をもつことは、すでにわれわれの見てきたところである。われわれは、ここにおいて、これら二つの〈目的合理性〉概念を明確に区別しておく必要がある。すなわち、一方は、当事行為主体において〈実際に（tatsächlich）〉思われたものなのであり、他方は、研究者の類型構成における手続きに関わるものであるということである。

さて、以上のように考えることが妥当であるならば、折原によって照射されたところの〈客観的整合合理性─主観的目的合理性〉なる対概念に込められた〈没意味化〉という事態へのウェーバーの問題関心は、『基礎概念』において、それゆえ最晩年のウェーバーにおいて棄却されたどころか、依然として堅持されていることになるであろう。

実は、『カテゴリー』から『基礎概念』への概念構成上の変化の意味は、〈没意味化〉という関心の消滅にあるのではなく、この関心の一層の深化・発展にあった。すなわち、この〈没意味化〉という関心を維持し追求していくと、それはさらに広い視野をもった問題構成に展開せざるをえない問題性を孕んだものであったのである。次節において考察するように、『基礎概念』における基本的概念構成は、中期における〈宗教社会学的研究〉を踏まえたウェーバーの〈比較文化史的視座〉の深化された問題意識を忠実に反映して、展開されることになるのである。

（1）第1章2（一）注（1）参照
（2）前掲、折原浩『危機における人間と学問』三八二ページ以下参照
（3）同書三九七ページ。
（4）WuG, S.1.（『基礎概念』七ページ）
（5）前掲、折原浩『危機における人間と学問』三八八ページ参照
（6）WuG, S.1.（『基礎概念』九ページ）
（7）WL, S.535.（『価値自由』九五ページ）
（8）WuG, S.2f.（『基礎概念』一二ページ）
（9）WuG, S.4.（『基礎概念』一六ページ）
（10）四類型が登場するのは、WuG, S.12.（『基礎概念』三九ページ）。
（11）その五カ所とは、①S.2f.（『基礎概念』一二ページ〔三回〕）、②S.4.（『基礎概念』一六ページ〔一回〕）、③S.9.（『基礎概念』三〇ページ〔二回〕）、④S.10.（『基礎概念』三二ページ〔一回〕）、⑤S.10.（『基礎概念』三三―三四ページ〔四回〕）。なお、個所の分け方は、筆者の判断で、意味のひと続きと考えられるところを、それぞれ一カ所と数えた。

## 5　基本的諸概念の構成――〈物象化〉の始源

### （一）R―I軸方向への展開――〈没意味化〉という関心

すでに述べたように、『カテゴリー』においても、「価値準拠的―予想準拠的」という形で、C―I軸の方向で

の問題把握は存在している。しかしながら、そこでの議論を全体として見た場合には、「客観的整合合理性―主観的目的合理性」という準拠軸、また、「ゲゼルシャフト行為―諒解行為（Einverständnishandeln）」という類型構成など、中心的に論じられているのがR―I軸に沿った内容であることからして、『カテゴリー』の内容構成を〈一次元的〉であると性格づけるのも、あながち誤りとは言えない。

これに対して『基礎概念』では、R―I軸とC―I軸に沿って四類型の基本構成を整えることにより、明示的に〈二次元的〉な構造をもつ内容に展開することになった。

こうした内容上の展開が『基礎概念』における議論を複雑なものにし、そこからウェーバーの問題関心を読みとるのを困難ならしめていることは否定できない。[1] しかしながら、われわれがこれまで詳細に発掘してきたところの〈準拠枠としての行為類型論〉の構造原理をしっかりと念頭に置いて読むとき、『基礎概念』の基本的概念構成にも、ウェーバーの問題関心ははっきりと貫かれていることがわかるのである。

われわれは、以下で、『基礎概念』における基本的諸概念の構成をR―I軸、C―I軸という両軸の緊張という観点から分析し、そこに孕まれた意味を析出しようと思うが、それに備えて全体の見通しを得るために、『基礎概念』の目次を掲げておくことにしよう。[2]

六、正当なる秩序の種類——慣習律と法
七、正当なる秩序の妥当根拠——伝統、信念、制定律
八、闘争という概念
九、ゲマインシャフト結合とゲゼルシャフト結合
一〇、開放的関係と閉鎖的関係
一一、行為責任の帰属——代理関係
一二、団体という概念とその種類
一三、団体の秩序
一四、行政秩序と統制秩序
一五、経営と経営団体、結社、アンシュタルト
一六、権力、支配
一七、政治団体、教権制団体

さて、われわれのこれまでの議論は、第一節と第二節に内容がほぼ対応している。それゆえに、これ以下の議論は、第三節の「社会的関係」からが問題となる。

理解社会学の対象としての〈行為〉は〈社会的行為〉である。この〈社会的行為〉はつぎのように規定されている。「「社会的」行為とは、単数あるいは複数の行為者が、自らいだいた意味にしたがって、他者の行動へと関係づけ、その関係づけに即してその経過を方向づけてゆくような行為を指す[3]」。このような〈社会的行為〉は、相互性をもつときに〈社会的関係（soziale Beziehung）〉に展開する。そして、理解社会学の基本的概念構成はこの展開から出発するのである。

こうした出発時の構えは、つぎのことを意味している。すなわち、これまでわれわれが発掘してきた〈準拠枠

としての行為類型論〉の図式構成が、決して個々の〈行為〉の分析や評価を目的として構成されたものではないということである。言い換えると、理解社会学にとって問題となるのは、〈行為者〉が他者とさまざまな〈社会的関係〉を取り結び、そして、逆にその〈社会的関係〉によって規定を受けつつ辿っていくその過程のダイナミクスに他ならないということである。〈目的合理的行為〉や〈価値合理的行為〉をめぐってこれまでになされた多くの議論がいずれも正鵠を得難かったゆえんも、ひとつには、この点の看過にある。われわれは、このウェーバーの〈動態的視座〉をつねに念頭に置いて考察を進めねばならない。

さて、ウェーバーは、〈社会的関係〉において、関与者（Beteiligten）がその主観においていだく〈意味〉の存在を強調する。これは、すでに何度も触れてきたように、対象とするものが単なる〈行動〉ではなくて、〈主観的意味〉を備えた〈行為〉であることからして、当然であるが、われわれの観点からして重要なことは、ウェーバーがこの出発点から、R—I軸方向への議論の展開を準備していることである。

その展開とは、つぎのようなものである。

まず、ウェーバーは、こう言う。「社会的関係を持続的に構成する意味内容（Sinngehalt）は「格率（Maximen）」のうちに定式化されうる。関与者たちは、単数または複数の相手が、この「格率」を、平均的または意味上近似的に遵守するものと予想（erwarten）し、また、自分の方でも〔平均的、近似的に〕その行為をこの「格率」に準拠させるのである。当該の行為が、その一般的性格から見て、一層合理的——目的合理的あるいは価値合理的——に方向づけられていればいるほど、事態はそのようになっていく」[4]

〈格率〉についてはすでに触れたが[5]、要点は、それが単なる「規則性（Regelmäßigkeit）」や「規範（Norm）」なのではなく、〈行為者〉の主観において意識された「規範」についての表象なのだということにある。かくて、右のウェーバーの主張の内容は明らかである。すなわち、〈社会的関係〉における〈意識性〉の高度化、言い換えると、R—I軸方向での合理化の進展が、その関係を支える〈意味内容〉の明確な〈格率〉への進展と相即していること、これである。

つぎに、ウェーバーは、この〈社会的関係〉の〈意味内容〉が、単なる「内面的」な〈格率〉から、関与者相互において明示的な〈約束（Versprechungen）〉に基づく、〈協定（Vereibarung）〉へとさらに進展した事態を指摘する。ここで、R―I軸方向での合理化もさらに進んでいる。

留意すべき点は、こうしたR―I軸方向での合理化の進展を述べるに際して、ウェーバーはつねに、〈目的合理的〉方向と〈価値合理的〉方向との二つの方向を指摘していること、すなわち、C―I軸についての指摘を忘れていないことである。しかし、ここではC―I軸についての問題は、ひとまずカッコに入れておいて先に進むことにしよう。というのは、ウェーバーはここで、第九節の「ゲマインシャフト結合とゲゼルシャフト結合」、そして第十三節の「団体の秩序」という両節の参照を指示しているが、その両節を射程に入れることにより、われわれはR―I軸をめぐる問題構成の一般的見通しを得ることができるからである。

まず第九節を見よう。そこでは、〈社会的関係〉の二つの類型が定義されている。

> 「ゲマインシャフト結合（Vergemeinschaftung）」とは、つぎのような場合に、そして、そのかぎりにおける社会的関係を指すことにしよう。すなわち、社会的行為の行なわれ方が――個々の具体的場合に、あるいは、平均的に、あるいは、純粋類型において――関与者たちの主観において感じられた〔感情的あるいは伝統的な〕共属感（Zusammengehörigkeit）に基づいている場合である。
>
> また、「ゲゼルシャフト結合（Vergesellschaftung）」とは、つぎのような場合、そして、そのかぎりにおける社会的関係を指すことにしよう。すなわち、社会的行為の行なわれ方が、合理的〔価値合理的あるいは目的合理的〕に動機づけられた利害関心の均衡、あるいは、同様に合理的に動機づけられた利害関心の結びつきに基づいている場合である。ゲゼルシャフト結合は、典型的な場合には特に〔しかし、それのみというわけではないが〕、相互に約束（Zusage）された合理的な協定（Vereinbarung）に基づいていることがありうる。[6]

この定義を見ると、一見して、これらの概念がR—I軸に沿って構成されていることがわかるだろう[7]。それゆえ、ここから、ウェーバーが〈合理化〉の進展を、〈ゲマインシャフト結合〉から〈ゲゼルシャフト結合〉への進展であると、とりあえず捉えんとしていることがわかる。すなわち、ここでは行為者の〈行為〉における〈意識性〉に着目して、〈社会的関係〉の〈合理化〉の展開を把握すべく概念が整備されているのである。

まず、〈ゲマインシャフト結合〉が持続化するときには、行為者はそれを〈格率〉としていだくようになる場合がある。ここで、〈ゲマインシャフト結合〉も、それ自体、自覚化＝合理化される。この〈格率〉への自覚的意識性が一層高まり、関与者が独自の利害関心をいだきつつそれに志向するようになると、〈社会的関係〉は〈ゲゼルシャフト結合〉へと進展する。さらに、この持続的な〈ゲゼルシャフト結合〉の合理性が増すときに、〈格率〉は明示的に約束された〈協定〉に定式化される。ここでの概念構成では、以上のように〈社会的関係〉の合理化が見通されている。

ウェーバーは、〈ゲゼルシャフト結合〉の純粋類型として、①〈交換（Tausch）〉、②〈目的結社（Zweck-verein）〉、③〈心情結社（Gesinnungsverein）〉を挙げるが、純粋に目的合理的であるが概念的には一回起の行為である〈交換〉に対して、〈目的結社〉と〈心情結社〉は、それぞれ目的合理的または価値合理的に動機づけられた〈協定〉に基礎を置く、持続的かつ合理的な〈社会的関係〉である。

さて、われわれは、〈ゲマインシャフト結合〉から〈ゲゼルシャフト結合〉への進展を合理化の進展の一般的コースと規定することに、「とりあえず」と留保をつけた。というのは、ウェーバーの参照指示に従いつつ、さらに、第十三節の「団体の秩序」へと考察を進めると、R—I軸方向をめぐる一層深刻な問題把握が、これらの概念構成において予示されていることを知るからである。

第十三節は、つぎのように始まっている。

ゲゼルシャフト結合の制定された秩序（gesatzte Ordnungen）は、（a）自由な協定（freie Vereinbarung）によって成立する場合もあり、（b）授与と服従（Oktroyierung und Fügsamkeit）によって成立する場合もある。[8]

そして、〈授与〉について、つぎのように説明している。「ここでの用語法の意味における授与とは、全構成員の人格的で自由な協定（persönliche freie Vereinbarung）によって成立したのでないようなあらゆる秩序について使われる[9]」

ウェーバーの参照指示に従いながら、R—I軸に沿ってのみ問題を追求してきたわれわれにとっては、この記述は少々奇妙なものに思われる。というのは、こうである。

すでに見たように、〈社会的関係〉を構成する〈関与者〉たちにおいて、自らの〈行為〉の〈意味〉についての自覚的な意識性が高度化することが、〈社会的関係〉をして、〈ゲマインシャフト結合〉から〈ゲゼルシャフト結合〉へと進展させるメルクマールであった。このことは、〈準拠枠としての行為類型論〉からすれば、〈行為〉の〈合理性〉が上昇したことを、それゆえに、〈自由〉の水準が高度化したことを意味している。

ところが、当の〈ゲゼルシャフト結合〉が〈制定された秩序〉をもつときには、かの秩序は〈授与〉されたものともなりうることが言われているのである。これは、〈行為〉の〈意識性〉すなわち〈合理性〉の水準、それゆえに、〈自由〉の水準からすれば低下した形態と言わざるをえない。

ところで、第十五節においては、〈協定〉による〈団体（Verband）〉を〈結社（Verein）〉とし、〈授与〉による〈団体〉を〈アンシュタルト（Anstalt）〉と区分している[10]。先に見たように、〈ゲゼルシャフト結合〉の持続的な形態における純粋型として、〈目的結社〉と〈心情結社〉が挙げられているところからすると、この〈アンシュタルト〉は純粋性のより低い、それゆえ、〈行為〉の自由な合理性のより低い形態と見ざるをえない。しかしながら、ウェーバーは〈アンシュタルト〉をも、〈結社〉と並べて「合理的〔計画的〕に制定された秩序[11]」をもつとしているのである。

かくて、〈アンシュタルト〉においては、〈秩序〉からすれば高度に合理的でありながら、〈行為〉の意識性か

らすれば合理性の低下した形態が実現していることになる。(12)

このように見てくると、〈社会的関係〉の〈合理化〉の展開を見通したウェーバーの基本的概念構成には、単線的・進化論的な通俗的「合理化」論では決して割り切ることのできない深刻な問題把握が孕まれていることが理解されるだろう。すなわち、〈行為者〉の〈行為〉における〈意識性〉の高次化に端を発した〈社会的関係〉の合理化過程は、その〈秩序〉が整序され「合理化」されていくに伴って、逆にその〈秩序〉自体が〈行為者〉に反作用し、むしろその〈行為〉の〈意識性〉を低下させていくというパラドクシカルな展開をたどる可能性を含んでいることがそこに見通されているのである。

ウェーバーは、〈アンシュタルト〉について規定した後の第十六節では、「権力（Macht）」と「支配（Herrschaft）」とに概念規定を与えている。

権力とは、ある社会的関係の内部において、抵抗を排してまで、自己の意志を貫徹するすべての可能性（Chance）を意味するが、この可能性が何に基づくかは問わない。

支配とは、定まった内容をもつ命令を下した場合に、特定の人々の服従を得られるという可能性を指すことにしよう。(13)

この規定だけを見ると、「権力」と「支配」などというごく普通に用いられる概念に、なにゆえ、このように抽象的な規定を与えているのか、にわかには納得し難いかもしれない。しかし、ウェーバーの参照指示に従いながらＲ―Ｉ軸に沿って考察を進めてきたわれわれには、それは明らかであろう。すなわち、〈社会的関係〉における〈行為〉の合理性が高度化することによって生み出された〈ゲゼルシャフト結合〉が、そのうちにおいて、むしろ〈行為〉の〈合理性＝意識性〉という点において頽落した「強制」と「服従」の関係を生み出すというメカニズムにおいて、「権力」と「支配」の問題性を捉えんとする意図をここに見ることができるのである。関与者それぞれが、独自の利害関心をいだいて志向する〈ゲゼルシャフト結合〉においてこそ、むしろ「強制」と「服従」は切実に問題化せざるをえないのは明らかである。

こうした解釈は、さらに、『基礎概念』の最終節である第十七節において一層明確に裏づけられる。すなわち、そこでは、〈団体の存立〉と〈秩序の効力〉の保障について、「物理的強制（physischer Zwang）」と「心理的強制（psychischer Zwang）」が区別して述べられ、その際、特に「国家」と「教会」という二つの「アンシュタルト経営（Anstaltsbetrieb）」に触れられているからである。[14] ここからは、〈社会的関係〉の合理化の頂点において、合理的に組織化された「強制」が規定されていることが読み取れるであろう。

かつて、折原浩は、『カテゴリー』における〈客観的整合合理性―主観的目的合理性〉なる対概念に注目し、そこから、ウェーバーの問題関心としての〈没意味化〉という論点を引き出した。すなわち、この対概念に内在する問題性としては、「諸個人が整合型に同調して行動しているにもかかわらず、つまり、客観的には「整合合理的」に行動しているにもかかわらず、いな、そのためにかえって、行為の主観的「目的合理性」が低下する〔＝〈没意味化〉！〕」という矛盾関係が想定され」ている、というわけである。[15]

われわれはいまや、『基礎概念』においても、R―I軸に即しつつ、この問題視角が貫かれていることを追認したことになる。すなわち、この〈没意味化〉という視角は、『基礎概念』においては、〈秩序〉の合理性と〈行為〉の合理性＝意識性のダイナミクスのなかに展開されているのである。

ところで、われわれはこれまで、R―I軸方向のみに着目しながら、基本的概念構成の全体を見通してきた。しかしながら、折原の言う〈没意味化〉という事態は、それ自体、R―I軸にのみ沿っていたのでは、因果的に説明することができないであろう。〈行為〉の意識的合理化の進展は、なにゆえ、ある局面において反転して、非合理化を帰結するのか。問題はさらに、そのような現象をもたらす全体的な構造の把握にまで深化されていかねばならない。

かくて、われわれは、ウェーバーの参照指示に従って飛ばしてきた各節を、考察の視野に引き入れなければならない段階に至ることになった。そこには、C—I軸方向における緊張が、〈行為類型論〉に複合的なダイナミクスを与えつつ、さらに根源的な問題の構造を秘めて息づいているのである。

注

（1）『カテゴリー』から『基礎概念』への展開について、ウェーバー自身は、「できるかぎり理解しやすくするため」であると説明している。vgl., WuG, S.1.（『基礎概念』七ページ）。しかしながら、われわれの見るところでは、無視しえない重大な構造上の改訂があるのは否定しえないであろう。安藤英治の研究によって、晩年における宗教社会学の改訂の作業が、ウェーバー自身の言明にもかかわらず、重大な内容上の変更を含む〈大改訂〉であることが明らかになってきているが、このように、内容上の重大な変更を、表向きは過小に表現するというのは、ウェーバーがいつも使う手であったようである。安藤英治「M・ウェーバーの宗教社会学改訂について」、成蹊大学政治経済学会編「政治経済論叢」第十八巻（終刊記念論文集下）、国土社、一九六八年、参照。

（2）このように、『基礎概念』の基本的概念構成について主題的に論じているものは案外少ない。管見の及ぶかぎりでは、林道義『ウェーバー社会学の方法と構想』（岩波書店、一九七〇年）、厚東洋輔『ウェーバー社会理論の研究』（［現代社会学叢書］、東京大学出版会、一九七七年）などが代表的なものであろう。本書における筆者の主張の意義を十全に把握するためには、できうるならば、この両者と比較対照しながら読まれることが望ましい。本書では、この両者に対する詳細な批判はなしえないので、ここでは、筆者が当面気がついている両者の問題点をその要点についてのみ覚書風にまとめておきたい。

◎林道義説について

林説は、「ゲマインシャフト結合」と「ゲゼルシャフト結合」という両概念に着目しつつ、それを、『カテゴリー』と『基礎概念』、そして、『経済と社会・第二部』にわたって、用法についての比較を行なったものである。そこで、Vergesellschaftungを「ゲゼルシャフト関係」と静態的に訳している点はさておくとしても、両概念が〈行為類型論〉の展開として提出されている点について、ほとんど留意されていないのは、かなり重要な問題点と思われる。すなわち、それゆえに、〈行為〉の合理性の性格と〈秩序〉の合理化との連関という、ウェーバー理解社会学上の中心問題が、スッポリと抜け落ちているからである。そこからは、さらに、ウェーバーの歴史把握の、「ゲマインシャフト関係の崩壊とゲゼルシャフト関係による代位」というような、まったく単線的な進化論への平板化が帰結してしまい、壮大な〈比較文化史的視座〉が見失われてしまうのである。

◎厚東洋輔説について

厚東説は、〈行為類型論〉の構成原理から基本的概念構成の全体について、まとまった統一的解釈を提示しており、その意味で本書とは全面的な対立関係に立っている。それゆえ、本書の全体が、厚東説に対してはアンチテーゼとなっているのであり、ここでは問題点の列挙にとどめざるをえない。

・厚東説の基本的アイデアは、ウェーバーの社会理論の基本構成を「闘争と秩序」という二項対立概念によって整理せんとするものであるが、それにより、ここでも、〈行為〉と〈秩序〉との合理性をめぐる矛盾という理解社会学の中心問題が覆い隠されることになっている。厚東説では、さまざまな文化世界における〈文化人〉の為す〈行為〉の固有な性格や、それぞれが特有な〈秩序〉を生み出しつつたどる〈運命〉は問題化されない。しかし、もし、闘争と秩序という二つの軸により成立した「宗教」「政治」「経済」「社会」というパーソンズばりの四つの領域を持つ「図式」にウェーバーの「社会理論」がおさまるというのなら、それはなぜ、〈理解社会学〉である必要があるというのか。

・厚東が「無用な混乱を避けるため」と提出している「価値—欲求」なる操作概念は、厚東の主観的意図に反して、〈混乱〉の源になっている。厚東のように「欲求」を「自然」に通底する「感情状態」とするならば、すでに見たように、ウェーバーにあっては、それは、対象的意識性が高度化することによって「価値」となる。すなわち、ウェーバーにあっては、「欲求」と「価値」は意識性のレベルを異にしながらスペクトル状に変化する同一の本質をもつものなのである。それゆえに「欲求」と「価値」の対立から、「利害の闘争」と「神々の闘争」を「概念的に峻別」することには無理がある。また、「欲求」と「価値」にそれぞれ「日常性」と「非日常性」という性格を振り当てることもできない。当然ながら、「非日常的欲求」なるものも可能なのである。

・〈行為類型論〉の四類型を構成する根本的基準として提出している「日常性VS非日常性」および「合理性VS非

合理性」なる二項対立のそれぞれが、いかなる原理によって「根本的基準」たりうるのかが曖昧である。厚東は、自らの解釈図式の整合性を保つために、「欲求—価値」という極概念を四類型に「斜め」に重ね、それによって「闘争軸」と「秩序軸」を立てるが、そうした「ユニーク」な解釈図式からは、「日常的」であるはずの「伝統的行為」が「非日常的」であるはずの「感情的行為」よりも不安定であるという〈奇妙〉な結論が導かれてしまう。

・厚東説では、「意味連関」が「動機」とは「別物」である点が強調される。しかし、ウェーバーでは、「「動機」とは、行為者自身あるいは観察者に、ある行動の意味上の「根拠」とみなされる意味連関を指す」と規定されており、それと適合しない。これは、おそらくはパーソンズ流の「規範構造（normative structure）」をウェーバー社会学のなかに読み込もうとする意図から出たものであろう。しかし、ウェーバー理解社会学の基本的モチーフが、パーソンズ流の構造機能主義とは異なったものである点については、すでに第1章で、われわれの見てきたところである。厚東説は、その基本モチーフの点で、ウェーバーを読み誤っているように思われる。

（3）WuG, S.1.（『基礎概念』八ページ）

（4）WuG, S.14.（『基礎概念』四五ページ）

（5）第2章2参照。また、vgl., WL, S.322ff.

（6）WuG, S.21.（『基礎概念』六六ページ）

（7）『カテゴリー』における概念規定と比較すると、ここでの〈ゲマインシャフト結合〉が『カテゴリー』での〈諒解関係（Einverständnis）〉に、また、〈ゲゼルシャフト結合〉が『カテゴリー』での〈ゲゼルシャフト結合〉に対応するということは間違いない。

しかし、厳密には、その規定の中心は移動している。すなわち、『カテゴリー』では、〈諒解関係〉と〈ゲゼルシャフト結合〉との境界は、端的に言えば、「制定された秩序（gesstzte Ordnung）」の有無にある。すなわち、前者にはそれが欠如し、後者にはそれがある。

ところが、『基礎概念』での〈ゲマインシャフト結合〉と〈ゲゼルシャフト結合〉との境界は、〈制定された秩序〉の有無にではなく、〈行為者〉の主観的意識性にその規準の強調点を移行させている。ここでは、〈ゲゼルシャフト結合〉のうちの典型的な例にのみ〈協定〉の存在を認めているのである。かくてこの両概念は、〈準拠枠としての行為類型論〉のR—I軸との連関を鮮明にすることになった。

なお、林道義は、『カテゴリー』における〈諒解関係〉と〈ゲゼルシャフト結合〉の境界を〈秩序（Ordnung）〉の有無に求め、この〈Ordnung〉を「定律」と訳しているが、それは誤っている。『カテゴリー』での〈ゲゼルシャフト結合〉にとって重要なメルクマールは、〈制定された秩序（gesatzte Ordnung）〉であって、決して〈Ordnung〉一般ではない。例を挙げると、〈慣習律（Konvention）〉は、これもまた〈Ordnung〉なのであるが、ウェーバーによれば、これは〈諒解行為〉に属するのである。この点を、林はウェーバーの混乱としているが、実は、林の解釈の誤りなのである。vgl., WL, S.442,445,452f,460.（『カテゴリー』四九—五〇、五七、七七、九四ページ）、前掲、林道義『ウェーバー社会学の方法と構想』七六ページ以下

（8）WuG, S.27.（『基礎概念』八一ページ）

（9）WuG, S.27.（『基礎概念』八二ページ）

（10）WuG, S.28.（『基礎概念』八五ページ）

（11）WuG, S.28.（『基礎概念』八五ページ）

（12）『カテゴリー』では、この同じ事態を「アンシュタルトの場合には、制定された秩序は「諒解」の形態において経験的効力をもつに至る」と表現している。WL, S.468.（『カテゴリー』一一五ページ）。この点は、折原浩によって鋭く指摘された〈没意味化〉という事態の、〈社会的関係〉における表現である。前掲、折原浩『危機における人間と学問』三七七ページ以下参照

（13）WuG, S.28.（『基礎概念』八六ページ）

（14）WuG, S.29.（『基礎概念』八八ページ）

（15）前掲、折原浩『危機における人間と学問』三九七ページ

## （二）C—I軸方向での緊張——〈物象化〉の始源

### （a）〈習俗〉〈利害状況〉〈正当なる秩序〉

『カテゴリー』と比較してみると、われわれが飛ばしてきた各節は、『基礎概念』において、新たに拡充された内容にほぼ対応するということがわかる。それゆえに、この部分が、『カテゴリー』での一次元的構成から『基礎概念』での二次元的構成へと展開した議論の、新たなる発展部分を含むことはまちがいない。すなわち、われわれが飛ばしてきた各節にこそ、C—I軸方向での緊張が孕まれていると見られるのである。

ところが、われわれが飛ばした当の各節こそ、実は、『基礎概念』におけるウェーバーの問題構成の論脈をわかりにくくしている元凶なのである。というのは、叙述自体が難解だからではない。その部分では、『経済と社会』におけるウェーバーの叙述に特有な「カズイスティーク」が展開されているのであるが、それは、一見しただけでは単なる概念の分類整理にしか見えず、それを記述しているウェーバー自身の問題関心の構図がいっこうに見えてこないからである。

それゆえに、われわれは以下の考察では、適宜ウェーバーの歴史認識の一般的構図をも参照しつつ、一見静態的に整理されたかに見える「カズイスティーク」の中に込められた〈意味〉を読み取るように努めねばならない。

さて、これまでのわれわれの考察は、『基礎概念』の第三節から第九節へと飛んだ。それゆえ、ここでの考察は、第四節から出発することになる。

第四節では、〈社会的行為〉のうちで、「事実上の規則性（tatsächliche Regelmäßigkeiten）」をもつものとして、〈習俗（Sitte）〉と〈利害状況（Interessenlage）〉とが論じられている。[1] これらは、また、つぎの第五節における〈正当なる秩序（legitime Ordnung）〉と相関したものである。[2] それゆえに、ここでは、三つの概念の関連に焦点を当てながら考察することにしよう。

社会的行為を一定方向に定めるうえでの規則性が実際上見込みうる（Chance）時、この規則性が存在するという見込みが、ある人間集団においての習いによってのみ与えられている場合、そしてその場合にかぎり、それを慣習（Brauch）と呼ぼう。そして、この事実上の習いが久しく身についたものに基づくようになった場合には、慣習は習俗（Sitte）と呼びたい。

これに対して、この規則性の経験的存立の見込みが、同一の予想に向けて個々人が行為を純粋に目的合理的に準拠させせることにのみ基づいている場合、そしてその場合にかぎり、「利害状況（Interessenlage）に基づいている」、〔あるいは「利害規制的（interessenbedingt）」〕と表現される。(3)

この定義から明らかなように、〈習俗〉への順応からする〈行為〉と、〈利害状況〉への計画的適応からする〈行為〉とを比較した場合には、前者は〈伝統的〉であり、後者は〈目的合理的〉であると性格づけられ、それゆえ両者はR—I軸上に一直線に並ぶものと考えられる。

これに対して、〈正当なる秩序〉に従った〈行為〉とはどのような性格をもつのであろうか。

ウェーバーは、〈正当なる秩序〉をめぐって、つぎのような規定を与えている。

われわれは、（a）行為が、それと挙示しうるある「格率」に〔平均的または近似的に〕準拠している場合にかぎり、社会的関係の意味内容を、「秩序（Ordnung）」と名づけたいと思う。そのうえで、（b）そうした格率に実際に行為を準拠させる理由として、つぎのような理由が、少なくとも他とならぶものとして〔つまり、実践上重要な力をもった理由として〕、含まれる場合にかぎり、その秩序の「効力（Gelten）」を語ろうと思う。その理由とは、かの格率が、義務あるいは模範として、行為に対してなんらかの力をもっていると見なされているから、という理由である。(4)

〈正当なる秩序〉とは、端的に言えば、〈効力〉をもった〈秩序〉である。その場合重要な点は、〈行為者〉による意識化を通じて、すなわち〈格率〉として〈効力〉をもっているということである。(5) そして、その〈格率〉が、義務あるいは模範として見なされているかぎりで、〈正当なる秩序〉に従った〈行為〉は本源的には〈自足的

(consummatory)〉な性格をもつと言いうるだろう[6]。

そこで、〈正当なる秩序〉に従った〈行為〉に、〈意識性＝合理性〉の高い類型と、低い類型を想定すると、前者は〈価値合理的〉、後者は〈感情的〉と規定しうるであろう。しかし、もちろん、〈意識性〉の最も低いレベルでは、〈習俗〉に従った〈行為〉と〈正当なる秩序〉に従った〈行為〉とは、まったく未分化である。

それゆえに、〈習俗〉と〈利害状況〉と〈正当なる秩序〉に従った〈行為〉を、それぞれR—I軸、C—I軸の両軸上に位置づけると上図のようになる。

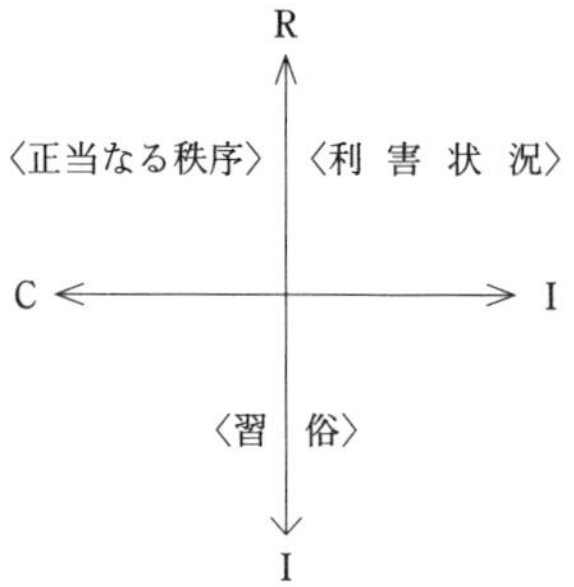


さて、このように三つの概念を整理すると、つぎのような、〈合理化〉に関する一般的規定は、明確に理解しうるであろう。

> 行為の「合理化」のひとつの本質的要素とは、身についた習俗への内的な順応を、利害状況への計画的適応によって置き替えていくことにある。もちろん、そのような過程によって、行為の「合理化」という概念が尽くされるわけではない。その他に、合理化は、意識的な価値合理化の方向においてポジティブに進む場合もあるし、また、しかし、習俗を犠牲にするばかりでなく感情的行為をも犠牲にし、遂には、価値合理的に義務づけられた行為をも犠牲にして、価値を信じない純粋な目的合理的行為を助長するという、価値合理化という面から見るとネガティブな方向に進む場合もある[7]。

見られるように、三つの概念の構造連関のうちに、すでに〈合理化〉の多様な姿が内包されているのである。

〈習俗〉・〈利害状況〉・〈正当なる秩序〉という三つの概念の形式的な関係は、以上の説明でその要点を尽くしているだろう。しかし、そこに込められたウェーバーの問題視角を知るためには、われわれはさらに、これら三つの概念の歴史的場面における原初的な構造を知らねばならない。

### (b)〈利害状況〉と〈正当なる秩序〉の原初的二元構造

歴史的な考察の出発点となる原生的な共同態においては、〈習俗〉への伝統主義的な順応のみが想定しうる。というのは、まず、共同態内部における各成員の特殊化された〈利害関心〉が生じえないからであり、また、共同態の〈習俗〉に埋没しているかぎりで、それを自覚的な〈正当なる秩序〉として表象する契機が生み出されえないからである。

〈利害関心〉の対立的な自覚は、共同態の外における、あるいは共同態間の〈交換（Tausch）の発生をもって始まる。すなわち、〈行為〉の自覚的な遂行は、既存の〈習俗〉によっては対処しえない領域において、〈習俗〉という形をとった共同態の〈人格的（persönlich）〉な関係に対立して発生するのである。

ウェーバーは言う。「未発達な交易における特徴的な形態の一つである無言の交換（stumme Tausch）は、人格的な兄弟関係（persönliche Verbrüderung）への対立を、劇的なかたちで表している[8]」。すなわち、交換が無言であることにおいて、人格的な接触を拒否しているからである。

以上のような認識に対応して、ウェーバーは、〈利害状況〉の核をなす経済的関係についてつぎのような事態を指摘し、『経済史』の分析における出発点とするのである。

> 原初的には、営利（Erwerb）に対しての二つの異なった態度が、相互に何の連関も持たずに並立している。すなわち、内部では、恭順という紐帯（Pietätsbande）によって相互に結びつけられた仲間内での無制約な営利を排除することによって、伝統や、あるいは、部族成員・氏族成員・家族成員に対する恭順関係をしっかりと固守するという態度、すなわち、対内道徳（Binnenmoral）がある。そして他方、外部に対しては、そ

の交渉における、営利衝動のまったくの無制約的態度、すなわち、対外道徳（Außenmoral）がある。というのは、外部においては、すべての他者が本源的に言って敵なのであり、そうした敵に対しては、なんら倫理的制約などありえないからである(9)。

こうなると、原生的な共同態内における〈習俗〉であったものは、〈正当なる秩序〉に発展している。すなわち、対外的に、〈利害状況〉が発生するに伴って、対内的には、〈正当なる秩序〉に価値合理的に従うということが起こるのである。かくて、ここでは、〈利害状況〉に適応した純粋目的合理的行為と、〈正当なる秩序〉に従った純粋価値合理的行為が、二元的に並存することになる。それゆえ、われわれはこれを、〈利害状況〉と〈正当なる秩序〉の原初的二元構造と名づけることができよう。

さて、このような原初的二元構造は、ごく特殊な例外(10)を除いて永続化しえない。というのは、この構造が、共同態間において、非和解的な紛争を起こしがちであるということによるばかりではない。さらに重要なのは、二元的に並存する〈目的合理性〉と〈価値合理性〉が、ただちに、それぞれ限界に直面してしまうという理由である。対外的に行なわんとする〈利害状況〉に適応した行為は、共同態内において遵守されるべき「伝統」や「タブー」に制限されてしまう(11)。また、対内的に守らるべき〈正当なる秩序〉は、共同態の境界に制限され、さらには、共同態外からの侵害に直面してしまうのである(12)。

発展は、いまや、つぎのようにして始まる。すなわち、一面において、計算の要素（Rechenhaftigkeit）が伝統的な諸団体の内部へと浸透していき、そこにおいて、古くからの恭順の関係を破壊する。家共同態内部において、勘定・決算が行なわれ、もはや厳密に共産主義的には営まれなくなると、素朴な恭順も営利衝動の抑制も失われてゆく。発展のこの面は、とりわけ、西洋において発生したものである。それと同時に、他面では、こうした営利原理の対内経済への受け入れとともに、利潤の無制約な追求の方にも調整が生じてくる。

その結果は、営利衝動に特定の遊域（Spielraum）を設けた規制された経済（regulierte Wirtschaft）、これである。[13]

重要なことは、共同態内の関係への〈目的合理性〉の原理の浸透であり、それと一対となった、共同態外の関係への〈価値合理性〉の原理の拡大である。

かくて、〈習俗〉〈利害状況〉〈正当なる秩序〉という三つの概念の実質的な関係の、原初的構造が明らかになった。

ウェーバーは、以上のような、歴史的変化に関する一般的見通しを踏まえて、すでに存在していた〈習俗〉が、まずは自足的に〈正当〉なものとして自覚化―価値合理化されつつ、それに続く発展のなかで〈目的合理性〉の原理に浸透されていく過程を、〈正当なる秩序〉の保障をめぐる変化の過程として、つぎのように一般的なカズイスティークにまとめるのである。

ある秩序の正当性（die Legitimität einer Ordnung）は、つぎのような形によって、保障（garantieren）されうる。

（Ⅰ）純粋に内的な保障

1、純粋に感情的な保障：感情的帰依に依存する場合

2、価値合理的な保障：その秩序を遵守すること自体が窮極的義務的価値を表現するものである、という当の秩序の絶対的妥当性についての信念に依存する場合

3、宗教的な保障：その秩序を遵守すればある救済財を得ることができる、という信仰に依存する場合

（Ⅱ）秩序を遵守あるいは侵害する場合に、予想される外的結果についての利害状況に基づいた外的な保障

この場合、秩序とはつぎのものである。

(a)慣習律（Konvention）：ある特定の人々の間でこれに違反すると、〔ほぼ〕誰からも、実際に感じられるよう

な非難を受ける可能性があることによって、外的に、保障されている場合

(b)法（Recht）：遵守を強制するとか、違反を処罰するとかのために、特別に設けられたスタッフによる、〔物理的・心理的〕強制の可能性によって外的に保障されている場合[14]

ウェーバーは、〈習俗〉から〈慣習律〉、そして、〈法〉への法規範の発展について、『経済と社会』の各所で何回も関説している[15]。たしかに、このカズイスティークも、それらと同一の展開の線に沿っている。しかしながら、われわれは、このカズイスティークが、〈行為類型論〉からの直接の展開として提出されていることに十分留意しなければならない。

まず、法規範の発展そのものが、本源的には〈価値合理的〉性格をもつ〈正当なる秩序〉に従った行為と、〈目的合理的〉性格をもつ〈利害状況〉に適応した行為との鋭い緊張を孕んで進行するものだということがわかる。すると、その現実の展開過程においては、〈利害状況〉の具体的様相と〈正当なる秩序〉の正当性の根拠の性格とに規定されて、個々の文化世界でそれぞれまったく独自な形態をとるものであることが予想しうるであろう。このカズイスティークは、そうした合理化過程の多様性を可能とする根源的根拠の構造の上に成立している[16]。法規範の発展それ自体、決して単線的なものではないのである。

さて、そうした法規範の多様な〈合理化〉の過程は、さまざまな文化世界において、それぞれ固有な「問題性」を孕むことになる。ウェーバーは、多様な〈合理化〉がそれぞれ孕む「問題性」を明らかにすべく、基本的概念構成をさらに展開・整備していく。

### (c)「正当なる秩序の妥当根拠」――R―I軸・C―I軸の交差

『基礎概念』第七節では、前節でのカズイスティークに一見よく似たカズイスティークが展開されている。それはつぎのとおりである。

ある秩序は、行為者によって、つぎのようなところから、その正当なる効力を認められうる。

(a)伝統の力による：つねに存在してきたものの効力である。

(b)感情的〔とくに情動的〕な信仰の力による：新たに啓示されたものや、模範的なものの効力である。

(c)価値合理的信仰の力による：絶対的に妥当なものとされたものの効力である。

(d)合法性を信じられている実定的な制定律（Satzung）の力による：

この合法性は、〔関与者たちに〕つぎのようなところから正当なものとして力をもつ。

（α）利害関係者たちの協定の力による。

（β）授与〔人間の人間に対する、正当なものとしての力をもった支配を基礎にしている〕と服従の力による。

〔第十三節を見よ[17]〕

まず、末尾の参照指示に注目して欲しい。これは、先に見たように、R―I軸方向に沿ったウェーバーの参照指示（第九節と第十三節）と同一の個所を指示しているものである。すなわち、ここで、C―I軸方向での問題構成が、R―I軸方向で析出された〈没意味化〉という事態を派生させる根源的構造と結びついているものであることがわかる。

それでは、その根源的構造とは何か。また、このカズイスティークは、いかにそれと結びついているのか。この第七節のカズイスティークは第六節のカズイスティークと一見よく似ているが、その性格は正反対である。第六節のカズイスティークは、「正当なる秩序の種類」と題されていて、その内容は、すでに見たように、〈行為者〉の志向性の性格が、どのような〈秩序〉を生み出していくのかに焦点を当てたものである。

これに対して、第七節のカズイスティークは、「正当なる秩序の妥当根拠」という題であって、〈秩序〉の〈正当性〉の性格が、逆に、〈行為者〉に対していかなる意味をもってくるのかに関心を寄せている。

こうした二つのカズイスティークは、それ自体、〈行為者〉と〈秩序〉との鋭い緊張関係を表している。すなわち、〈秩序〉は、本源的には、〈行為者〉の〈社会的行為〉への志向によって生み出されながら、いったん成立するや、それ自体が〈固有法則性〉をもって〈行為者〉を規定していくということである。

さて、この第七節のカズイスティークのもつ問題性の分析に入っていこう。

すでに見たように、〈正当なる秩序〉に従った行為は、本源的には〈価値合理的〉な性格をもっている。それゆえに、このカズイスティークも、〈価値合理性〉を中心にして構成されているとみるのが自然な推論というものであろう。

すると、つぎのことが明らかになってくる。すなわち、〈価値合理的信仰による効力〉から、〈制定律の合法性による効力〉への転回が一つのポイントを握っているということである。

この転回が、価値合理性という観点から見たときに、その〈合理性〉の頽落現象であることは見やすい。この転回以降では、〈正当なる秩序〉を遵守すること自体に〈自足的〉な意味を見出すことができなくなっているからである。

重要なことは、ここで、かのR―I軸方向での〈没意味化〉の問題に接合していることである。すなわち、この転回こそが、〈秩序〉においては高度に合理的でありながら、〈行為〉の意識性からすると合理性の低下した〈社会的関係〉の様態を生ぜしめる基盤の形成を意味するものだということである。この点を明確に把握することによって、われわれは、R―I軸方向での考察のみからは内在的に説明しえなかった〈没意味化〉の現象が、ウェーバーによって、C―I軸を含めたより広い文脈のなかに位置づけられ、そうした全体的構造から説明されんとしているのを理解しうるであろう。

ところで、ここでウェーバーは、〈価値合理的効力〉の純粋類型として〈自然法（Naturrecht）〉を挙示するが、実は、この〈自然法〉思想こそ、西洋のみに存在して西洋の法規範の展開を鮮明に特徴づけるものとして、ウェーバーが注目し、『法社会学』の考察の中核に据えた当のものなのである。

かくして、一切の問題がここに収斂することになる。

われわれは、前章末尾において、ウェーバーにおける〈近代ヨーロッパ的人格像〉への関心を析出した。そしてその〈人格像〉の内実とは、「内からの統一をめざし」、つねに「合理的」かつ「能動的」に行為せんとするような人格像、すなわち「啓蒙主義的人格像」に他ならなかった。

他方、ウェーバーは、〈自然法〉思想の純粋な完成を「十七・八世紀の合理主義的な啓蒙」の思想に見ている。[18]これらの点から理解されることとは、〈自然法〉を純粋類型とする〈価値合理的効力〉を中心として展開されているこの「正当なる秩序の妥当根拠」をめぐるカズイスティークが、まさに、かの〈近代ヨーロッパ的人格像〉を生み出したところの社会構造、なかんずく、法規範の構造に関心の焦点を据えているということであろう。そして、ここにこそ、R―I軸方向での〈没意味化〉という問題が接合しているのだ。

すなわち、このカズイスティークの背後には、〈近代ヨーロッパ文化世界〉、とりわけ〈近代ヨーロッパ的人格像〉の構造と問題性についてのウェーバーの基本認識が踏まえられていると見ることができるのである。

そこで、われわれは、このカズイスティークの背景にある『法社会学』の内容に、少しだけ立ち入ってみることにしよう。そこには、前にわれわれが見てきた〈利害状況〉と〈正当なる秩序〉の原初的二元構造からの多様な形態をとった展開と、その中における〈ヨーロッパ文化世界〉の特質とがくっきりと見えている。

### (d) 考察の環としての〈自然法〉概念

われわれのここでの関心からすれば、問題は、つぎのように絞られるのが妥当であろう。すなわち、ウェーバーが〈価値合理的効力〉の純粋類型とし、かつ、西洋にのみ存在したとする〈自然法〉を考察の中心に据え、そこから二つの方向での検討を行なうということである。

その第一の方向とは、西洋にのみ存在したとされる〈自然法〉は、いったいいかなる条件の下で成立しえたのかということである。その場合、問題となるのは、単に「思想史」的系譜ではなく、自然法思想がその効力をもちえた〈社会学的背景〉をなすものである。つぎに、第二の方向とは、成立した〈自然法〉の効力がいかにして〈制定律〉の合法性の観念を準備し、それへと転回していったのかということである。〈自然法〉の思想は、その基本をストア学派によって形造られ、キリスト教がキリスト教自身の宗教的倫理と現世の規範とを架橋するために受け継いだものである。しかし、ウェーバーは、それを宗教的権威などから離して、より純化した形で捉えている。

「自然法」とは、すべての実定法（positive Recht）から独立し、実定法に対して優位な効力をもつ規範の総体を指す。この規範は、恣意的な制定律（Satzung）からその権威を得るのではなく、逆に、制定律の規範力の方が、それによって初めて正当化されるのである。それゆえ、この規範は、それが正当な立法者によって生み出されたことによって正当なものとされるのではなく、それ自身の純粋に内在的な性質からして正当なものなのである。[19]

見られるように、〈自然法〉は、このように純化した形態になると、その〈自足的〉な本質を鮮明に明らかにする。ここからして、〈自然法〉は〈価値合理的効力〉の純粋類型となるのである。ウェーバーは、このような〈自然法〉思想の純粋な完成を「十七・八世紀の合理主義的な啓蒙」の思想に見ているが、そこでは「すべての人間は、人間であることをもって、権利をもつ」ことが認められ、なんら他の条件を要しないようになる。[20]
それでは、〈ヨーロッパ文化世界〉においてのみこのように純粋な形式にまで完成を遂げた〈自然法〉思想は、いったいいかなる根拠をもって正当なものと認められるのであろうか。ウェーバーは、この純粋な形式における〈自然法〉思想が依拠する窮極の根拠あるいは公理について、形式的なものと実質的なものの二つの類型に分けて考察している。

まず、〈自然法〉的見地から〈法〉が正当化される場合の形式的な根拠には、〈法〉が合理的な協定（rationale

Vereinbarung）あるいは契約（Vertrag）に基づくとする見地が挙げられる。すなわち、「自由意志に基づく合理的契約」こそが、「自然法的な構成体の普遍的な形式原理のひとつ」なのである。[21]

これに対して、〈自然法〉的正当化の実質的な根拠となるのは、〈本性（Natur）〉と〈理性（Vernunft）〉である。すなわち「人間の「理性」による認識が「物象の本性（Natur der Sache）」、今日の言葉で言うと、「事物の論理（Logik der Dinge）」と同じものである」[22]とみなされることにより、〈理性〉によって基礎づけられた当の〈法〉的秩序が、「神でさえ変えることのできない」規範的力をもつとされるのである。〈自然法〉思想は、以上の二つの類型の公理にその根拠を据えることにより、はじめてあらゆる宗教的権威や世俗的権威から解き放たれ、純粋に〈自足的〉な性格をもつに至った。とすれば、われわれの二つの方向をもつ考察も、これら二類型の公理に関心の焦点を定める必要があろう。というのは、〈自然法〉思想の成立とそれの〈制定律〉原理への転回とは、まさに、これら二つの公理が成立し、そして、効力を失っていった過程に相即しているからである。

（e）〈人格性―物象性〉の二項対立構造――〈物象化〉の基盤

それでは、まず、このような二類型の公理をもつ〈自然法〉が、西洋において効力をもつようになった社会学的条件とは何かを考えてみることにしよう。

われわれは、すでに、原生的共同態間の〈交換〉から、〈利害状況〉と〈正当なる秩序〉の原初的二元構造が成立するのを見た。ところで、そうした原初的二元構造下では、共同態間に成立する〈交換〉には、あらゆる保障が欠けている。それゆえに、「交換は、最初は、つねに、そして専ら、双方の側からの交換財の即時の占有引渡（Besitzübergabe）としてのみ有効たりえた」[23]。そして、その占有の侵害者―窃盗犯には、共同態全体による復讐をもってのみ対しえたのである。

しかし、そうした〈交換〉は、やがて共同態間における「贖罪契約（Sühnevertrag）」を発生せしめる。「一方における、家共同態内部での家長の、原理的に全く無制約な管理（Verwaltung）と、他方における、氏族間の、贖罪契約や証拠契約に基づく仲裁手続きとが併存していること」[24]は、原初的二元構造からの直接の展開であり、ウェーバー『法社会学』の出発点である。

さて、この共同態間の仲裁手続きから法的な関係が生まれてくる。占有の侵害や交換における不正から生じた紛争は、原初的には個別的に解決される他はなかったが、解決手続きはやがて、個別的ケースを超えた「規範」へとステレオタイプ化していくことになるのである。そして、ステレオタイプ化した「規範」は、〈伝統〉へと聖化されていく。

かくて、定型化した紛争の解決手続きは、その効力の根拠として、二つの形態の威力をもつ。その一つは、いま述べた〈伝統〉の力によるものであり、他の一つは、カリスマ的な力をもった個人による〈啓示（Offenbarung）〉の力によるものである。前者は、慣行そのものの神聖性に基づき、後者は、〈伝統〉を打破するに足るだけの力をもった個人への感情的な信仰に基づいている。これらが、『基礎概念』第七節のカズイスティークの(a)と(b)とにあたるわけである。

これら二形態の妥当根拠の上に立つ紛争解決法がもつ社会学的に重要な性質は、つぎの二つである。すなわち、第一に、そこではいまだ契約事項に対する契約債務（Kontraktsobligation）の観念は発達せず、違反行為は、当の違反者の人物（Person）の「罪」、すなわち人的責任（Personalhaftung）として意識されたことである。彼はそれを彼の物理的身体によって贖わねばならなかった。そして、第二の性質とは、それらがいまだ呪術に結びついていることの結果として、まったく形式的な手続きを備えていたことである。呪術では、正しい形式に従って問いを立てるときにのみ正しい回答を得ることができた（祈禱の決まり文句！）。これは、たしかに非合理なことに違いはなかったが、しかし、ここにこそ「法概念」の第一歩があったのである。

さて、政治的な発展は、やがて原生的な共同態、とりわけ家共同態の外部に、より上位の政治権力、すなわち「インペリウム（imperium）」を生み出すが[25]、この権力の性格の相違は、その後の歴史的発展に大きな偏差をもたらすことになる。

支配権力が教権制的あるいは家父長制的性格をもつものに発展した場合には、この権力は、原生的な共同態間の贖罪手続きにみられる「形式主義」に鋭く対立するようになる。信仰や人格的な恭順に基礎を置くこれらの権力のヘルたちには、「人のいかんに左右される」実質的な紛争の解決こそが重要であり、抽象的な形式主義にはなんら関心を示さなかったからである。

このように、政治権力が宗教的あるいは人格的帰依の上に立ち、倫理的義務と法的義務を区分せず、それゆえに形式主義的に整理された法を発展させせないままにとどまると、それに対応して、原生的な家共同態は、そうした政治支配の下において〈氏族（Sippe）〉という恭順の原理の母体に統合され、〈氏族―家族〉という社会構成が発展することになるのである。

ところで、西洋においては、このような発展方向をとることはなかった。それは、まずは西洋世界の政治的発展の特殊性に帰因するものであった。

ローマ世界の軍事的拡大、また、とりわけゲルマンの軍事団体的性格は、法仲間における紛争解決の方法として、〈ディンクゲノッセンシャフト的裁判（dinggenossenschaftliche Justiz）〉の方式を発展させた[26]。これは、戦時において戦利品や征服地の処分、共通の安全の維持や規律破壊の抑制などの目的のために発展した紛争解決方法であった。それゆえに、基本的には、戦勝武侯のインペリウムにその根拠を据えていた。そのかぎりで、これはカリスマ的な性格を備えている。しかし、この方式の大きな特徴は、有効な決定を行なうために、武装能力を備えた傘下の仲間たちによる〈ディンク集会（Dinggemeinde）〉[27]の〈賛同（Akklamation）〉を必要としたことである。それにより、仲間たちは、〈法発見（Rechtsfindung）〉を主権的に支配するわけではなくとも、その決定に対して現実的な影響力をもちえたのである。

こうした〈ディンクゲノッセンシャフト〉の性格は、法規範の発展に重要な役割を果たした。その第一は、それが軍事的カリスマに根拠を据えるゆえに、軍事的関心に従い、あらゆる〈伝統〉に拘束されない革命力を発揮しえたということであり、またその第二は、それが「立会人」の賛同を必要とする性格上、説得力ある証拠への依拠と形式に従った手続きを発展させたということである。

かくて、〈ディンクゲノッセンシャフト〉は、教権制や家父長制と異なって、贖罪手続きの形式主義を温存するとともに、それを合理的なものへと発展させる道を開いたのであった。

さて、このような西洋における政治的展開は、それに伴う経済的発展と相俟って、契約債務の観念を発展させ、さらに、それの担い手としての〈法人格（Rechtspersönlichkeit）〉の観念を成立させることになった。

すでに触れたように、原初的な契約では、違反行為に対しては、違反者の人的責任に基づいた贖罪を要求されるのが普通であった。すなわち、契約事項そのものに対する債務（Kontraktsobligation）の観念は知られていなかったのである。しかし、一方で、貨幣を利用した契約が発展し、他方で、契約の保証についての訴訟上の取り扱い方法が発展するにしたがって、契約債務の観念が次第に成立をみるようになってきたのである。

また、政治的―経済的発展により、原生的な共同態関係、とりわけ氏族が解体し[28]、さまざまな団体が分化して、個々人が種々の団体に同時に所属するようになると、契約の主体たる資格とは何かが問題にならざるをえなくなってくる。そして、それに対する法技術的な解決として、〈法人（juristische Person）〉あるいは〈法人格（Rechtspersönlichkeit）〉の観念が成立するのである。

重要な点は、この〈法人格〉概念の成立によって、むしろ〈法人格〉としての団体とは区別された成員の私的財産と権利・義務が明確化することである。すなわち、ここに〈契約の自由〉の主体たる〈人格性〉概念が法的概念として成立してくることになるのである。

ウェーバーはここで、つぎのようにコメントをつけている。

法学的に考察すると、この法人という名称は、一つの同語反復である。というのは、人格（Person）という法概念は、つねに、法的な概念たらざるをえないからである。胎児は、完全市民同様、主観的権利と義務の担い手と扱われ、奴隷がそのように扱われない場合にも、両者は、特定の効果を達成するための法技術的な手段なのである。このような意味で、法人格（Rechtspersönlichkeit）という概念は、何が法的に言って「物象（Sachen）」たりうるのかという問題がただ目的に即して選択された法学的メルクマールによって定められるのと同様に、人為的なものなのである。[29]

さて、ディンクゲノッセンシャフトにおける合理主義への道を開く形式主義、また、契約債務を担う主体としての〈法人格〉の観念、これらが西洋においてさらに発展し、近代法への道を開くためには、西洋中世における都市の特異な性格を伴った発展、家産制の身分制的性格、合理的経済の発展と市民層の経済的利害、ローマ法の伝統と専門的法学教育などの影響がさらに考慮されなければならない。

しかしながら、われわれはすでに、〈自然法〉が効力をもって成立する社会学的条件の本源的構造を把握するに至っている。それは、最も単純化した比喩的表現で示せば、〈Ding（裁判集会）〉における〈Sache（訴訟案件）〉と〈Person（人格）〉の関係の成立として表しうるものである。[30]

〈自然法〉思想の根拠に関する、形式と実質両面の規準はすでに見た。その形式面である〈自由意志に基づく合理的契約〉の原理は、〈契約債務〉とそれを担う〈人格性〉の観念の成立を待ってはじめて意味をもつ。また、実質面である〈物象の本性（Natur der Sache）〉の観念は、〈Ding（裁判集会）〉における形式に従った合理主義、すなわち〈Sache（訴訟案件）〉そのものの〈Natur（本性）〉の観念に支えられて成立した。このようにして、〈Ding〉における〈Sache〉と〈Person〉の関係の伝統は、〈自然法〉が効力を得る法意識構造の原型をなしたわけである。そこでわれわれは、これを〈人格性―物象性〉の二項対立構造と名づけておきたい。

この二項対立構造こそ、〈現世の脱呪術化（Entzauberung der Welt）〉という宗教史的発展の一帰結たる禁欲的プロテスタンティズムと照応して、〈近代ヨーロッパ〉を特徴づける文化史的基盤を形成したのである。

禁欲的プロテスタンティズム自体からの規定性については、いまやあまりにも有名になったウェーバー自身による『プロ倫』の叙述に加えて、それを〈資本主義の精神の起源〉をめぐるウェーバーとブレンターノの対立という文脈から捉えて解明し、さらに、その担い手として農村工業を基盤とする中産的生産者層の成長という経済史的事実を掘り起こした大塚久雄の業績が、すでにわれわれの共有財産となっているので縷説を要しないであろう[31]。

しかし禁欲的プロテスタンティズムを受容し、前期的資本の「営利欲」一般に対して「一物一価」の市民的・近代的経済原理の正当性を広く主張しえた社会的背景として、法・規範体系における〈ヨーロッパ文化世界〉の〈人格性―物象性〉という二項対立構造の伝統が存在していたことは注目されていい。この点の把握は、エートスと社会・経済構造について、『プロ倫』が因果関係の一つの側面のみを扱っているのに対し、さらに、他の側面を含めた全体的構造についてのウェーバーの視野を明らかにするポイントとなるであろう[32]。そしてそうした考察を通じて、かつて「普遍的範型」の地位を誇ってきたヨーロッパ近代の固有性と問題性が、その歴史的発展の構造的特質を踏まえた形において明らかになっていくであろう。

少なくとも、われわれがここで確認しておきたいことは、一見、最も普遍妥当的なものに見える〈自然法〉思想、なかんずく、その完成形態である〈十七・八世紀の啓蒙思想〉の根本原理こそ、このように、ヨーロッパの歴史的発展における政治的・社会的条件に規定されて成立してきたものであったということである。ウェーバーが関心をいだいた〈近代ヨーロッパ的人格像〉は、まさに、こうした社会学的条件の下に、〈物象性〉に対立して成立することになった。

さて、このような〈自然法〉の根底をなす〈人格性―物象性〉の二項対立構造は、前に見た〈利害状況〉と〈正当なる秩序〉の原初的二元構造とは、その性格をまったく異にしている。

原初的二元構造においては、〈正当なる秩序〉に従った純粋価値合理的行為と、〈利害状況〉に適応した純粋目的合理的行為とが「相互に何の連関ももたずに」、二元的に併存している。この場合、〈正当なる秩序〉は相互の〈恭順〉によって維持されており、他方での、〈利害状況〉に適応した純粋目的合理的行為とは自覚的な〈功利主義〉に他ならない。ウェーバーは、このような原初的二元構造下における〈恭順〉を基礎とした人間的関係を、〈人格性―物象性〉の二項対立構造における〈人格性（Persönlichkeit）〉と特に区別せんとするときには、それを〈人間関係主義（Personalismus）〉と呼んでいる。[33]

これに対して、〈人格性―物象性〉の二項対立構造においては、〈物象の本性（Natur der Sache）〉が〈理性（Vernunft）〉であり、それがまた〈正当なる秩序〉として〈価値合理的〉に聖化されるというところに一切の根底がある。そこにおいて〈人格性〉は、一切の感情的傾向性を抑制し、〈物象の本性〉すなわち〈法則〉の表象を自らの〈格率〉として行為する責任主体である。それゆえに、〈法則〉の表象に従って〈目的合理的〉に行為することは、とりもなおさず、〈価値合理的〉なことに他ならない。その純粋型としての合理的啓蒙思想では、〈自然法則〉と〈理性〉と〈倫理〉の首尾一貫した一元論が成立しているのである。すなわち、この二項対立構造において〈人格性〉は、〈目的合理的〉かつ〈価値合理的〉という意味で、形式的には最も典型的な〈合理的主体〉となる。

かくて、〈自然法〉的な〈人格性―物象性〉の二項対立構造は、初めて、何の制約もない〈徹底的合理化（Durchrationalisierung）〉の法―社会的基盤を定立する。そして、〈物象性〉に対立する〈近代ヨーロッパ的人格像〉こそ、そうした〈徹底的合理化〉の担い手となるのである。

さて、以上見てきたところの原初的二元構造と〈人格性―物象性〉の二項対立構造とを直接に対比して一口で特徴づけるとすれば、前者が、伝統的な人間関係の〈恭順の原理〉を通じた秩序に規定されているのに対して、後者は、「人のいかんによらない」とも言うことができるだろう。それゆえウェーバーは、言葉の広い意味で使うときには、前者を〈人格的（persönlich）〉、後者を〈物象的（sachlich）〉として対比している。すなわち、〈人格性―物象性〉二項対立構造の下では、〈人格〉と〈人格〉との関係そのものが〈物象的〉なものとなっている。

以上をまとめて簡単に図示すると左図のようになる。

われわれは、『基礎概念』第七節のカズイスティークに沿いながら、〈価値合理的効力〉の純粋類型である〈自然法〉を成立せしめる「法社会学」的条件を考察してきた。いまや、さらに、〈制定律〉の合法性の観念による効力への転回についての考察へと進むことにしよう。

### （f）〈自然法〉の没意味化——〈物象化〉の開始

『法社会学』によれば、〈自然法〉が効力を失い実定的な〈制定律〉に道を譲る過程は、大きく分けて二つの段階を経過する。

その第一段階は、形式合理的自然法から実質合理的自然法へと、自然法自体の類型の重心が移行することである。

自然法は、当初は、〈人格性〉の原理に立った〈自由に合意された契約〉に理念的根拠の重心を据えていた。ところが、現存の社会的秩序そのものの中には、〈契約の自由〉の理念からは導出しえないものが多く含まれることが次第に理解されてくる。例えば、相続権の承認や、もろもろの社会立法が現実には必要であると自覚されるのである。そうなると〈自然法〉は、それらを実質的に考慮して、さまざまな形で折り合いをつけねばならなくなった。

原初的二元構造
- 人格的 persönlich
  - 人間関係主義 Personalismus
  - （功利主義 Utilitalismus）

〈人格性—物象性〉の二項対立構造
- 物象的 sachlich
  - 人格性 Persönlichleit
  - 物象性 Sachlichkeit

まず、〈理性〉そのものの、功利主義的な解釈変えが起こる。「特に、英語の「reasonable」という概念には、最初から、「実際上有益な」という意味での「合理的」という意味が含まれていた。これを根拠にして、実際上馬鹿げた帰結を導くようなものは、本性（Natur）や理性（Vernunft）によって意欲されたものではありえない、という結論が構成された[34]」のである。

さらに、自然法は、なんらかの実質的な内容を持つ公理（Axiome）の上に依拠するようになる。例えば、〈契約の自由〉の上に立つ等価交換という、形式的には正当な財貨の取得方法の問題性が自覚されると、自己労働という実質によってのみ取得は正当化されうるという考えが起こってくるのがそれである。

かくて自然法思想は、その展開の結果、当初の〈契約の自由〉の理念に対立さえするような、実質合理的自然法にその重点を移したのである。これは、自然法の根拠そのものが〈人格性〉の原理から〈物象の本性〉、すなわち〈物象性〉の原理へと重心を移動させたことを意味する。

さて、実定的な〈制定律〉の合法性への道の第二段階は、実質合理的自然法の公理が疑われ、自然法が根拠を失うことによって生じる。

例えば、自己労働による取得のみを正当とするような実質的公理には、容易に他の公理が対置されうるものであり、そうなると、それらは相対化されてしまう。すると、そのような超法律的な公理そのものに疑義を呈する反形而上学的傾向が力を持ってくる。近代的な主知主義の懐疑的精神は、ますますそれを助長したのであった。かくて、超法律的な公理のうえに立つ実質合理的自然法は崩壊し、論理的形式主義に依拠した法学的合理主義のみが延命することになった。こうなると、法の価値合理性は問われなくなり、法実証主義が次第に台頭してくる。法の構成がますます煩瑣なものになり、法曹身分が専門人として力を持ってくると、この傾向は一層有力なものとなるのであった。

かくて、帰結はつぎのようである。

> 技術的、経済的発展の結果として、法の素人の側には、その技術的内容を次第に増大させる法についての無知が不可避につのっていき、すなわち、法の専門性が増大し、他方で、そのときどきの現行法を、合理的な、したがって何時でも目的合理的に変更できる。そして、どんな内容的神聖さももたない、技術的装置(Apparat)であると考える見方が次第に強力なものになるというのが、法の不可避な運命なのである[35]。

ここに、実定的な〈制定律〉の合法性の観念による〈効力〉が成立することになった。

われわれが辿ってきたこの過程の二段階の意味は、つぎのようにまとめうる。すなわち、まず自然法が〈物象性〉の原理へと〈物象化（Versachlichung）〉されたものとなり、次いで、それの価値合理的な意義が失われること（＝没意味化）により〈法〉はそれ自体の固有法則性、すなわち、法学的形式合理主義によって自律化するようになるということである。こうした事態は、〈人格性―物象性〉の二項対立構造の成立によって生じ、この構造のうえで展開したものである。それゆえに、この全体の過程を、われわれは〈物象化（Versachlichung）〉と呼ぶことができるであろう。価値合理性を喪失した〈制定律〉は、〈法〉の物象化形態なのである。

われわれは、『基礎概念』第七節のカズイスティークに孕まれた意味を探求して、『法社会学』の内容に分け入った。いまや、そこに孕まれている問題の構造を把握するに至っている。

すなわち、C―I軸方向での緊張を孕んだ〈社会的行為〉の合理化過程は、ヨーロッパという特殊な歴史的・政治的・社会的条件を備えた文化世界において、〈人格性―物象性〉という二項対立構造を生み出し、そして、この構造が〈近代ヨーロッパ的人格像〉の成立する基盤となった。さらにこの構造のうえで、〈没意味化〉を一帰結とする、〈物象化〉という事態が現出する。ウェーバーはそうした事態を視野に入れて、〈行為類型論〉から基本的概念構成へと考察を展開しているのである。

〈人格性（Persönlichkeit）〉と〈物象性（Sachlichkeit）〉とは、ウェーバー理解社会学の中心的な対概念として注目されながらも、従来必ずしもその〈対〉たることの意味が捉えられてこなかった。いまや、われわれは、R―I軸、C―I軸の両軸構成をもつ〈行為類型論〉の直接の展開として、それを捉えるに至ったわけである。われわれは、こうした地歩に立ち、ウェーバー理解社会学全体を貫いて執拗に探求されている〈物象化〉の展開と帰結の〈運命〉的過程を明らかにしていかねばならない[36]。

（1）WuG, S.14f.（『基礎概念』四六ページ以下）
（2）WuG, S.16f.（『基礎概念』五〇ページ以下）
（3）WuG, S.15.（『基礎概念』四六―四七ページ）
（4）WuG, S.16.（『基礎概念』五〇―五一ページ）
（5）林道義は、〈Ordnung〉を〈法（Recht）〉と〈慣習律（Konvention）〉とに限っているが、それは誤っている。〈法〉と〈慣習律〉とは〈Ordnung〉のうちの「外的に保障された」類型であるにすぎない。すなわち、〈Ordnung〉には、「外的」には保障されず、〈格率〉として「内的」にのみ保障される類型もまた含まれている。前掲、林道義『ウェーバー社会学の方法と構想』八二ページ。なお、vgl., WuG, S.17.（『基礎概念』五四ページ）。
（6）このように、「正当なる秩序」に従った〈行為〉を〈自足的〉と規定することは、ただ本源的にのみ言いうることで、二次的には、他者が「正当なる秩序」に従うことを〈予想〉しつつ、自らは〈目的合理的〉にそれに準拠するということが当然起こりうる。
（7）WuG, S.15.（『基礎概念』四九ページ）
（8）WuG, S.383. ここにおけるような抽象度の高いレベルの議論では、〈身分契約〉と〈目的契約〉の区分は、とりあえず度外視できるであろう。
（9）WG, S.303f（『経済史』下、二四〇ページ）
（10）ユダヤ人の例がその典型である。彼らにあっては、ごく特殊な「救済預言」を通じてそれが可能となった。
（11）vgl., WuG, S.384.
（12）vgl., WuG, S.390f.（『法』七八―七九ページ）
（13）WG, S.303f.（『経済史』下、二四〇ページ）
（14）WuG, S.17.（『基礎概念』五四―五五ページ）。このカズイスティークの意味は、本源的には本文で述べたとおりであるが、それを展開して、まったく新しい秩序の形成と没意味化の過程として転釈することも可能であろう。そのように解釈したものとして、折原浩『デュルケームとウェーバー――社会科学の方法』下（三一書房、一九八一年）一四六ページ以下。なお、折原の指摘するとおり、「宗教的な保障」が〈目的合理性〉の原理の浸透への転換点となっていることは興味深い。

(15) 例えば、WuG, S.187ff,441f.（『法』二九ページ以下、二七二ページ）など。
(16) ここでも、ウェーバーが〈合理化〉の多義性について述べている点を想起すべきである。
(17) WuG, S.19.（『基礎概念』五九ページ）
(18) WuG, S.498.（『法』四八八ページ）
(19) WuG, S.497.（『法』四八六ページ）
(20) WuG, S.498.（『法』四八八ページ）。なお、このような啓蒙思想の哲学的完成者として、カントが念頭に置かれていることは間違いない。本書がウェーバーにおける〈人格性―物象性〉概念の意味を考察しているという問題関心からしても、このカントが初めて〈人格―物象〉の対概念を鮮明に打ち出して自らの倫理思想を築いたことは、まことに興味深い。
(21) WuG, S.498.（『法』四八九ページ）
(22) WuG, S.499.（『法』四九〇ページ）
(23) WuG, S.402.（『法』一二五ページ）
(24) WuG, S.389.（『法』七四ページ）
(25) ウェーバーは、このような権力のことを「インペリウム（imperium）」と総称している。vgl., WuG, S.393.（『法』九二ページ）
(26) これ以下の〈ディンクゲノッセンシャフト的裁判〉の方式をめぐる議論については、特に WuG, S.453ff.（『法』三一四ページ以下）参照。また、序章注（18）も参照。
(27) この〈法発見〉とは、「法律」をつくるというような狭い意味ではなく、正しいことを見出すという広い意味で受け取られるべきである。
(28)「氏族」の解体については、本章6参照。

（29）WuG, S.424.（『法』二〇三―二〇四ページ）
（30）序章注（18）参照
（31）この点については、とりあえず大塚久雄「資本主義精神起源論に関する二つの立場――ヴェーバーとブレンターノ」「ヴェーバーとマルクス 生産力と人間類型――近代資本主義発達史研究の基礎論点」（前掲『マックス・ヴェーバーの思想像』所収）、および大塚久雄『欧州経済史――改訂』（岩波書店、一九七三年）、など参照。
（32）GAzRS, I,S.12f.（『序言』二四ページ）
（33）GAzRS, I,S.493.（『儒教』三四二ページ）。なお、〈persönlich〉という形容詞は、〈Persönlichkeit〉の系列と〈Personalismus〉の系列とが区別されず、同じ語形で登場するので十分注意する必要がある。
（34）WuG, S.499.（『法』四九二―四九三ページ）
（35）WuG, S.513.『法』（五三四―五三五ページ）
（36）『基礎概念』の概念構成をめぐる直接の考察はここで打ち切り、われわれは先を急ぐことになる。『基礎概念』の八、十、十一、十二の各節には直接触れられなかったわけだが、それらの内容は今後の考察のなかに十分読み取りうると思われる。

## 6 〈Betrieb〉――〈物象化〉の展開

### （一）〈家政〉と〈ベトリープ〉の分離――物象化された有目的行為

〈自然法〉思想に効力を与えた社会学的背景をなす〈法人格〉概念の成立は、〈家政（Haushalt）〉と〈ベトリープ（Betrieb）〉の分離という経済史的事実と相即している。そしてこの〈ベトリープ〉こそ、〈物象化〉という事態が展開する主要な舞台なのである。

〈ベトリープ〉と言えば、すでに大塚久雄がウェーバーにおける中心概念として取り上げて論じて以来、その意義は広く認められるようになってきている。[1] ウェーバー自身が、近代資本主義を特徴づけて、近代以前にも存在した〈パリア資本主義（Paria-Kapitalismus）〉などに対して〈ベトリープ資本主義（Betriebskapitalismus）〉[2]と呼んでいる点だけからでも、その決定的重要性は推し測られうるだろう。

ところで、大塚も指摘するように、この〈ベトリープ〉なる概念は、それの訳語として普通使用される「経営」という日本語から理解しうるような狭い概念ではない。そして、それに含まれる概念的意味内容の幅こそが、ここでは問題になるのである。

ウェーバーは、〈ベトリープ〉を規定してつぎのように言う。「ベトリープとは、ある種の持続的な有目的行為を指す[3]」

すなわち、ここでは、この〈ベトリープ〉なる概念が〈行為類型論〉からの直接の展開として提出されていることが注目されねばならない。それゆえに、われわれは、〈ベトリープ〉に含まれる行為論的意味合いを探求せねばならないだろう。

そこでまず、〈家政〉から分離された〈ベトリープ〉の歴史的成立の事情を垣間見ておくことにしよう。ウェーバーは、西洋における資本主義発展の特性に触れて、つぎのように言う。

> 持続的なものになった資本主義的営利は、ひとつの「ベトリープ」の中で営まれる特別な「職業（Beruf）」となり、特別なゲゼルシャフト結合という途を辿って、次第に、家共同態的行為から分離していった。その過程で、完全な家共同態や、後に論ずる古代の「オイコス」においては自明であったような、家政、仕事場、勘定のかつての一体性は崩壊した。[4]

しかし、その場合重要なことは、家政と仕事場との空間的な分離ではない。「決定的な発展のモメントとは、「会計帳簿上の」そして法的な、「家」と「ベトリープ」の分離であり、この分離に見合った法の発展なのである」[5]。まず、ここで近代資本主義に特徴的な〈家政〉と〈ベトリープ〉の分離が、前節でわれわれが見た〈法〉の発展と相即していることを確認しておいてほしい。

ところで、その際に、〈家政〉から〈ベトリープ〉を会計帳簿上、分かつ動因とは何であろうか。ウェーバーの説明は、二つの面をもっていると思われる。すなわち、一方における〈家共同態（Hausgemeinschaft）〉の機能上の地位（funktionelle Stellung）の変化であり、また、他方における商業の経営形態の発展である。これら両者は相互に絡み合っているが、しかし、一方を他方に還元できるものではない。

まず、出発点はつぎの事実である。

持続的商業ベトリープ（kontinuierlicher Handelsbetrieb）の最古の担い手は、どこにおいても、すなわち、中国でも、バビロニアでも、インドでも、また、中世初期においても、家族（Familie）であった[6]。

しかし、商業ベトリープが家族的紐帯に縛りつけられているかぎりでは、合理的な簿記（Buchführung）による運営は生じなかった。ここでも、目的合理性と価値合理性の原初的二元構造が、家内部への計算の要素の侵入を制限しているからである。すなわち、ベトリープにおける人的関係そのものが、人間関係主義的に営まれるべき内輪の事柄にすぎなかったからである。

特殊な性格をもった西洋における発展は、そのつぎの段階から分岐を開始する。

まず、中国などでは永く存続した〈氏族（Sippe）〉が早くから崩壊し、それに伴って家共同態の機能が変化していった事実がある。

〈氏族〉の解体には、二つの力が作用した。

その一つは、預言を伴ったユダヤ教―キリスト教の宗教的力である。この宗教性は氏族関係を顧慮することなく教区を定めたし、またそのことによって氏族関係は〈正当なる秩序〉としての価値合理性を失うことになっていったからである。かくて家共同態もまた、「献身すべき客観的文化財の担い手[7]」とは次第に見なされなくなっていくこととなる。〈氏族〉を解体させたもう一つの力は、レーエン封建制へと発展した政治的権力である。すなわち、西洋の封建制では、土地の分配は、氏族や血族とは無関係に、授封者（Lehensherr）への忠勤によるものであった。このことが、氏族の本源的機能である軍事的安全保障上での意義をも失わしめたのである。

以上の過程でわれわれが留意すべき点は、家共同態がもはや、原初的二元構造における〈正当なる秩序〉のような、純粋価値合理性をもちえなくなってきているということである。個々人は、家共同態の内部において、自分のポケット・マネーを持つようになり、次第に成員相互の関係にまで計算の要素が浸透していく。貨幣経済が一層の発展を見ると、かつて成員が「生まれながらに」参加していた家共同態のゲマインシャフト行為は、やがて「合理的なゲゼルシャフト結合」に置き換えられていく[8]。

さて、こうした家共同態の機能の縮小傾向と相互関連しつつ、他方で、商業上の〈利害状況〉に適応した経営形態の発展が生じた。

まず、商業ベトリープにおいて、家族的枠を超えたゲゼルシャフト結合が成立する。これは、当初は商品の海上輸送に伴う危険を分担し合う仲間団体（Genossenschaft）的なものであったのが、やがて、コンメンダ（commenda）という形式のゲゼルシャフト結合へと発展したものである。このコンメンダにおいて重要な点は、一つの共同態のなかに二種類の成員が分化して存在したことである。すなわち、一方に、故国の母港にとどまり、自分では海上へと出ていかない組合員がおり、他方には、実際に船に乗って海上へと繰り出す組合員がいる。こうした分化からは、〈投資〉の観念が生じてくる。すなわち、コンメンダは、「投資という事柄（eine Sache der Kapitalanlage）」の原初形態となるのである[9]。

このコンメンダが普及してくると、やがて、そこから継続的ベトリープ企業（die dauernde Betriebsunternehmung）が成長してくることになる。

まず、家のなかへと計算の要素が入り込む。家族外の者とコンメンダ取り引きを行なうようになって、それに関連した部分については、少なくとも別に決算しなければならなくなったからである。こうした計算の要素は、貨幣経済の発展とともに次第に範囲を広げていく。

さて、取り引きが長期にわたるようになると、現金決済の他に、信用（Kredit）による取り引きの必要が増し、それに伴って信用の保証（Garantie）の問題が生じてくる。そして、この信用保証の問題こそ、家政とベトリープの分離を決定的なものにした要因に他ならない。というのは、最初のうちは、保証は、大家族の資産や共同生活者たちの連帯責任によって維持されていたのだが、やがて、そうした組合員の私有財産とは区別して、商事会社自身の特別資産（Sondervermögen der Handelsgesellschaft）が設けられ、これによって信用保証が永続的に確保されるようになったからである。[10] ここに、〈資本〉概念の発展の端緒が切り開かれたのである。

たしかに、純粋に論理的に考察すると、偶発的な企業にすぎないコンメンダから、〈特別資産〉は自然成長的には成立しないようにも思われる。また、他方、家共同態の内側からの機能変化だけからでは、契約または投資の観念は出てこないであろう。現実的には、それら両者が絡み合いながら発展したことによってのみ、〈家政〉と〈ベトリープ〉は完全に分離しえたのであろう。

さて、以上やや図式的に〈家政〉と〈ベトリープ〉の分離の過程を辿ってきたが、こうした過程そのものが、〈家政〉から分離した〈ベトリープ〉の性格を明瞭に示している。

すなわち、一方で、家共同態が〈正当なる秩序〉としての純粋価値合理性を失っていき、他方で、家共同態の行なう営利行為の素朴な功利主義の形態をとった純粋目的合理性が、永続的な契約関係の必要に対応して、それ自体価値合理的な秩序に従わねばならなくなることによって、原初的二元構造においては家共同態の紐帯に制約された〈有目的行為〉にすぎなかった〈ベトリープ〉は、自立して永続的な〈物象（Sache）〉の形態をとるようになったということである。それゆえに、われわれは、〈家政〉から分離して自立的な秩序をもった〈ベトリープ団体〉を、〈物象化された有目的行為〉と呼ぶことができるだろう。

注

（1）大塚久雄「《Betrieb》と経済的合理主義」、前掲、大塚久雄ほか編『マックス・ヴェーバー研究』所収
（2）GAzRS, I,S.10.（『序言』一九ページ）
（3）WuG, S.28.（『基礎概念』八五ページ）
（4）WuG, S.229.（『社会秩序』五九〇ページ）
（5）WuG, S.229.（『社会秩序』五九一ページ）
（6）WG, S.199.（『経済史』下、四四ページ）
（7）WuG, S.226.（『社会秩序』五八五ページ）。なお、氏族の崩壊については、WG, S.56f.（『経済史』上、一二八―一二九ページ）参照。
（8）WuG, S.227.（『社会秩序』五八七ページ）。
（9）vgl., WG, S.199.（『経済史』下、一七ページ）。なお、コンメンダと並んで、ソキエタス・マリスという形式もあるが、この二形式の異同については、『経済史』下、一九ページ、訳注（二）参照。経済史的には、コンメンダの性格における南欧と北欧の相違が重要な意味をもつが、ここでの議論では、その点には触れなくていいであろう。
（10）WG, S.200ff.（『経済史』下、四六―四九ページ）

## (二)〈ベトリープ〉と〈専門人〉

### (a)〈規律〉と〈ベトリープ〉の固有法則性

前項で辿ったように〈家政〉から分離して自立した〈ベトリープ〉は、永続的な合理的形態に発展するためには、大塚久雄の指摘するように[1]さらに二つの条件を必要とする。すなわち、成熟した市場関係と専門人とである。自立した〈ベトリープ〉は合理的な簿記をもち、したがって〈計算可能性〉という〈物象（Sache）〉の論理に

よって運営されるわけだが、これが政治的強制を伴わず、「人のいかんに左右されない」自由な市場関係に適合的であることは自明であろう。すなわち、「市場が、その固有法則性に身を委ねるところでは、それは〈物象(Sache)〉への顧慮のみを知っている」[2]からである。

それでは、〈専門人(Fachmensch)〉という主体的条件は、〈ベトリープ〉にとってどのような意味をもつのだろうか。

周知のように、この〈専門人〉は、禁欲的プロテスタンティズムの〈職業人(Berufsmensch)〉理想に由来するものである。すなわち、現世を神の栄光を表すものに作り変えるために、〈神の道具〉として職業労働という使命に献身する一方、そのために自らの生活を方法的(methodisch)に律してゆかんとする生活態度をその背景にもっているのである。それゆえに、〈専門人〉は、大塚の説明するように、「専門的な習練を積み、特定の〈物象(Sache)〉に対して義務として献身するような人間類型」[3]となるのである、〈専門人〉は〈人格性―物象性〉の二項対立構造の上に立つ〈近代ヨーロッパ的人格像〉の典型である。〈専門人〉が、特定の〈物象(Sache)〉に〈義務〉として献身しているかぎりで、それは彼にとって価値合理的な行為に他ならない。

それゆえに、〈専門人〉の〈ベトリープ〉への関わりは、〈物象(Sache)〉に従って目的合理的に組織された〈ベトリープ〉の秩序に価値合理的な〈正当性〉を付与するという意味をもっている。この〈専門人〉の関わりにより、〈ベトリープ〉は、目的合理的かつ価値合理的な秩序をもち〈物象的(sachlich)〉な固有法則性(Eigengesetzlichkeit)に従った展開を示すようになる。かつて家共同態が、特権的に供給していた〈客観的文化財(objektive Kulturgüter)〉を、いまや〈ベトリープ〉の方が供給するのである。

さて、このように、物象化されて固有な価値と固有法則性をもつに至った〈ベトリープ〉は、その固有法則性ゆえに、不可逆の〈運命〉に巻き込まれていかざるをえない。そして、この〈運命〉こそ、〈人格性―物象性〉の二項対立構造のうえに成立する〈物象化としての合理化〉の数奇なパラドックスを指し示すのである。

まず、〈物象化〉された〈ベトリープ〉の固有法則性は、その内部においては、〈規律(Disziplin)〉による人間の組織化という形で現れる。

ウェーバーは、〈規律〉の社会学的観点からみての重要性を、つぎの二点に見ている。すなわち、第一に、規律に従った行為が自然現象の法則性とまったく同じように合理的に計算しうる（rational kalkuliert）ということであり、第二に、規律に従った献身というものが、人（Person）への献身を意味するものではなく、共同の〈事柄（Sache）〉、あるいは、合理的にめざされた〈成果（Erfolg）〉への献身を意味することであり、それゆえに〈物象的（sachlich）〉な性格をもつということである。(4)

こうした合理的計算可能性と物象性こそ、〈規律〉をして〈ベトリープ〉の内的論理たらしめる根拠である。そのかぎりでは、〈規律〉も目的合理的かつ価値合理的であると言いうるのである。

ところで「規律とは、内容的にみると、受けた命令を、首尾一貫して合理化された形で、言い換えると、計画的に訓練されて、精確に、そして、一切の自分が抱いた批判を無条件に排除して、遂行すること、そしてこの遂行という目的にのみ内面的志向をたゆまず集中すること、これ以外の何ものでもない。そして、このメルクマールに、命ぜられた行為の画一性（Gleichförmigkeit）という、もうひとつのメルクマールが加わるのである」(5)。

まさに〈規律〉は、それが意識的、それゆえ合理的であればあるほど、〈秩序〉への画一的な服従を帰結するようになるという構造をもったものなのである。それゆえに、〈合理的規律〉こそ、「個々人の行為の意義を後退させていくあらゆる力の中で、最も抗し難い力(6)」である。

〈規律〉は、行為の合理性＝意識性という点から考えるとき、まったくパラドクシカルなものと言わねばならない。ウェーバーは、こうした〈規律〉の合理化された極限を、かのアメリカ式科学的管理法＝テイラー・システムに見て、つぎのように言う。

　ここでは、人間の精神物理的装置は、外界や道具や機械、つまり、機械的作用が、彼に呈示する諸要求に完全に適応させられ、彼自身の有機的連関によって与えられたリズムは無視され、個々の筋肉組織の機能への

計画的分割と最善なる力の経済の創出によって、労働諸条件に適合するように、新しくリズムを与えられるのである。(7)

かくて、〈規律〉は、〈支配〉と〈服従〉とに結びつく。

「支配とは、ある命令を下した場合、特定の人々から服従が得られる可能性を指すことにしよう。規律とは、ある命令を下した場合、特定の多数の者から、それらの人々の身についた態度によって、即座に自動的で規格化された服従が得られるという可能性を指すことにしよう」(8)。『基礎概念』におけるウェーバーの概念規定は以上のようであるが、ここには、目的合理的かつ価値合理的な〈規律〉創出への努力そのものが、「身についた態度」による機械的な服従という意識性のレベルの低い行為類型を生み出す努力であるという、パラドクシカルな構造についてのウェーバーの認識が示されているのである。

　さて、このような〈規律〉を備えた〈ベトリープ〉が、生の諸領域を覆っていくと、それら諸領域は、やがて、それぞれの固有法則性をもった文化領域として発展し、互いに鋭い緊張関係を孕むようになってくる。今日、自明のものとなっている学問、芸術などの文化諸領域の固有価値と固有法則性は、それがベトリープとして営まれることによって、現実的基礎をもつようになった。ウェーバーは、『宗教社会学論集』の『中間考察』において、こうした文化諸領域の緊張関係を鋭く描き出している。ここでは、それらの緊張関係を逐一辿っておくことはできないが、その典型的な例としての「宗教」と「経済」の緊張について、ウェーバーの叙述を引用しておこう。

　宗教が救済宗教にまで昇華され、経済が合理化されてくると、それらは次第に互いの緊張関係に陥っていく。合理的経済とは、物象的なベトリープであって、市場での人間相互の利害闘争から生じる貨幣価格に準拠している。貨幣価格という評価なしには、それゆえ、そうした利害闘争なしには、いかなる計算(Kalkulation)も可能ではない。貨幣は、人間の生活においてみられる最も抽象的で、「非人格的(unpersönlichst)」なものなのである。それゆえ、近代の合理的資本主義の経済は、それに内在する固有法則性に従うようになればなるほど、宗教的な同胞愛倫理（religiöse Brüderlichkeitsethik）とは、いかなる関係をももちえなくなってくる。(9)

こうした事態も、原生的な共同態の素朴な一体性が崩壊し、〈ベトリープ〉が、独立した固有価値と固有法則性をもつに至った帰結なのである。それぞれの文化領域は、素朴な一体性から解放されて自立したのみならず、それぞれが固有な価値をもつものとして〈価値合理化〉されたために、もはや緊張関係は安易な妥協へは導かれえず、神と悪魔の対立として尖鋭化せざるをえない。

### (b)〈専門人〉の運命

それでは、そうした過程において、〈ベトリープ〉の主体的根拠たる〈専門人〉の方はいかなる運命を辿らざるをえないのか。

それは原生的な共同態における有機的な「生」の一循環によっては、もはや自らの〈生〉の意味を支えきれなくなったところから出発する。〈家〉から切り離された〈ベトリープ〉において、ひたすら〈物象（Sache）〉に献身することを価値合理的な行為とする〈専門人〉は、〈ベトリープ〉の〈規律〉による秩序に身を委ねるとともに、逆転して、〈ベトリープ〉によってのみ自らの〈生〉の意味を支えられるようになる。「経済」のみならず「学問」や「芸術」においても、ひたすら自らの〈物象（Sache）〉に仕えることこそが、自らの〈生〉の実現であるとか〈救われてあること〉の証しであるとか考えた〈専門人〉は、いまや〈ベトリープ〉における「業績」や「地位」によってしか、自らの〈生〉の〈意味〉を捉えられないようになるのである。なるほど、〈ベトリープ〉は、自立して固有の文化価値領域を形成してはいる。しかし、〈専門人〉は、もはや自立した意味のある〈生〉を営まなくなり、一個の〈生〉

によっては〈文化人〉の総体性を体現しえなくなる。

　ウェーバーは、こうした〈専門人〉の運命を、つぎのような表現で叙述している。少し長くなるが、引用しておきたい。

> ひたすら文化人へと自己完成を遂げていくことの無意味性（Sinnlosigkeit）、言い換えれば、「文化」がそこに還元されうるかにみえていた究極的価値の無意味性は、宗教的思考からすれば、――そうした現世内的立場から見て――明らかな死の無意味性から帰結したのであって、この死の無意味性こそが、他ならぬ「文化」という諸条件のもとで、生の無意味性を決定的に前面に押し出したのだということになる。農民はアブラハムのように、「生きることに飽満して（lebenssatt）」死ぬことができた。封建領主や戦士たちもそうであった。みんな、その外へは出ることのないような生存の一循環（Kreislauf ihres Seins）を完了したからである。そのようにして、彼らは彼らなりに、生活内容の素朴な一義性から生れてくる地上的完結（innerirdische Vollendung）に到達することができた。ところが、「文化内容」の獲得ないし創造という意味で自己完成を追求する「教養」人の場合には、そういうわけにはいかない。彼らは、「生きることに倦怠する（lebensmüde）」ことはありえたとしても、一循環を完了するという意味で「生きることに飽満する」ことはありえないのである。なぜならば、教養人の完全性の追求は、原理的には、文化財（Kulturgüter）の場合と同様、際限のないものだからである。……（略）……たしかに、個々人にとって「文化」の意味とは、「文化財」から彼がもぎとって貯えたものの量が多いか少ないかにあるのではなく、彼が、その文化財のうちから何を選択するかによって決まってくるものであろう。しかし、この選択されたものが、まさに、彼の死という「偶然なる」時点において――当人にとって――意味ある終末に到達しているかどうかは、何の保証もないのである。そしてもし、彼が、みずから高しとして、人生に背を向け、「もう、これで十分だ――わたしには、自分にとって生きるには値するものはすべて与えられた［あるいは、拒まれた］」と言ったとすると、

この高慢な態度は、救済宗教にとってみれば、神の命じ給うた人生行路や運命をあなどる瀆神のわざと見えるであろう。どんな救済宗教も、「自由意志による死」を積極的に是認しはしない。哲学のみが、それを浄化してしまったのである。——

こう見てくると、「文化」なるものとはすべて、自然的生活の有機的にあらかじめ定められた循環から人間が抜け出ていくことであり、まさにそれゆえに、一歩一歩ますます破滅的な無意味性に向かうように宿命づけられているものと見える。文化財への献身は、それが聖なる使命となり、「天職（Beruf）」となればなるほど、無価値であちこちに矛盾を孕んだ目標に、ますます無意味にもあくせくとわが身をせき立てる、そんな行為に転じていってしまうのである。(10)

有機的な一体性を保っていた原生的な共同生活からその部分的な〈有目的行為〉としての〈ベトリープ〉を切り離し、固有法則性をもった文化領域へと物象化したがゆえに、それを担う〈専門人〉の行為は、ますます没意味的なものに頽落していく。こうした構図こそ、ウェーバーが描いた近代ヨーロッパ文化世界に宿命的な構図なのだと言いうるであろう。そしてこれは、〈近代ヨーロッパ的人格像〉の理想として、意識的それゆえに合理的な行為を〈自由〉に志向してきたその帰結、言い換えると、〈合理化のパラドックス〉に他ならないのではあるまいか。

こうした運命を明瞭に捉える点において、ウェーバーは、まさにすべて「近代主義者」と対立することになる。〈Sachlichkeit〉を〈即事象性〉としてのみ捉えて称揚し、〈人格性—物象性〉の二項対立構造のうえに立つ〈近代ヨーロッパ的人格像〉が孕む根源的問題性を見ようとしない「近代主義者」は、〈専門人〉として、自らその運命を体現するであろう。しかし、問わねばならない根源的問題が、この二項対立構造そのものにあることを、〈専門人〉の運命は明瞭に物語っているのである。

ウェーバーによる、このような〈専門人〉の運命の把握は、神経を病む以前において、「職業人（Berufsmensch）のみを完全な人間と考え」、自らの〈物象（Sache）〉に「痙攣的（krampfhaft）」にしがみついていたウェーバー当人の、かつての生き方に対する痛苦な反省が込められている。[11]

さて、このように、〈専門人〉としての自らの運命に耐えつつ、なおも、ひたすら〈物象（Sache）〉にのみ献身し続けるということは、平均的な人間たちには耐えがたいことである。それゆえに、すでに〈物象化〉したベトリープは、なおも合理化の道を辿りながらも、そこにおける〈専門人〉は、〈物象（Sache）〉への献身という価値合理的な〈精神（Geist）〉を失っていくというコースを辿っていく。こうした過程は、〈官僚制化〉としての合理化のなかに鮮明に現れることになる。

われわれは、さらに、そうした〈物象化としての合理化〉の展開と帰結を、その最後に至るまで追求していかねばならない。

注

（1）前掲、大塚久雄「《Betrieb》と経済的合理主義」三二三ページ
（2）WuG, S.383.
（3）前掲、大塚久雄「《Betrieb》と経済的合理主義」三二三ページ
（4）WuG, S.682.（『支配』第二巻、五〇五ページ）
（5）WuG, S.681.（『支配』第二巻、五〇三ページ）
（6）WuG, S.681.（『支配』第二巻、五〇二ページ）
（7）WuG, S.686.（『支配』第二巻、五二二ページ）
（8）WuG, S.28.（『基礎概念』八六ページ）
（9）GAzRS, I, S.544.（『中間考察』一一三ページ）
（10）GAzRS, I, S.569f.（『中間考察』一五七―一五九ページ）

(11) Marianne Weber, *a.a.O.*, S.271.（前掲、マリアンネ・ウェーバー『マックス・ウェーバー』第一巻、一八九ページ）。また、GAzRS, I, S.204.（『プロ倫』下、二四六ページ）など参照。この点については、本章7参照。

## 7　〈官僚制的支配〉――〈物象化〉の帰結

### (a) 精神なき専門人

われわれは、すでに本章5において、〈自然法思想〉を極点とする〈人格性―物象性〉の二項対立構造の成立と、そこからの〈物象化―没意味化〉として、実定的な〈制定律〉の合法性の観念が発生する構造を見てきた。そして本章6では、法観念の歴史的展開に伴って〈家政〉から分離した、「持続的有目的行為」としての〈ベトリープ〉が、〈物象化〉され〈規律〉という秩序を発展させていく過程を見た。

さて、〈制定律〉の合法性に対する信仰に基づいた〈正当的支配〉とは、〈依法的支配（legale Herrschaft）〉である。周知のように、ウェーバーは、支配の正当性（Legitimität）への信仰を基礎にして内面的に支えられるような〈正当的支配〉を三つの純粋類型に分けているが、まさにこの〈依法的支配〉こそ、人格的（persönlich）な性格をもつ〈伝統的支配〉や〈カリスマ的支配〉に対して、〈制定律〉を基礎にした〈支配〉の〈物象性（Sachlichkeit）〉によって特徴づけられるものなのである。

このような〈制定律〉の合法性への信仰に基づく〈依法的支配〉が、その行政技術的な基礎として、〈ベトリープ〉の〈規律〉を秩序の根幹に据え、合理的な「権限」の分割を伴った構造を整えていくようになると、そこに〈官僚制的支配（bürokratische Herrschaft）〉が成立する。それゆえに、〈官僚制的支配〉は、〈依法的支配〉の純粋類型となる。[1] そしてまた、〈官僚制的支配〉は、法規範の物象化的発展と、〈ベトリープ〉の規律的秩序の物象化的発展との統一として、まさに〈人格性―物象性〉の二項対立構造を基盤とした〈物象化〉過程の極点に位置しているのである。

ウェーバーは、このような〈官僚制的支配〉の展開を極度に重視して、つぎのように言っている。

特に、近代国家の全発展史は、近代的官吏制度と官僚制的経営《ベトリープ》の歴史と一致する。同様にまた、近代的高度資本主義の全発展は、経済経営《ベトリープ》の官僚制化の進展と一致するのである。(2)

われわれはまず、〈官僚制的支配〉の、ウェーバー理解社会学における、以上のような位置づけを明確に押さえておきたい。

さて、このように〈官僚制的支配〉を〈人格性―物象性〉の二項対立構造を基盤とした〈物象化〉過程の極点として位置づけると、そうした帰結からはいかなる問題が見えてくるのだろうか。それを検討するために、まず、〈官僚制化〉についてのウェーバーの問題関心の所在に触れておくことにしよう。

ウェーバーは一九〇九年、ウィーンで開催された社会政策学会において、〈官僚制〉に触れてつぎのような発言を行なっている。

私の弟（アルフレート・ウェーバー）は、もちろん、枢密顧問官ヴァグナー氏やわたしとまったく同様に、官僚制的機械化（bürokratische Mechanisierung）の進展が押しとどめ難いことを確信しております。実際、およそこの世の機械で、この人間機械（Menschenmaschine）ほど精確に、しかも安上りに作動するものは何もないのです。（略）われわれが今日すでに目撃している、かの包括的な官僚制化と国有化の帰結を想像していただきたい。大工業の私的経営《ベトリープ》においても、すべての近代的に組織された経済経営《ベトリープ》一般においてとまったく同様に、「計算可能性」と合理的計算は、今日すでに、底辺に至るまで滲透しています。この合理的計算によって、個々の労働者はいずれも、この機械の中のひとつの小さな歯車となり、内面的にも次第にそれに馴染んで、自らをそうした歯車と感ずるようになり、どうしたらこの小さな歯車から少しでも大きな歯車になれるのか、とひたすら自問するばかりとなるのです。(3)

このウェーバーの発言について、マリアンネは、つぎのように解説している。

今度の問題は社会政策的なもので、国家権力の強化、国家及び地方自治体の経済活動の拡張が、社会的平衡への、そしてまた私的資本の支配の制限への正しい道であるか、あるいは、あらゆる制度やベトリープそして議会の民主化がその道であるかということであった。熱烈な老闘士アドルフ・ヴァグナーは国家社会主義の方向を指向したのに対し、他の人々、特にウェーバー兄弟は、個々人を「装置（Apparate）」に従属させる新しいやり方をその中に見た。というのは、彼らにとって、社会改革の窮極の基準とは、どのような人格類型（Persönlichkeitstypus）がそれによって助長されるのかという点にあったのである。自由で自己責任的な人間か、あるいは、外的な安全のために権威や上長に屈従するような政治的にも精神的にも従属的な人間か。経済への国家の関与の増大が官僚制的装置の増加をもたらし、自分のささやかな地位を守らんがために自主的な政治判断を放棄しなければならぬ官吏や公僕をますます増やすという考えを、アルフレート・ウェーバーはたくみに打ち出した。官僚制的装置は、特定の課題の技術的解決のためには必要であるとしても、それを国家形而上学的に賛美するのは奴隷的心情を生み出すというのである。(4)

見られるように、〈官僚制〉に対するウェーバーの関心は、それの技術的優秀性や不可避性そのものではない。むしろ、〈官僚制的支配〉を〈物象化〉過程の極点として捉える視角から、ウェーバーの関心の中核に位置してくるのは、〈物象化〉過程に対応した〈人格性〉そのものの運命に他ならないのである。すなわち、そのように視点を定めることで、〈人格性―物象性〉の二項対立構造という近代ヨーロッパ文化世界の文化的基盤が、〈物象化としての合理化〉の果てに、〈人間〉に対していかなる意味をもってくるのかを見定めようとするのである。

こうした問題関心に対応して、『支配の社会学』における〈官僚制的支配〉に関する記述[5]では、近代的官僚制の特殊な機能様式の概括に続いて、官僚の地位がいかなる性格をもたざるをえないかについて分析されている。そして、そこには、〈物象化としての合理化〉のパラドクシカルな展開が明確にあらわれているのである。われわれは、そこでまず、この官僚の地位に関するウェーバーの考察を辿ることから始めよう。

官僚の地位に関する考察は、それの相互に対照的な二つの面に照明を当てている。

その第一の面とは、官僚の職務における〈即事性＝物象性（Sachlichkeit）〉である。官僚の職務に就くということは、一定の代償のためにおこなわれる特定の労働給付という性格をもたない。つまり、なんらかの労働を賃金と引き替えに請け負うのではなく、非人格的物象的な目的（ein unpersönliche sachliche Zweck）に向けて設けられた職務そのものに忠実であることを義務として引き受けるというところに官僚の地位の特殊性があるのである。言い換えると、官僚の職務に就くということは、生活の保証と引き替えに、彼が教育によって得た物象的（sachlich）な能力をもって、非人格的物象的な目的のために構成された組織の「コマ」となることを引き受けるということなのである。そうであることによって、官僚制的組織は、すぐれて〈目的合理的〉な組織原理を貫徹しうることになる。

もちろん、この物象的な目的の背後には、それをイデオロギー的に神化するものとして、地上的あるいは超地上的な人格的ヘルの代用物たる「文化価値理念」が、その共同態に実現されていると考えられて存在しているのが常である。そのような「文化価値理念」には、例えば、「国家」「教会」「共同体」「政党」「ベトリープ」などが挙げられる[6]。

かくて、〈官僚制〉は、固有の文化価値を担い、目的合理的かつ価値合理的な秩序をもった〈ベトリープ〉からの直接の発展形態であるとともに、それが一層、目的合理的な方向へ技術的に編成された形態であることがわかる。ウェーバーは、こうした点を踏まえて、官僚の職務を〈Beruf（召命としての職業）〉であると性格づける。

それにもかかわらず（bei all dem）、官僚の地位の第二の面、すなわち〈個人的＝人格的〉な地位の面では、官僚制の物象的に整備・確立された秩序は、かえって、官僚たちに「身分的」に高い社会的地位を保証し、それを享受させるように機能してしまう。そして、〈物象化としての合理化〉が進展し、官僚制的機構が、装置としては、その目的合理性を高めれば高めるほど、官僚たちの職業身分的な地位は、ますます、確固としたものにならざるをえないのである。

それでは、その過程をもう少し詳細に追跡してみよう。

まず、第一に挙げられるべきことは、〈官僚制〉と〈教育〉との関連である。

官僚的職務は、〈物象的〉な必要性から、官僚に〈専門人〉たることを要求するが、その要求は、専門試験の合格と、その前提たる専門高等教育における教育免状（Bildungspatent）の要求として具体化される。

ところが、専門教育に多額の費用を必要とすることは官僚の上層身分的性格を強めるし、教育免状や試験の合格キャリアはその特権化に作用せざるをえない。教育制度が整備され合理化されていくと、官僚の任用は、ますます教育免状や試験などに依存するようになるが、そうなると、教育免状の特権的威力は合理的には否認しがたいまでに確固としたものになっていく。

つぎに、ウェーバーが挙げることは、「任命」という任用方法である。

官僚制的組織の階層的体系は、「権限」の分与について、選挙などによる方法ではなく、上級による下僚の「任命」という任用方法を発展させる傾向がある。というのは、「選挙されたのではなく、ヘルによって任命された官僚は、普通、純技術的にみると、より精確な機能を営む。蓋し、他の条件が同じならば、純粋に専門的な見地や資質が、彼の選抜や経歴を決定する公算がより大きいからである(7)」。

しかしながら、この「公算」も逆から見ると、上級たる個人への忠勤度が「任命」を決定する「公算」でもあり、容易にそのように変質するのである。かくて、官僚は、機構そのものが階統的に整備され合理化されていけばいくほど、そして、政治権力や上級者の政策決定や運用に大きな影響力を持てば持つほど、個々人としては、上級に対してますます従属的な態度を強める傾向を見せていく。

さらに、官僚の地位の「終身制（Lebenslänglichkeit）」の問題が挙げられる。

ウェーバーによれば、この「終身制」の保障は「当該の特殊な職務の、厳密に物象的な、人格的考慮を抜きにした遂行を保障する」[8]。というのは、官僚はそれによって、後顧の憂なく、〈事柄（Sache）〉に対することができるからである。

しかし、こうした「終身制」の保障は、容易に官僚の〈個人的な（persönlich）〉な利害関心の拠点となり、次第に、恣意的な罷免を防ぐ保障や、「官職要求権（Recht auf das Amt）」[9]の確保にまで、要求の範囲は拡大していく。そうなると、官僚の要求は、技術的合目的性を顧慮しての官僚の任用に対立しさえするようになるのである。

そして、さらに、俸給や昇進の条件の機械的固定化も、官僚制の階層的身分化の傾向に拍車をかける。

かくて官僚制的組織は、その機構が〈物象的〉な目的遂行のために目的合理的な体制を整えれば整えるほど、すなわち〈物象化としての合理化〉が進展すればするほど、官僚個々人の職務への「主観的」な忠誠を前提としないようになるばかりか、むしろ、彼らの高い身分的地位を特権的に保障するものへと発展していく。

自らの装置（Apparat）の自律的な〈目的合理性〉のうえに立った官僚制的組織は、ベトリープが当初前提とした〈専門人〉の〈物象（Sache）〉への〈価値合理的〉な献身を、もはや不可欠とはしない。むしろ、〈物象化〉された職務体系の「目的合理性」は、官僚たちの〈人格的（persönlich）〉なエートスとはますます乖離していくようになるのである。

このように見てくると、官僚制的組織の〈物象化としての合理化〉は、それに伴う官僚の職業身分化を通じて、官僚から、その〈専門人〉の〈精神（Geist）〉たる文化価値への〈即事的＝物象的〉な献身を失わしめていく過程でもあることがわかる。

「業務の全体を訓練された専門労働へと細かく分割し、それぞれの権限を確定したうえで、規則によって統御し、階層的に段階づけられた服従関係へと編成するところの官僚制的組織は生きている機械（lebende Maschine）であり、これもまた凝結した精神（geronnener Geist）に他ならない」[10]。これに対し、職務の目的合理的かつ価値合理的意味を見失った官僚たちは〈精神なき専門人（Fachmenschen ohne Geist）〉である。〈精神〉を失った〈専門人〉は、もはや職務遂行の意味を問うことがなく、ただただ、少しでも大きな歯車への上昇を願い、権威や上長に、精神的にも政治的にも、従属的な人間へと頽落するのは避けられない。

## （b）心情なき享楽人

さて、ところで、以上のような官僚の職業身分化は、伝統的支配下における身分制化とはもちろん性格を異にしている。というのは、この事態とまったく並行して、社会的差別の相対的平準化（Nivellierung）が進行しているからである。「官僚制は、とりわけ、近代的大衆民主制（moderner Massendemokratie）の不可避な随伴現象」[11]に他ならないのである。

官僚制が社会的・経済的差別の相対的な平準化を前提としていることは、それが依法的支配の純粋類型であることからして明らかである。〈制定律〉の合法性の信仰へと正当性の根拠を移すということが、伝統的・身分的なさまざまの権威の失墜と相即していることは言うまでもない。そして、官僚制が要求する専門的職業労働は、ますます旧来の名望家支配を打ち破らざるをえない。

ところで、しかし、このように不可避に随伴する〈民主制〉と〈官僚制〉とは、これまた不可避に、矛盾と緊張に巻き込まれることになるのである。

発展の当初の段階では、〈官僚制〉は、「民主制的潮流」にとって歓迎すべき価値合理性を備えていた。すなわち、官僚制的組織の形式的で目的合理的な〈即事性＝物象性〉が、往時の家産制的支配におけるような、人物に左右される勝手な恣意性や気ままな恩恵に明確に対立するからである。

ところが、官僚制の目的合理的な合理化が進展し、ベトリープの規律が階統的秩序へと物象化されていくと、官僚制の〈物象性〉は「民主制的潮流」から見ると、冷酷で硬直したものとなっていかざるをえない。ウェーバーは、その事情をつぎのように説明する。

「エートス」は、それが個々の問題において大衆を支配する時には――われわれは、他の本能についてはここでは度外視する――、具体的ケースと具体的人物に応じた実質的「公正」への要請をもって、官僚制的行政の形式主義と規律に縛られた冷酷な「物象性」と不可避に衝突し、さらにこの理由から、かつて合理的に要求されたところのものを感情的に非難する、ということにならざるをえないのである。[12]

かくて、「民主的潮流」は、官僚制に対し、自己分裂な態度のうちに踏み迷うことになる。しかし、官僚制的支配装置は、ひとたび成立するや不壊の力をもって屹立し、被支配集団ですら、それなしで済すことも、他のものによって取り替えることもできなくなる。「なぜならば、官僚制的支配装置は、計画的に総合された専門的訓練・分業的専門化・習熟し見事にマスターした個々の機能への定まった配置の上に立脚しているからである。この支配装置がその働きを停止し、あるいは、暴力的に妨害されるようなことがあると、その結果は混沌であり、この混沌を克服するために、被支配者の中からその代用物を即座に拵えることは困難である」[13]

このような装置としての堅固さに加えて、さらに、官僚制的構造の発展には、「物象的なベトリープの手段（sachliche Betriebsmittel）」の集中（Konzentration）[14]という事態が伴う。そうなると、被支配者たちですら、官僚制的支配装置の中になんらかの形態で組み入れられざるをえない。これによって、人格的（persönlich）な形態での社会的差別の平準化を前提とした官僚制は、それを物象的（sachlich）な形態での階統的秩序へと再編成するという機能をもつことになる。

われわれは、ここで、以上見てきた官僚制的な〈物象化としての合理化〉が、決して「政治支配」の領域にとどまらないということを想起したい。官僚制化は、家政から分離したベトリープの物象化的展開として、ベトリープが担うあらゆる文化領域（例えば、経済・学問・芸術・宗教など）を覆い尽くして進行するのである。

すでに見たように、かつて原生的な共同態が担っていた文化価値は、家政とベトリープが分離することにより、個々の文化領域におけるベトリープがそれぞれ担うようになっている。それゆえに、諸個人はいまや、なんらかのベトリープに所属することを通じてのみ、文化価値を担う可能性主体となるのである。

ところが、官僚制化したベトリープでは、文化価値を志向する〈目的合理性〉は、装置のもつ物象的で「客観的」な「目的合理性」へと転移してしまっている。専門人の〈物象〉への価値合理的な献身は次第にその意味を失っていく。もはや、官僚制的装置の個々の歯車が、主体として文化価値を担う緊張を持続することは困難であろう。このことは、専門人たちの生活態度にも影響を与えずにはおかない。

ピューリタンの禁欲的で方法的（methodisch）な生活態度は、神の栄光を現世において顕わしめる職業労働の目的合理的かつ価値合理的な意味によって、その裏面を支えられていた。そして、そのことによって、彼らの〈人格性〉は内面からの統一をめざして一貫した尊厳をもちえたのである。いまや、この支えが取り払われているのである。

「召命としての職業労働」の価値合理性に志向しない生活態度は、ピューリタンにとっては、その意味からして「享楽」に他ならない。それに加えて、〈人格性―物象性〉の二項対立という文化的基盤のうえでベトリープと分離した〈家庭〉は、それ自体としては、もはや文化価値の担い手たりえなくなっている。それゆえに、職業労働の没意味化に伴って残されたものは、文化価値を主体的に担う〈心情（Herz）〉を失った「享楽」にすぎないものなのである。

この〈心情なき享楽人（Genußmenschen ohne Herz）〉は、まさに官僚制装置のなかにありつつ、〈即事的＝物象的〉に文化価値へと献身する精神を失った〈精神なき専門人（Fachmenschen ohne Geist）〉の他面の姿である。この両者を分離して、「エリートと受動的大衆」というように実体化してはならない。なぜならば、この両者は、

〈近代ヨーロッパ的文化人〉が、〈物象化としての合理化〉の末に、自ら陥っていく終局の自己分裂した姿だからである。

ピューリタンは職業人たらんと欲した。われわれは職業人たらざるをえない。何故ならば、禁欲は僧房から職業生活の只中へ移され、世俗的道徳を支配し始めるとともに、今度は、機械的生産の技術的経済的条件に縛りつけられている近代的経済組織の、あの強力な世界秩序(Kosmos)を作り上げるのに力を添えるようになった。そして、この世界秩序は、圧倒的な力をもって、今日その歯車装置の中へと送り込まれてくる全ての諸個人——直接に経済的営利活動に携わる人々のみでなく——の生活を決定しており、将来もおそらく、化石化した燃料の最後の一片が燃え尽きるまで、決定し続けるであろう。バックスターの見解によれば、外物を顧慮するというのは、ただ「いつでも脱ぐことのできる薄い肩衣」のように聖徒の肩に掛かるにとどめねばならなかった。それなのに、不幸な運命は、この肩衣を鋼鉄のように堅い外枠へと変えてしまった。禁欲は世俗を改造し、世俗の内部で成果をあげようとしたが、そのために世俗の外物はかつて歴史にその比を見ないほど強力になり、ついには逃れえない力を人間たちに揮うに至った。今日では禁欲の精神は——最終的にか否か、誰も知らない——この外枠から抜け出してしまっている。ともかく勝利を遂げた資本主義は、機械の基礎に立って以来、この支柱をもう必要としない。禁欲の楽天的な後継者たる啓蒙思想のバラ色の気分すら遂に色あせてしまったようで、「職業義務」の思想は、かつて宗教的な信仰内容であったものの亡霊として、われわれの生活にまとわりついているのみである。このように「召命としての職業遂行」が最高の精神的な文化価値に直接に結びつかないところでは——あるいは、同じことだが、それが主観的には、単に生活をたてるために余儀ないこととしか感じられないようなところでは——各人はおよそ、その意味の詮索を断念してしまうものである。今日、営利の最も自由な地域であるアメリカ合衆国では、営利追求は、その宗教的—倫理的意味を脱ぎ去って、純粋な競争への情熱に結びつく傾向を見せており、それは営利追求にスポーツのような性格を刻印することすら稀ではない。将来この外枠の中に住む者は誰であるのか、こうしたぞっとするような発展の末には、まったく新しい預言者が現れるのか、また、旧い思想や理想の力強い復活がおこるのか、それとも——その何れでもないなら——痙攣的なまでに異常な（krampfhaft）自惚れをもって機構化されたまま化石化するのか（mechanisierte Versteinerung）、それはまだ誰にもわからない。しかし、この化石化という事態が起った時には、こうした文化発展の「最後の人々」に対しては、つぎのような言葉が真理となるであろう。「精神なき専門人、心情なき享楽人。こうした無なるものが、かつて達せられたことのない人間性の高みにまで登りつめたと自惚れているのだ」と。[15]——

方法的禁欲を基礎にもっぱら〈物象（Sache）〉へと献身せんとしたピューリタンは、うってつけの〈職業人〉として、〈人格性―物象性〉の二項対立という文化的基盤のうえで、目的合理的かつ価値合理的な〈物象化としての合理化〉の担い手となった。しかし、献身的な〈職業労働〉は、徹底的合理化の末に、「凝結した精神」たる官僚制的組織を作り上げ、その外枠のなかで、人々は自らの行為の〈価値合理性〉を見失うに至る。ここには、〈秩序〉においては高度に合理的でありながら〈行為〉の意識性の水準においては〈合理性〉が頽落するという意味での、典型的な〈没意味化〉が生じている。そして、この〈没意味化〉が極限にまで到達すると、〈近代ヨーロッパ的文化人〉は、自ら作り上げた外枠のなかで隷従し、〈目的合理的意識性〉を喪失した〈精神なき専門人〉と、文化価値を忘れた〈心情なき享楽人〉とへの自己分裂に陥ってしまうのである。

このような〈没意味化〉の過程は、〈人格性―物象性〉の二項対立という文化的基盤のうえで、内面からの統一をめざし一貫して能動的な行為を行なわんとした〈近代ヨーロッパ的文化人〉が、〈物象化としての合理化〉とともに辿る〈運命〉的なパラドックスを示すと言わねばならない。[16]

（1）WL, S.475f.（『支配』第一巻、三三ページ以下）
（2）WL, S.477.（『支配』第一巻、三五ページ）
（3）GAzSS, S.413.
（4）Marianne Weber, *a.a.O.*, S.458f.（マリアンネ・ウェーバー『マックス・ウェーバー』第二巻、大久保和郎訳、みすず書房、一九六五年、三一七ページ）
（5）WuG, S.551ff.（『支配』第一巻、六〇ページ以下）。なお、参考のために、『経済と社会』第九章の関連する部分の目次を掲げておこう（第五版から）。

七、合理的、官僚制的支配構造の発展経過

八、教養と教育との「合理化」

（6）WuG, S.553.（『支配』第一巻、六四ページ）

（7）WuG, S.554.（『支配』第一巻、六七ページ）

（8）WuG, S.555.（『支配』第一巻、六九ページ）

（9）「官吏が、個人として、官職に就任し、かつ、これを維持することを要求しうる固有権をもっている場合、この権利を、Recht auf das Amt と呼ぶ」『支配』第一巻、七三ページ、訳注（七）を参照。こうした発想は、現代日本における「天下り」の常態化のなかにも生きている。

（10）GPS, S.320.（『議会と政府』三二九ページ）。なお、この〈geronnener Geist〉については、折原浩『デュルケームとウェーバー——社会科学の方法』上（三一書房、一九八一年）一二三ページ、および前掲、折原浩『デュルケームとウェーバー』下、一四四ページ参照。ところで、この〈geronnener Geist〉を、中村・山田訳では、「気の抜けた魂」と訳しているが、そのように解釈したのでは、官僚制的組織の〈物象化としての合理化〉過程の帰結としての意義は失われてしまうだろう。geronnen は rinnen の過去分詞ではなく、gerinnen の過去分詞として受け取るべきである。

（11）WuG, S.567.（『支配』第一巻、一〇七ページ）

（12）WuG, S.565.（『支配』第一巻、九九ページ）

（13）WuG, S.570.（『支配』第一巻、一一六ページ）

（14）WuG, S.566.（『支配』第一巻、一〇三ページ）

（15）GAzRS, I, S.203f.（『プロ倫』下、二四五—二四七ページ）

（16）ウェーバーは、別の個所では、〈理念〉と〈結社〉との関係に触れつつ、この〈物象化としての合理化〉に伴うパラドックスをつぎのように表現している。「（理念と結社との関係について）第一に言えることは、崇高な世界観の理念から出発した結社的結合が、実際上その理念から次第に離れていく機構（Mechanismen）へと変質するというのが日常的に見られる現象だということです。このことは、まさに理念を現実において実現しようとする時にはいつも見られる、所謂、「悲劇」のせいなのです。たしかに、すべての結社には、大雑把なものであったとしても、なんらかの装置（Apparat）があるものです。そして、結社が、伝道者のように、理念に基づいて活動するようになるとただちに、この装置は物象的なものとなって、職業人たちに占領されてしまうのです」。GAzSS, S.445. この個所につき、折原浩は〈イデーの悲劇〉として取り出して注目している。前掲、折原浩『デュルケームとウェーバー』上、一二二ページ参照

## 8　文化人の運命と行為類型論

われわれは、ウェーバー〈行為類型論〉の構成原理をめぐる考察から、本章を出発した。われわれの考察は、一方で、〈行為類型論〉を土台とした基本的概念構成を論理的な構造から検討して解釈を与えつつ、他方で、その中から、〈近代ヨーロッパ的人格像〉の固有性と問題性についてのウェーバーの把握を探るべく試みられたものであった。いまやわれわれは、本章のこうした一個二重の考察を総括し、それを〈比較文化史的視座〉から捉え返しておくことができる。

ウェーバーは、『宗教社会学論集』冒頭の『序言』において、「合理主義（Rationalismus）」という概念が、諸文化圏に応じて極度に多様な内容をもちうるということを強調しつつ、つぎのように自らの課題を設定している。「それゆえに、まず問題となるのは、西洋、就中、近代西洋の合理主義の独自な特性を認識し、それをその生成状況から説明するということである(1)」

本章での考察は、この課題に対してウェーバーがいかなる解答を与えんとしていたのかについて、『経済と社会』に分散した叙述から窺いうるかぎりでの大まかな輪郭を示したと言えるだろう。すなわち、近代西洋の合理主義は、少なくともその核心的な点において、〈物象化〉を志向するという特性をもっていること、そしてこれ

は、ヨーロッパの特殊な歴史的社会的条件の下で成立した〈人格性―物象性〉の二項対立構造という文化的基盤を生成条件としていたこと、これである。

本章での考察は、この点からさらに、近代西洋に特有なこの〈物象化としての合理化〉の過程についての一般的見通しを与えている。

〈物象化としての合理化〉への志向は、禁欲的プロテスタンティズムにおいて完成された「現世の脱呪術化(Entzauberung der Welt)」によって理念的基礎を得ることにより、〈近代ヨーロッパ文化世界〉において、初めて徹底的合理化への道を開いた。まず、〈物象化としての合理化〉は、原生的な共同態においては人格的な「恭順の原理」に緊縛されていたさまざまな有目的行為たるベトリープをそこから分離し、経済・科学・芸術など、それぞれ固有価値と固有法則性をもつ独立の文化領域を成立させた。この事実によってはじめて、近代的な合理的ベトリープ資本主義、合理的科学、合理的な技術的基礎をもつ近代芸術などが現実的な基盤の上に立ったのである。

これに対応して、〈人格性―物象性〉の二項対立構造の上に成立した〈近代ヨーロッパ的人格像〉は、この〈物象化としての合理化〉の典型的担い手となる。すなわち、〈近代ヨーロッパ的文化人〉の理念型としての〈職業人〉理想は、ベトリープにおける「専門労働」への〈物象的(sachlich)〉な献身に目的合理的かつ価値合理的な〈意味〉を与えて、徹底的合理化に最も適合的な人格類型となったのである。

ところが、〈物象化としての合理化〉の進展は、〈職業人〉理想を体現して〈物象〉に献身する〈専門人〉をしてパラドクシカルな〈運命〉を辿らしめる。すなわち、〈専門人〉が、目的合理的かつ価値合理的に〈物象〉へと献身すればするほど、有目的行為たるベトリープは次第に〈物象化〉を遂げ、やがてそれは「鋼鉄のように堅い外枠」へと転化し、〈凝結した精神〉として逆に〈専門人〉たちを隷属せしめるようになるのである。そして、さらに窮極にまで〈物象化としての合理化〉が進展すると、〈近代ヨーロッパ的文化人〉は、目的合理性も価値合理性をも失って、〈精神なき専門人〉と〈心情なき享楽人〉とへの自己分裂に陥ってしまうのである。

さて、以上のような〈物象化としての合理化〉の一般的過程についてのウェーバーの把握においてわれわれが注目せざるをえない点は、その過程が同時に、〈近代ヨーロッパ的文化人〉の辿る〈運命〉の過程として把握されていることであろう。〈運命〉という語はウェーバーが好んで使う語であるが、この〈物象化としての合理化〉の過程もつぎの二つの側面をもつ性格からして、まさに〈運命（Schicksal）〉と呼ばれるにふさわしいものなのである。(2)

すなわち、それはまず、「絶対必然的な歴史法則」ではないかぎりで、〈運命〉である。この〈運命〉の過程は、それを負い辿っていく人々の〈理想〉に関わっており、それゆえに、神と悪魔というように対立する諸価値のうちから一つを〈選ぶ（wählen）〉という窮極の決定に関わっているのである。「プラトンにおいても言われるように、魂はこの窮極の決定を通じて自己の運命を――この運命とは彼の行ないや存在を意味する――選ぶのである」(3)。〈近代ヨーロッパ的文化人〉の〈運命〉は、〈人格性―物象性〉の二項対立構造を成立させるような歴史的・社会的特殊条件の下で、彼らがひとつの〈人格性の理想像〉を選んだというところに端を発している。

しかし、この〈選ぶ〉ということそのものは、もちろん〈運命〉とは言えない。それが〈運命〉であるのは、むしろ選んだものが不可逆の一連の連鎖をなしており、選んだ当人の主観的意図を超えて、場合によっては、主観的意図に反して「思わざる結果」を招くがゆえなのである。すなわち、〈物象化としての合理化〉の過程が〈近代ヨーロッパ的文化人〉にとって〈運命〉的過程であるのは、当初、〈職業労働〉への〈物象的〉な献身において、目的合理的かつ価値合理的な性格をもった行為そのものが、「思わざる結果」として「鋼鉄のように堅い外枠」を形成するのに役立ち、これにより、自ら目的合理性も価値合理性をも見失って〈没意味化〉していかざるをえないというところにあるのである。

こうした二つの面をもつウェーバーにおける〈運命〉観は、彼のつぎのような歴史把握に直接結びついている。「人間の行為を直接に支配するものは、〔物質的および観念的な〕利害関心であって、理念ではない。しかしながら、「理念」によって作り出された「世界像」は、きわめてしばしば転轍手として軌道を定め、この軌道の上を利害関心のダイナミクスが人間の行為を押し進めてきたのである」[4]。すなわち、〈文化人〉は一定の〈文化理念〉に基づいて自ら〈世界像〉を形成しつつも、いったん固有の〈世界像〉が作り上げられると、彼はそれによって定められた軌道の上を不可逆な方向で進まざるをえないということである。そしてここに、〈文化人〉の〈運命〉が存し、〈文化史〉的過程の固有法則性が存することになる。

このような歴史把握は、ウェーバーの〈比較文化史的視座〉を成立させる前提的認識になっている。そして、この前提的認識には彼の〈理解社会学〉の基本構成が対応しているのである。

われわれは前章において、ウェーバーにおける〈解明的理解〉が〈文化人による文化人の理解〉として捉えられていることを見てきた。すなわちそれは、具体的な当の〈全文化〉の理解を通じて、それに内属する〈文化人〉をその固有性において理解することであった。

本章での〈行為類型論〉と基本的諸概念をめぐる考察は、それが、理解された〈文化人〉の〈運命〉を探求していくための道具立てに他ならないことを明らかにしたと言える。そして、この〈文化人の運命〉の探求を通じて、当の〈文化〉そのものの意味と可能性が指し示されるのである。

すなわち、理解社会学の解明的理解の方法と行為類型論を中心とする基本的諸概念の構成は、〈文化人の理解〉とその〈運命の探求〉に焦点を定めて、ウェーバーの〈比較文化史的視座〉の基本的な布陣を形成しているのである。

ところで、このように〈理解社会学〉の概念構成の意味を解釈すると、その出発点に位置する〈準拠枠として の行為類型論〉の特殊な重要性が明らかになってくる。というのは、この行為類型論の構造図式が文化人の運命の探求の足場になるとき、それは鋭い〈文化批判〉の力をもってくるからである。

それはすでに述べた〈没意味化〉という問題に関わっている[5]。

ウェーバーの文化諸価値に対する学問的態度は、周知のごとく〈価値自由（Wertfreiheit）〉として性格づけられる。この態度においては、理解された文化価値について、ただちに独断的な価値評価を下すことは避けられる。

ところが、この〈価値自由〉な態度において〈没意味化〉という事態を捉えるとすればどうであろうか。〈没意味化〉とは、文化価値の担い手たるべき文化人が、当の文化価値への意識的＝価値合理的志向を失うという事態と考えられるだろう。この事態が文化人としては頽落現象に他ならないことは疑いない。しかし、ここで一層重視すべきは、こうした〈没意味化〉現象が、当初における文化価値への意識的な志向の帰結として、すなわち意識的に文化価値を担わんとした文化人の〈運命〉として生じてくる場合である。

そのような場合には、当の文化価値理念そのものは、それ自体が〈運命〉的な自己矛盾を背負っているものとされねばならないだろう。文化人は、当の文化価値理念を固守せんとすればするほど、〈没意味化〉という運命的なパラドックスを深刻に受け止めざるをえない。自らいだく〈文化価値理念〉の自己矛盾をそのように突きつけられることは、当の文化価値理念にとっては外在的な立場からの「批判」よりもはるかに痛烈な〈批判〉的意味をもつであろう。

すなわち、ウェーバーの〈比較文化史的視座〉は、〈準拠枠としての行為類型論〉を根底に据えることにより、単なる相対主義や決断主義とは異なる鋭い文化内在的批判の力を内に保持しているのである。

かくて、長きにわたってきたわれわれの考察は、ようやくにして、ウェーバー〈理解社会学〉の根底に孕まれている〈比較文化史的視座〉の基本構想を把握するに至っている。それは、文化価値とそれを担う文化人の運命に焦点を定めているという意味において、徹頭徹尾〈人間中心的（anthropozentrisch）〉な関心に貫かれていると言える。この視座は、歴史的現実において存在する多様な〈文化諸価値〉を即対象的に受け取り、それをその固有性において〈理解〉し、その〈運命〉を見定めることを通じて、鋭い〈内在的批判〉と〈比較〉の視野に捉えていくといった、まさに〈価値自由〉な一連の方法的態度によって、かえって現実に生きているわれわれをして〈文化人〉としての自覚に目覚めさせ、〈文化諸価値〉の間に孕まれる鋭い緊張の中に立たしめるのである。

## 注

（1）GAzRS, I, S.12.（『序言』一三ページ）
（2）内田芳明もウェーバーにおける〈運命〉概念の重要性を強調している。しかし、内田の〈運命〉解釈には、ウェーバーにとって決定的に重要な〈文化史〉的視点が欠落しており、それゆえに、まったく神秘的なものとなってしまっている。内田芳明「序論マックス・ウェーバー」、リブロポート編「歴史と社会」第一号、リブロポート、一九八二年、三四九ページ以下
（3）WL, S.507f.（『価値自由』四〇—四一ページ）
（4）GAzRS, I, S.252.（『序論』五八ページ）。ウェーバーの歴史観を示すものとしてあまりにも有名なこの個所は、実は、一九一九年に、『世界宗教の経済倫理』に手を加えつつ『宗教社会学論集』にまとめるためにおこなった改訂作業によって新たに付け加えられた部分の一つである。しかし、この事実から、この歴史把握の観点が一九一九年以前にはなかったものと考えることはできない。むしろ、すでに懐胎されていた観点がそこにおいて明確に定式化されたものと考えるべきであろう。
（5）本章5（一）参照

# 終章　〈比較文化史的視座〉と主体としての〈文化人〉

## (一) 文化創造主体としての〈文化人〉

われわれは、第一章・第二章を通じて、ウェーバー〈理解社会学〉の方法論的基礎と基本的概念構成に深く内在し、そこから、彼の〈比較文化史的視座〉という広いパースペクティブを探り出してきた。われわれの考察では、この〈比較文化史的視座〉が成立するための根拠と方法、比較の観点と見通しについて論理的な検討が加えられ、少なくとも基本的とされるべき諸点について解明されえたと思われる。

ところで、この〈比較文化史的視座〉の方法論的構造は、それが現実に有効なものとなるためには、探求者において、ある特別な主体的態度を要請する。すなわち、この〈視座〉は、それを担う探求者たちの特別な主体的態度と結びついてはじめて、新たな〈文化〉的可能性を探求するために有効な指針となりうるわけである。

それでは、その特別な主体的態度とは何か。われわれは、本書を閉じる前に、ぜひともこの点に立ち入っておかねばならない。そこで、われわれは、そのための手がかりとして、『職業としての学問』のつぎのような結語についての考察から始めることにしよう。

今日、新しい預言者や救世主を待ちこがれている人は多いが、かれらすべてにとっても、事情はちょうど、あの幽囚時代にエドムの斥候《ものみ》が語り、イザヤ書に収録されている美しい歌のばあいと同じである。「人ありエドムなるセイルより我をよびていふ、斥候よ、夜はなほ長きや。ものみ答へていふ、朝はきたる、されどいまはなほ夜なり。汝もしとはんとおもはば再び来れ」。こう告げられた民族は、その後二千年以上にわたって、同じことを問い、同じことを待ちこがれ続けてきた。そして、われわれは、この民族のおそるべき運命を知っている。ここからわれわれは、もっぱら待ちこがれているだけでは何ごとも成就しない、という教訓を引き出そう。そして、そうした態度を改めて、自分の仕事に就き、「その日その日の要求」に応えよう——人間としても、また職業においても。このことは、もし各人が、それぞれの人生の糸をとらえて離さぬ守護神《デーモン》を見出し、それにしたがうならば、けれんなくひとえに、なしうることなのである。(1)

『職業としての学問』という講演が、ウェーバー晩年のものであり、かつ〈学問〉の意義を正面から論じつつ、実践的指針をポジティブに提起しているものであるところからして、この結語のもつ重要性はあらためて強調するまでもないであろう。ところで、ここで、この結語をそれだけ取り出してみると、一見奇妙な論理運びになっていることに気がつかざるをえない。

まず、「今日」という時代を、「預言者や救世主」が待ち望まれている時代と捉えているのは明瞭だろう。そしてそれに対して、二千年の間待ち続けたユダヤ民族の教訓を踏まえ、「待ちこがれているだけでは何ごとも成就しない」と積極的姿勢を打ち出している点も理解できる。しかし、そこからただちに、「その日その日の要求に応えよ」という実践的指針が導かれている点は、素直に納得しうるとは言い難いだろう。

「その日その日の要求に応える」ということの具体的な内容はと言えば、「学問」という職業においては、すでに専門的に分化した諸分野における「物象（Sache）」に献身的に仕えるということを意味するのは明らかである。しかし、専門化した個々の学問領域から世界や人生についての〈意味〉は導きえないというのは、ウェーバーの学問観の根本前提であった。ウェーバーは言う。「今日では、学問は専門的に営まれる「職業」であり、それは事実の関連を自覚し認識するために役立つべきものであって、占術者や預言者が救いや啓示をほどこす恩寵、あるいは賢者や哲学者による世界の意味についての思索の一部といったものではない。このことはもちろん、われわれの歴史的状況にとって避けがたい所与の事情であって、われわれが自分に忠実であろうとすれば、そこから逃れ出ることのできないものである」[2]

とすれば、「その日その日の要求に応えよ」という実践的指針は、それ自体解決不可能な課題を背負わされることになるのではないか。『職業としての学問』の結語をそれだけ取り出してみると、このような素直な疑問が起こるのは不可避だろう。

しかしながら、われわれの見るところ、この結語における「奇妙な論理運び」にこそ、〈比較文化史的視座〉が要請する探求者の主体的態度についてのウェーバー独自の考えが表れ出ていると思われるのである。

一読すれば明らかなことであるが、この『職業としての学問』には全編を通じて現れる一つのキーワードがある。それは〈運命(Schicksal)〉という語である。そして、結語の実践的指針に盛られた意味の解釈にとっても、この〈運命〉という語の把握が一つの鍵となっている。

それでは、ここで言われる〈運命〉がもつ意味内容とは何か。それは、ウェーバーが、特に、「われわれの文化(unsere Kultur)の」あるいは「われわれの時代(unsere Zeit)の」と限定をつけて〈運命〉を語るとき、具体的な相貌を現す。それは二つの面をもっている。

その第一の面とは、「現世の脱呪術化」に伴う「主知化(Intellektualisierung)」と「合理化(Rationalisierung)」にとって、〈文化諸領域〉が分化し、〈学問諸領域〉も分化して、キリスト教的一元的な価値が後景に退き、「神々の争い」とも言うべき諸価値の多元化が生じていることである。「多くの旧き神々は、脱呪術化され非人格的な諸力という形態になりながら、その墓より現れ、われわれの生活に勢力を張らんとし、相互の間でまたもや永遠の争いを開始している」[3]。そしてこれが「今日の」「常態(Alltag)」になっているというわけである。

これに対して、ウェーバーの言うわれわれの時代の運命がもつ第二の面は、つぎのウェーバーの言明において明瞭である。

窮極の至高な諸価値が、公共的な領域から退却してしまい、神秘的生活という現世から隠れた領域や個々人相互の直接の結びつきにおける同胞愛（Brüderlichkeit）の領域に没しているということは、われわれの時代に固有な合理化と主知化、就中、現世の脱呪術化に伴う、われわれの時代の運命なのである。(4)

このようにウェーバーの言うところの「われわれの文化（時代）の運命」がもつ二つの側面を取り出してみると、それが、すでに見てきた〈物象化としての合理化〉に伴う〈近代ヨーロッパ文化の運命〉の姿を表していることは明らかだろう。すなわち、それは一方で、もろもろの「持続的有目的行為」が、〈家〉から分離されて、さまざまな固有価値と固有法則性をもった〈文化諸領域〉として並存し、他方で、〈人格的〉な関係とそれの価値が退化し極小化していくという、〈人格性―物象性〉の二項対立構造をもつ文化的基盤のうえでの〈物象化としての合理化〉の不可逆な展開を指しているのである。「その日その日の要求に応えよ」というウェーバーの実践的指針が、決して抽象的一般的な道徳的格率を示したものではなくして、〈近代ヨーロッパ文化〉の現下の〈運命〉に対していかに立ち向かうべきなのかという観点から主張されていることにまず留意しておきたい。

さて、このように『職業としての学問』の全体を〈近代ヨーロッパ文化〉の〈運命〉に焦点を定めて捉えると、われわれは、そこでウェーバーが一貫して一つの態度を批判していることに気がつく。その態度とは、一口に言えば、「時代の運命を正面から見据えることができず」(5)、また、「時代の運命に男らしく耐えることができない」(6)傾向であると言うことができる。

この傾向は、学問の領域では、まず、その〈運命〉からしてすでに専門化を遂げ、それぞれの分野の専門に集中することをもってのみ仕事を成しうるという現下の「常態」に耐えられないという形で表れる。そこで彼らは、専門分野の〈物象―事柄（Sache）〉に仕えるのではなくして、個々人の〈体験（Erleben）〉にしがみつき、単なる「専門家」でないと自任し、誰もしたことのない「独創的」な仕事にのみ意義を見出して、そういうことで自分の〈個性（Persönlichkeit）〉を顕示せんとする。そして「材料あさり」や「意味あさり」に目の色を変えるのである。[7]

しかし、こうした形態での〈人格性—個性（Persönlichkeit）〉の追求は、また失敗することが運命づけられており、実は大局にはあまり影響がない。「時代の運命を正面から見据えることができない」傾向が問題を孕んでくるのは、むしろそのつぎからである。

文化諸領域が分化し、「神々の争い」とも言うべき諸価値の多元性が常態となっているという〈近代ヨーロッパ文化〉の現下の〈運命〉に耐えられない傾向は、学問の領域においてはさらに、その「合理主義」「主知主義」そのものを敵視するようになるか、あるいは、教壇において、教師ではなく指導者を求めるようになる。まず、学問の主知主義を否定する立場は、宗教的体験を求め、「非合理なるも、に非ずして、非合理なるが故に我信ず」という句に表される「知性の犠牲（Opfer des Intellekts）」を捧げる傾向を生み出すであろう。また、美的体験に至高の価値を置くものは、かのゲオルゲ・クライスのように、「自己神化（Selbstvergottung）」を求めて「法悦的脱自（ekstatische Entrückung）」の道を選ぶだろう。[8]

しかし、ウェーバーによれば、「このようにして新しい預言が生み出されたことは、未だかつてないのである」。[9]「非合理的なもの」にロマンチックに思いを寄せても、それを学問的に捉えようとすれば、フロイトがしたように、「非合理的なものの領域を意識の内に捉え、それを子細に吟味すること」[10]に実践的には帰着してしまう。すなわち、「そのような道を通って主知主義を脱け出そうと思っても、それを試みる人が目ざす目的とは反対の所へと導かれてしまうのである」。[11]

ウェーバーは、フロイトの思想体系が、文化史的・宗教史的・風俗史的諸現象の解釈の資料としてきわめて大きな意義をもつということを認めている。しかし、彼は、フロイトのエピゴーネンが「快楽原則」を欲望自然主義的に「倫理」にまで高めることに対しては、断固反対する。なぜならば、彼は、そうした試みのなかに、精神の健康に犠牲を強いるようなあらゆる文化価値の否定によって「全く俗悪な健康な神経の誇示」を唯一の「理想」へと高め、精神医学的には意味ある洞察を世界の救済預言にまで誇大視するという誤りを見たからであった[12]。ところで、「時代の運命を正面から見据えることができない」傾向がもつ問題性は、さらに、学問が要求する知的廉直を捨て去り、「教壇上の預言」を受け入れてこれと結びつくとき、頂点に達する。ウェーバーはつぎのように言う。

もし、何か新しく真正な預言なしに、宗教の新たな像を案出せんとするならば、内的な意味においては、以前のと似かよったものしかできないばかりか、それはなお一層悪い結果をもたらすことになるのである。そして、教壇上の預言は、まさに、狂信的なセクトを生み出すのみであって、決して真正な共同態を生み出しはしないのである[13]。

こうしたウェーバーの言明の背後には、安藤英治の指摘するように[14]、当時のドイツの政治状況が踏まえられていたことは確かであろう。教壇の小預言者たる右翼系教授たちに呼応して学生たちが次第に反ユダヤ運動などに傾いていきつつある姿に、ウェーバーがドイツの暗い未来を予感していたことは十分に考えうる。それゆえにこそ、ウェーバーは、この傾向に比べれば「知性の犠牲」を捧げる方がまだましだと言うのである。

さて、ウェーバーは、このような危険な徴候を示しつつある「時代の運命を正面から見据えることができない」傾向を批判するに際して、それらがみな〈体験（Erleben）〉を追い求めるという特徴をもっている点に特に言及している。この点は往々にして見落としがちだが、彼の批判の背景を知るうえで重要である。〈体験〉を追い求める努力は、それによってのみ〈人格性〉の真価が明らかになるとの見地に基づいていた。ウェーバーは、〈体験〉と〈人格性〉とは、いまや「偶像（Götzen）」にまでなっていると指摘する。しかし、それではなにゆえ、人は〈体験〉と〈人格性〉とを結びつけるようになるのか。

〈物象化としての合理化〉は、さまざまな文化領域を自立させ、それに物象的な固有法則性を与えるが、それゆえに、人は、それぞれの文化領域をますます〈非人格的〉なものと感じるようになってしまう。そこで、当初、〈物象化としての合理化〉の担い手たることで〈人格性〉を確証した〈近代ヨーロッパ文化人〉は、やがて文化諸領域での献身から退却して、まったく個人的な〈体験〉のなかに個性としての「人格性」を追い求めるようになってしまうのである。

ところが、〈体験〉そのものは、すでに本書第1章2（二）（c）において見たように、概念的把握の欠如態であり、文化的意味の定まらぬ非合理的なものに他ならない。それゆえにこそ、それ自体からは「新しい預言」を生み出すことのないものなのであった。ウェーバーは、歴史上の画期をなしたさまざまな〈預言〉そのものが、預言者の〈体験〉の特異性にではなく、その〈体験〉の〈解明（Deuten）〉の特質によってはじめて異なった〈文化意義〉をもってきたという事実を、『宗教社会学論集』の各所で確認している。[15]〈体験〉と〈人格性〉を結びつけんとする試みが、「時代の運命」を見据えていないと論難しうるゆえんである。

これに対して、すでに物象化を遂げ、専門化した文化諸領域・学問諸領域は、たしかに、非人格的な姿をとって屹立してはいるけれども、それ自体は、〈近代ヨーロッパ的人格性〉の成立根拠に他ならない。すなわち、なんら〈人格的〉な要素を感じさせない専門科学と言えども、それは、〈近代ヨーロッパ的人格性〉の〈凝結した精神〉、あるいは、あえてヘーゲルの用語を用いれば、〈疎外された精神（der sich entfremdete Geist）〉に他ならないのである。

それゆえに、この学問諸領域が与える〈物象（Sache）〉に仕える者こそが、真に〈人格性〉をもち、〈文化人〉として現下の〈文化諸問題〉に対決し、〈文化創造〉を担っていく主体たりうるというわけである。

かくて、「その日その日の要求に応えよ」という実践的指針が生まれる。

この実践的指針の意味を知るためには、ウェーバーが捉えている現下の諸問題が、決して個々の部分的なものなのではなくして、〈近代ヨーロッパ文化世界〉全体の〈運命〉自体に関わっていることを知らねばならない。

そして、そうした問題に表れている「時代の運命」を正面から見据えることのできない傾向が、「教壇上の預言」と結びつきつつ、危険な徴候を見せ始めているという状況が背景として認識されねばならない。
「その日その日の要求に応えよ」という要請は、もちろん、現状に自足し「専門」に埋没して黙々と歯車たることを甘受せよということではない。そうではなく、〈物象化としての合理化〉として現れている〈近代ヨーロッパ文化世界〉の〈運命〉を、〈文化人〉として背負って立てということである。そしてそのうえで、この〈運命〉がその日その日に引き起こす問題をわがものとして捉え、それに真摯に対決し、その対決している自分自身をも明晰に見続けよということである。なぜならば、そうしてはじめて、〈物象化としての合理化〉の根本に孕まれる矛盾そのものを止揚しうる〈新たなる文化創造〉の可能的主体たりうるからである。もちろん、専門化した個別科学が新しい〈文化価値〉を生み出すというわけではない。そうではなく、それを担う探求者が、〈文化人〉として新たな〈意味〉を自覚する可能的主体となるのである。

　このように見てくると、われわれは、結語において一見そう感じられた「奇妙な論理運び」が、その内実において正当な意味連関を備えていると理解しうるだろう。しかし、そこには別の重大な疑問が生じるかもしれない。すなわち、たとえ「その日その日の要求」に応えることによってはじめて〈文化人〉たりうるのだとしても、そうすることは、われわれを没意味的な「専門」に埋没させ、ただただ〈運命〉に翻弄されてそれに殉じるしかない存在へと転落せしめることにならないかという疑問である。

　たしかに、「その日その日の要求」に応えることが、それ自体として、そのような危険を防ぐ確実な保証を備えているのかと問われれば、否と答える他はないだろう。「その日その日の要求」に応えることにおいて、同時に、〈文化人〉として〈時代の運命〉を背負うという自覚を維持するのは、あくまで〈要請〉に他ならない。そのかぎりでは、この実践的指針を自らに課すことは〈英雄倫理（Helden Ethik）〉[16]と性格づけられる。

　とはいえ、学問は、もしそれを真摯に追求するならば、われわれに対して技術知や思考の方法を教えるばかりではなく、〈明晰（Klarheit）〉と〈責任感（Verantwortungsgefühl）〉を与え、「彼の行ないの窮極の意味について責任をとるということ」[17]を助長するとウェーバーは言う。そしてまた、専門的な事柄に研究を自己限定し集中すること自体においても、折原浩の指摘するように、「まさに自己限定＝集中ゆえに、その領域をいわば「縦深的に突破」し、ある普遍的なものに到達しうる――「一即全」！――という可能性[18]」が開かれうるであろう。

しかし、「その日その日の要求」に応えることが新たなる文化創造の可能的根拠となりうるというウェーバーの確信を真に感得するためには、つぎのような、彼の最深部における人間理解を知らねばならないだろう。これは、友人イェリネクの〈ユーモア〉精神に贈られた讃辞であるが、しかしこれはまた、ウェーバー自身の人間性をも示している。

> ユーモア（Humor）は単なる機智ではありません。セルバンテスは皮肉屋ではない――そして、既成の世界の所与の条件のもとで純粋な志向を実現しようとする際、その志向に避けられない運命としてのグロテスクについてのセルバンテスの感覚と、わたしのお話しているわれわれの友人のあの精神的特性は似ております。この「ユーモア」はしかし、その最も美しく最も気高い表現においては、人間が人生一般に対して取りうる窮極的な態度決定のひとつとなっているのです。――実際われわれの為すことと人から為されることとは、有意味なものと無意味なものが絡み合いながら一つの「運命」を形成しています。人生のこの窮極の核心を摑みわれわれの前に提出することによって、その最も繊細な意味における真のユーモアは、一切の皮肉とは全くかけ離れ、力強く、健康で快い、解放の笑いをわれわれに与えるのです[19]。

〈時代の運命〉を正面から見据えつつ、「その日その日の要求」に応えていくことは、たしかにそれ自体としては峻厳な要請であろう。しかし、〈運命〉を見据える眼が、一切のイロニーやニヒリズムを含まず、解放の笑いを伴った〈ユーモア〉の精神で満たされるとき、それだけですでに〈文化人〉は、単に〈運命〉に翻弄されているばかりではなく、その〈運命〉の因って来たる筋目を見きわめてそれに抗する第一歩を踏み出したことになる。

しかし、ウェーバーは、この〈ユーモア〉をさらに積極的に位置づけている。

> さまざまな気分の変化の後につねに平衡状態に立ち戻り、その状態にたゆたっている、世界に対する魂の独特な尊厳ある態度、この態度はやはり、古代オリエント的な意味で、「人生の叡智（Lebensweisheit）」と名づけて差支えないものでしょう。彼が内面的分裂を全然おぼえず、最も生き生きとしていた時には、この叡智のおだやかな光が彼のうちに輝き、そして私が彼の「ユーモア」という言葉で表そうとしたものの最上の部分はここから糧を得ていたのでした。こう見てくると、実際このユーモアは、その人を麻痺させる力について今日も前にお話のあったあの日常生活というものを支配し克服するまことに偉大な要素の一つであるのみならず、人間の尊厳（Menschenwürde）はたとえ神々の力にでも屈してはならぬのだということをわれわれに理解させてくれる形式の一つでもあることがわかります。[20]

「その日その日の要求」に真摯に応えつつも、それによって麻痺することなく、かえってそれを支配し克服する力となる〈ユーモア〉は、さらに、〈時代の運命〉を支配する〈神〉たる〈文化理念〉にも屈してはならぬ〈人間の尊厳〉をわれわれに洞察せしめる。そして、〈文化の運命〉を背負って立った〈文化人〉は、これによって真に〈新たなる文化創造〉の可能的主体であり続けうるのである。

　こうした〈文化人〉のあり方こそ、かの〈比較文化史的視座〉が要請する主体的態度であることは明らかであろう。というのも、こうした態度そのものが、ヘブライズム―ピューリタニズムの文化理想に流れる「義務」に基づく〈倫理的人格性（Persönlichkeit）〉の思想と、古代オリエント―ヘレニズムの文化理想に流れる〈人生の叡智〉を備えた〈人間性（Menschlichkeit）〉の思想との間に文化的マージナルエリアを形成し、そこに立って〈文化の運命〉を見つめ直すものだからである。そして、このようなウェーバーの人間理解がまた、プロテスタンティズムの峻厳な〈禁欲的精神〉の風土にあって、まさに〈デーモン〉に衝き動かされつつ仕事に没頭し、ついに神経に病を得た彼が、それを癒さんがために旅行して歩いた南ヨーロッパの明るい光によって培われたものなのである。

ウェーバーは、彼の学問が彼自身にとっていかなる意味をもつのかと問われたとき、「自分がどれだけ堪えられるか知りたい」と答えたという。これについて、マリアンネはつぎのような解釈を示した。「おそらく――彼は、人間存在の諸々の二律背反に堪えること、そして、渾身の力をもって一切の幻想をも抱かぬ冷徹さを得、しかもなお自己の理想の不壊とその理想への献身の能力を保持することを自分の課題と見ていたのであろう(21)」

しかしわれわれは、さらにそれに加えて、「どれだけ堪えられるか」を問うウェーバーのなかに、〈新たなる文化理念〉への希求をくみ取ることができるはずだ。にもかかわらず、ウェーバーは、それを明示化することはなかった。それゆえに、われわれは、ここからウェーバーを超えてさらに探求を進めねばならない。

しかしそのためには、われわれは少なくとも、「その日その日の要求」に真摯に応えることを問うウェーバーの〈比較文化史的視座〉からする主体的要請の水準をわがものとするのでなければならないだろう。そして、その上ではじめて、ウェーバーの〈比較文化史的視座〉の方法に学びつつ、彼がやり残した各文化世界の存在の〈意味〉と〈運命〉への〈問い〉を引き継ぎ、われわれにとっての〈新たな文化価値理念〉の〈自由〉な定立をめざして出発することができるのである。

われわれは、〈ウェーバー〉のなかに〈文化理想〉そのものの啓示を求めることはできない。そうではなく、われわれ自身が、自ら〈文化理想〉の〈自由〉な定立者たらんとする主体的立場に立つときにはじめて、ウェーバーの学問はその探求に大いに寄与すべく真価を発揮するであろう。〈ウェーバー理解社会学〉は、そうした〈学問〉として読まれなければならない。

注

（1）WL, S.613.（『学問』七一―七二ページ）。なお折原浩は、この個所の「その日その日の要求」というキーワードについて、それの出典たるゲーテにまで遡及し、ゲーテにおけるその意味を提示して、そこからウェーバーにおける〈意味〉を探求している。われわれのここでの考察は、この折原の提起を受け、それに〈比較文化史的視座〉を踏まえた観点から応答する形になっている。なお、この個所の引用文は折原訳に従った。前掲、折原浩『デュルケームとウェーバー』下、二八五ページ以降参照。

(2) WL, S.609.(『学問』六四ページ)
(3) WL, S.605.(『学問』五六ページ)
(4) WL, S.612.(『学問』七〇ページ)
(5) WL, S.605.(『学問』五六ページ)
(6) WL, S.612.(『学問』七〇ページ)
(7) WL, S.214.(『客観性』一一二ページ)
(8) Marianne Weber, *a.a.O.*, S.500.(前掲、マリアンネ・ウェーバー『マックス・ウェーバー』第二巻、三四六ページ)
(9) WL, S.611.(『学問』六八ページ)
(10) WL, S.598.(『学問』四二ページ)
(11) WL, S.598.(『学問』四二ページ)
(12) Marianne Weber, *a.a.O.*, S.406ff.(前掲、マリアンネ・ウェーバー『マックス・ウェーバー』第二巻、二八一ページ以下)
(13) WL, S.612.(『学問』七〇ページ)
(14) 安藤英治『ウェーバーと近代——一つの社会科学入門』創文社、一九七二年、六九ページ以下
(15) 例えば、GAzRS, Ⅲ, S.302f.(『古代ユダヤ教』第二巻、四四八—四四九ページ)
(16) Marianne Weber, *a.a.O.*, S.419.(前掲、マリアンネ・ウェーバー『マックス・ウェーバー』第二巻、二八九ページ)
(17) WL, S.608.(『学問』六二ページ)
(18) 前掲、折原浩『デュルケームとウェーバー』下、二九二ページ
(19) Marianne Weber, *a.a.O.*, S.521f.(前掲、マリアンネ・ウェーバー『マックス・ウェーバー』第二巻、三六一ペー

ジ）

（20）*Ibid.*, S.522f.（同訳書三六一―三六二ページ）。ウェーバーにおける〈ユーモア〉の意義については、前掲、小倉志祥『マックス・ウェーバーにおける科学と倫理』二五五ページ以下、前掲、内田芳明「序論マックス・ウェーバー」三五六ページ以下

（21）Marianne Weber, *a.a.O.*, S.731.（前掲、マリアンネ・ウェーバー『マックス・ウェーバー』第二巻、五〇七ページ）

## （二）新たな探求への出発

本書を閉じるにあたって、われわれが果たしてきた考察の意義を確かなものとせんがためにも、本書での到達点を明確に限定づけておくことにしたい。

われわれの考察は、ウェーバー理解社会学の方法論的基礎視角を再定位せんがために試みられた基礎作業であるにすぎない。それゆえに、考察の成果として確認すべきことは、ウェーバーの「全体像」が把握されたということではなく、それを捉えるにあたっての、われわれにとっての確実な足場が築かれたということに他ならない。

さらに、われわれの考察の成果は、もちろん、〈客観性〉と〈妥当性〉を主張し、ウェーバー解釈としての当否を争うものであるけれども、しかしそれはまた、固有の関心に導かれたものであることをも確認しておかなければならない。すなわち、われわれの考察は、〈現代〉を問うというわれわれの関心に端を発しつつ、〈近代ヨーロッパ文化〉の存在と意味を問わんとするウェーバーの関心が、理解社会学の方法論的基礎と基本的諸概念にとっていかに構成的意味をもっているのかを明らかにすべく試みられたものであった。それゆえに、われわれは、ウェーバー自身の問題関心形成の現場たる生活史的過程、なかんずく、ときどきの時代状況に投企した政治家ウェーバーの姿をめぐる考察には踏み込むことがなかった。そしてまた、そのような関心ゆえに、『ロッシャーとクニース』から『基礎概念』に至る一連の方法論論文の検討に際しても、その通時的変化にではなく、全体を貫

く統一性に留目して遂行されたのである。

さて、以上の一切の事実にもかかわらず、いやむしろ、それゆえに、われわれはいまや新たなる探求の出発点に立っていると言いうるであろう。そして、その探求はとりあえず二つの方向をもつべきであろう。

まずそれは、ウェーバー理解の内包的深化の方向へと進んでいかねばならない。

われわれは、本書において、〈比較文化史的視座〉という見地から、ウェーバー理解社会学の〈解明的理解〉という方法的基礎とその根拠づけを探り、〈準拠枠としての行為類型論〉から出発する基本的諸概念の構成の構造分析を行なってきた。いまや、その地歩に立って、ウェーバーの経験科学的比較文化史研究の実質的内容の検討に踏み込まねばならない。そしてそこにおいて、ウェーバーにおける〈比較文化史的視座〉の具体的成果を見極め、方法論的構成の現実の有効性を確認しなければならない。さらには、そこで明らかにされたウェーバーの所論を、現在の歴史的諸事実に関する知見に照らしつつ吟味し、その妥当性を検証し、その意義を確定していく必要があろう。

また、本書から展開していくべき探求の第二の方向とは、ウェーバーを外延的に超出しつつ、われわれが捉えた新たなウェーバー像に、従来の近代化論的見地とは異なる新たな位置づけを与えていくことである。

ただちに着手しうることは、本書においてはじめて明らかにされたと思われる〈ウェーバー物象化論〉を、〈マルクス物象化論〉との構造的対比において捉え、その思想的理論的意義を確定していくことであろう。この作業は、いわゆる「マルクス—ウェーバー問題」に新たな視点を付け加えるにちがいない。またさらにわれわれは、ウェーバーに端を発し、あるいは、ウェーバーと関連しながら非常に多岐にわたって展開している現下の社会科学—社会哲学の諸潮流を、新たなウェーバー像の見地を手がかりに再吟味し、そこにおける成果を集約していくことも可能となるであろう。

以上のように二つの方向をもった探求によって、われわれは、〈比較文化史的視座〉に立ったウェーバー理解社会学とそれから展開した諸成果の豊かな果実を真にわがものとしていくことができるであろう。そして、そのような一切の作業を通じて、今日のウェーバー研究は、単なる「ウェーバー学」であるにとどまらず、現下に直面する〈文化問題〉に灯をともし、新たな〈文化的可能性〉の探求に十分な寄与をなすことができるのである。

ウェーバーは、〈物象化としての合理化〉という〈運命〉を辿る〈近代ヨーロッパ文化〉の存在と意味を問うたが、しかもそれを、〈普遍史的問題〉と自覚しつつ問うた。そして、その間の〈普遍的〉であるゆえんは、最も核心的な点において、西洋においてのみ〈内発的(endogen)〉に成立しえた〈近代資本主義〉の「普遍性」に基づいていることは言うまでもない。

「われわれの近代における生を支配する最も運命的な力(die schicksalsvollste Macht unsres modernen Lebens)[1]」であるところの〈近代資本主義〉は、いまや、西洋の地を超えて、あらゆる文化世界を巻き込み猛威を振るっている。「資本主義的運動法則」の「文明化作用」と「物象化作用」は、かつて有機的な一体性を保っていた〈生〉の一循環に亀裂を生ぜしめ、侵略や戦争という暴力的形態をとるとらぬにかかわりなく〈人格的社会関係〉を破壊し、僭越にも、あらゆる文化世界において固有の〈文化理想〉そのものの放棄を要求している。

ところで、東洋の地にあって、既存の人格的社会関係を徹底的に解体するのではなく、むしろそれを改編しつつ積極的に利用し、システム全体としての実質合理性を追求することを通じて「成功裏に」〈近代資本主義〉を受容・展開してきた日本においては、今日の〈文化問題〉は両義的な意味をもたざるをえない。その両義性とは、一方において、いまや閉塞状況に直面しつつある〈近代西洋文化〉に取って代わり、この「日本」が、より強力な物象的力を発揮して、〈文化〉や〈自然〉を破壊する中心勢力に成長する可能性が増大しているということであり、しかしながら他方において、まさにそのことゆえに、〈近代資本主義〉を通じて共通の〈運命〉の下に一体化しつつある〈現代世界〉は、この日本の地において、自己止揚へと導くべきいくつかの根底的な問題性を顕しているとみることができることである。

〈近代日本文化世界の子〉としてのわれわれは、ウェーバーの方法に学びながら、こうした問題性を〈普遍史的意味〉において捉え返し、新たな〈文化理想〉の探求に寄与していかねばならない。そして、このようにして、ウェーバーのやり残した課題を引き受け、ウェーバーその人を超えて進まんとするときにこそ、〈ウェーバー〉を学ぶことの真価が感得されるにちがいない。

注

（1）GAzRS, I, S.4.（『序言』九ページ）

# あとがき

〈近代ヨーロッパ文化世界の子〉としてのウェーバーは、〈近代ヨーロッパ的文化人〉の固有性を〈人格性―物象性〉の二項対立構造において〈理解〉し、それが辿らざるをえない〈運命〉を〈物象化としての合理化〉の展開のなかに透見した。本論が明らかにしたように、〈ウェーバー理解社会学〉の方法論的基礎と基本的概念構成の背後には、少なくともそのような〈意味〉が込められていると思われる。

ところで、わたしが、ウェーバーの思想と学問におけるこの〈近代ヨーロッパ的文化人〉の自己省察とも言うべき側面に注目し、そこにこだわり、それを明らかにせんと願ったのには、事柄そのものの重要な意義の認識もさることながら、わたし自身の固有な認識関心も大いに関わっている。ここでは、その点に簡単にふれて、「あとがき」にかえたい。

*

わたしが、自らの学問的探求において、目をそらすことができず、また決して目をそらすまいと考えている〈出発点〉は、一九七〇年代前半の数年間にわたる政治活動の経験とその惨めな敗北である。わたしにとって、この凝縮した数年間の経験は、いまだそのすべてを消化しえていないほど多くの問題を残している。

わたしの敗北には、「挫折」という言葉に含意されるような悲哀に満ちた勇壮感、あるいは「カッコよさ」は、一片も含まれていない。むしろ、尻尾を巻いて逃亡したという表現が適切であろう。それゆえに、わたしは、さらに幾年かを、堂々巡りする思考のなかで惑乱して過ごさねばならなかった。

いまから反省してみると、思考の堂々巡りからの脱出を妨げている問題点は、二つあったように思う。

まず、わたしの敗北の原因を、外的要因やわたし自身の未熟さに求めることはできないし、おそらく、そうしてはならないであろうということがある。もちろん、状況的にはさまざまな困難があったし、わたし自身、若く未熟でもあった。しかし、自ら「主体」として闘ったという自覚のうえに立つ以上、その外にあれこれと「言い訳」を見出そうとする努力は空しく終わらざるをえない。また、自らの未熟さに原因を求めれば、それは、「目覚めた」とか「初めて知った」とかいう形で、反省されない自分の「体験」や「実感」に依拠しての立場の「乗り移り」を帰結するだろう。あるいは、自ら考える責任を放棄して、かつて批判していた別の「権威」にすがることになるかもしれない。行為する〈主体〉にとって〈状況〉はつねに新しいものであり、それに対しては、つねになんらかの意味で「未熟」たらざるをえないだろう。問題となるのは、そうした局面にいかに対処しえたのかにあらわれる、〈主体〉の思想内在的な反省に他ならないはずだ。

しかし、思考の堂々巡りからの脱出を妨げているさらに深い問題点は、実は、そうした自らの思想内在的な反省を行なうことへのわたし自身の〈恐れ〉にあったように思う。

思想内在的な反省を行なおうとすれば、当然、それまで信念として抱いていた「プロレタリアートの独裁―全人民の解放」という理念そのものをも対象にせざるをえないということを、わたしは直感していた。しかし、運動と組織から離れて孤立しているわたしがそれを行なうならば、知らず知らずのうちに、「自己肯定」が忍び込み、思想的にも倫理的にも、果てしなく転落していってしまうのではないか。わたしは、言い知れぬ〈恐れ〉を感じていた。

もう一度大学へ入って、学問的方法を学んでみようと決意したのも、必ずしも明確な目算があってのことではなかった。むしろ、堂々巡りする思考に耐えがたくなったあげく踏み出した「一歩」に他ならなかったのである。

教室で新しい「知識」を学ぶことは、楽しくはあったが、それ自体が決定的な転機をもたらすわけではない。近代主義者であるとの先入見をもってながめた〈ウェーバー〉も、当初は、警戒すべき対象でしかなかったし、だいいち、何度読んでも理解しえなかった。むしろ、わたしの話にも真摯に耳を傾けんとする幾人かの若い友人との対話が、自らの価値理念の対象化へと歩み出す機縁をなしていったように思われる。

そうしたなかで、折原浩先生の〈人間と学問〉に出会ったことは、わたしとウェーバーを結びつけるうえで決定的であった。先生がその執拗とも言える学問態度において強調されることの一つの柱は、ウェーバーの〈価値自由（Wertfreiheit）〉という理念である。わたしはこの〈価値自由〉の理念を、わたし自身が思想内在的反省において感じてしまう〈恐れ〉を没却せよということではなく、むしろ、その〈恐れ〉を直視し緊張を保ちつつ、自らの価値理念を徹底して〈客観化的〉に検討してその〈意味〉を探り、他の価値理念の可能性にも視野を広げて、より〈価値〉への感受性を研ぎ澄ましつつ豊かになった〈主体〉をもってあらためて自らの価値理念に対するという、いわば〈主体〉と〈価値理念〉との間に成立する〈Dialektik〉であると理解した。それは、〈恐れ〉を喪失して「価値相対主義」に陥る、悪しき「没価値性」とはまったく異なるものであったのである。〈価値自由〉の理念のこうした理解によって、はじめて、〈学問すること〉の意味がわたしの中で積極的な地位をもつことになった。

この時点から、〈ウェーバー〉も、わたしにとって、確かな手応えをもって理解しうるものへと急速に変化している。そしてそのなかから、わたしは、病後のウェーバーの学問全体が、〈近代ヨーロッパ文化世界の子〉としての飽くことなき自己省察として捉えうるということを次第に感じ取るようになったのである。

そこで、わたしは、自らの学問的探求の当面の焦点を〈ウェーバー〉に定めようと決意した。というのも、わたしは、ウェーバーの学問において、わたし自身の思想内在的反省を単に個人の「私的」な「総括」にとどめることなく、さらにわれわれの時代そのものに対する〈自己省察的問い〉へと展開していくひとつの方法を学びうると考えたからである。そればかりではない。〈近代日本〉の自己理解に決定的な影響を与えている〈ウェーバー〉を再考すること自体が、〈近代日本〉ひいては〈近代社会〉総体を捉え返す第一歩としての〈客観的意義〉をもつにちがいないとも考えたのである。

かくして出発したわたしのウェーバー研究は、まさにそのことのゆえに、つねにひとつの〈緊張〉の中に立たざるをえない。なぜならば、わたしの学問的探求は、わたしにとっての〈生きられた問い〉と学問に固有な厳密性や普遍妥当性の要求との双方から、不断にかつ自覚的に問い返し検証していくことによってはじめて、十全な意義をもつはずだからである。そして、まさに本書成立の過程において、そのような〈緊張〉が問われ続けたと言いうるであろう。

アカデミックな学問固有の要求に応え、自らの学問的探求を厳格に打ち鍛えていくにあたっては、もちろん、大学再入学以来の数々の学問的出会いや、幾人かの先生や友人から教えていただいたことが大きな意味をもったのは言うまでもない。

まず、再入学初年度に城塚登先生のゼミナールに出席させていただいて以来、アカデミズムにおけるヘーゲル・マルクス研究の内容は、わたしのウェーバー研究においてもつねに念頭を去らないものとなっている。本書において明示した〈物象化〉概念にとどまらず、ヘーゲル・マルクス・ルカーチ・フランクフルト学派などの思想と学問との対質が本書全体に緊張を与えていることは明らかである。

また、見田宗介先生の比較社会学のゼミナールにおいては、〈近代〉を対象化するうえでの〈比較〉の観点を中心として、多くの貴重な示唆を得ることができた。これは、わたしがウェーバーの学問を〈比較文化史的視座〉において捉え返す際に、一つのインパクトとなっている。

そして、そうした数々の示唆に支えられながらのわたしの探求が、一つの〈ウェーバー論〉へと結実していくに際しては、折原浩先生の存在が決定的であった。そもそも、本書の原型となるのは、折原先生のゼミナールに出席させていただいたわたしが、先生に提出した「期末レポート」なのである。それ以来、わたしの考察は、この「期末レポート」におけるささやかな着想をより広いウェーバー研究の文脈のなかで検証しつつ、次第に構想を拡張する形で進められてきたのであるが、その過程において、折原先生が、繰り返し書き直したわたしの草稿のすべてに、そのつど丁寧なコメントを加えてくださったことは、わたしの考察のよりどころとも道標ともなったのである。

かくて、未熟なものにすぎなかったわたしの着想は、このような経緯をたどりつつ、本書において曲がりなりにも一つの〈学問的作品〉に結実しえたのである。

＊

ウェーバーの学問の豊かな内容に触発されつつ、いまや、一九七〇年代前半におけるわたしの政治活動の反省すべき点も少しずつ明らかになってきているように思う。その核心的な一点についてだけ述べれば、わたしたちの運動と組織は、七〇年に向かって登り詰めていく大衆運動の高揚期においてちらりと垣間見られた〈人間解放〉の具体的イメージに触発されて成立しながらも、全体的状況の沈潜化に伴って、「組織の維持」「主体の維持」が「大目的」に転じ、その「大目的」の追求にあたって、〈人間解放〉の具体的イメージを振り落としつつ、「プロレタリアートの独裁—全人民の解放」を空疎な理念へと神格化する誤りを犯したように思われる。神格化された「革命」の理念は、何人も抗しえない威力となり、そこから豊かにはみ出そうとする組織員の〈想像力〉をすら恐れるようになり、ついには、真の〈解放〉への感性はもたないが、「政治手腕」には長けている人物の支配の道具に転化した。組織に所属していたかぎりで、わたし自身もその走狗に他ならなかったのである。

ところで、このようなわたしたちの誤りは、決してわたしたちだけに特異なものではなかったと思われる。日本社会の実相において豊富化されることのなくなった「革命」の理念が、それを担う「主体」の「献身性」や「誠実さ」を問えば問うほど、ますます無菌状態で純粋培養されるようになり、全体状況が退潮するや、もうそれは、「獄中」において十数年も「外気」に触れさせずに「守っておく」か、「山中」においてわが身を蚕食していくかでもしないかぎり、一瞬にして死滅するという、戦前・戦後を通じて見られる「日本革命運動」の負の経験と、わたしたちの誤りはその根をともにしているはずだからである。いま、この全体をわがものとして受け止めること、そうした立場に立ってはじめて、わたしの思想内在的反省は真の意味で成就するだろうと考えている。

＊

さて、以上述べてきたように、たしかにわたしの体験は特殊なものであり、それを〈出発点〉とするわたしの学問も「特殊」な認識関心が刻印されていることは否めないかもしれない。しかし、わたしは、ウェーバーの方法に学びつつ、そこから問題を〈近代日本文化世界の子〉としての〈われわれ〉の自己省察へと押し広げていきたいと思う。ウェーバーの教えるとおり、人は自らの〈運命〉を受けて立たんとするときにはじめて〈文化人〉として文化創造の主体たりうるのであれば、われわれは、まずはそれぞれの「特殊な出発点」に立ちつつ、そこから、われわれにとって共通な〈運命〉を知るということがなければならないだろうからである。そして、そのような回路を通じて、わたしの学問も真の〈普遍性〉へと結びついていきうると考える。

ウェーバーの学問がそうであるように、総じて〈学問的営為〉は、〈知る〉ということを超えて、われわれがめざすべき〈理想〉そのものを教えはしないであろう。しかし、われわれが自ら内属する〈文化世界〉の存在の〈意味〉と〈運命〉を知り、それを他との〈比較〉の視野に捉えていくことは、われわれの〈想像力〉を豊かにするうえで大きな役割を果たすにちがいない。そして、そのようにして磨かれた〈想像力＝創造力〉は、やがてわれわれに共同的な〈生〉において交響し始め、空疎な理念ではない〈人間解放〉の具体的で豊かなイメージを〈希望の原理〉として結晶化せしめていくであろう。

わたしとしては、一見迂遠に見えるこの道を辿っていこうと思う。

＊

川村孝則氏には、草稿段階から、拙稿が現時点において一書として公刊されるためにはいかなることが問われるか、内容や構成に立ち入っていろいろ教えていただいた。また本書刊行に際しては、荒木和夫氏をはじめとする三一書房編集部の方々に大変お世話になった。記して感謝の意を表したい。

＊

最後になるが、本書を、かつてわたしと〈志〉を共にして闘い、いま、それぞれ形を異にした生活のなかで、かつての「われわれの生き方」を背負いながら、静かに省察し、新たな〈道〉を模索しつつある幾人かの友人たちに捧げたいと思う。

一九八三年春

# 現下の思想状況と本書の意義

折原　浩

## 現下の〈文化問題〉

わたくしたちが現に直面している〈文化問題〉を、もっとも包括的に定式化してみるとすれば、それは、

一、核の脅威と自然―環境破壊を一方の極とし、種々の人間的発達不全症候群を他方の極として、近年とみに破綻を露呈してきている〈近代〉文化ないし〈近代合理主義〉的文化諸形象を、その歴史的意義と全重量を見失うことなく、正面からトータルに問題とし（本書における関連論点は、〈物象化としての合理化〉）、

二、いったん〈中国文化圏〉、〈インド文化圏〉、〈イスラム文化圏〉および〈西洋文化圏〉へと分化をとげつつ、近年とみに接触を深めてきた、人類の文化発展総体のなかで、相対化してとらえかえしながら（〈比較文化史的視座〉）、

三、人間存在の根源的―普遍的原点に根ざす新たな〈文化理想〉を索出―定立し、実現していくこと（〈価値自由〉の積極的展開）、

に求められよう。

＊

そして、こうした課題を担い、解決の方向を模索する拠点という見地から見て、わが日本――すなわち、一方

では、〈近代〉の問題性を示す症候群が鮮明な形態をとって現われ、他方では、古今東西の文化諸形象を歴史的—重畳的に同化してきた、いわば〝文化史的マージナル・エリア〟としての日本——は、わたくしたち自身の対応のいかんによっては、右の〈文化問題〉を展開していくのに恰好の普遍史的〝位置価〟をそなえている、と見ることもできよう。

＊

しかし、そうした〝位置価〟を活かしていくには、それ相応の主体的条件がととのえられなければなるまい。それは、ある〝媒介的思索者サークル〟——すなわち、右〈文化問題〉の自覚を共有しつつ、一方では〈近代〉的問題症候群の個々の現場における実践と、他方では専門化—細分化されたアカデミズムの最先端における探求とを、相互に、また縦横に媒介し、現実の個別的諸問題を、〈比較文化史的視座〉から、右〈文化問題〉の一環として究明していけるような、互いに先達—後輩となり合って共同探求を進めていく思索者のサークル——の形成として、設定されよう。

## 本書の意義

さて、こうした可能性を孕む思想状況に、いま、アカデミズムの最前線の側から、中野敏男君のオリジナルな処女作『マックス・ウェーバーと現代』が投企された。そこで、この思想状況のなかで本書をうけとめ、その意義を、基本的な論点に絞って明らかにしてみたい。

＊

本書が対象としているマックス・ウェーバーとわたくしたちとの間には、これまで長らく、ある遮蔽幕が先行

—介在して、その実像と意義の深部を覆い隠してきたように思われる。その遮蔽幕とは、近代主義的解釈——すなわち、戦後日本の一時期には一定の根拠と意義をそなえていたものの、〈近代ヨーロッパ文化世界〉を相対化するのでなく、逆に実体化し、〈近代ヨーロッパ的人格性〉を問題化するのでなく、かえって規範化し、そのため、ウェーバーその人の包括的地平には到達せず、その学問的所産を、ひとまわりもふたまわりも小さく、浅くとらえてしまう解釈——である。その関係はちょうど、さらに一時代まえの「没価値性」論が、戦前—戦中における論者—解釈者自身の没価値性の投影にすぎず、ウェーバーその人の〈価値自由 Wertfreiheit〉とは似ても似つかぬ歪曲—矮小化であったのと、程度の差はあれ、同根—等価である。

これにたいして、中野君は、本書の「序章」で内外のウェーバー研究の動向を概観し、著者としての基本的構想を予示した上、右近代主義的解釈の遮蔽幕をつきぬけ、『ロッシャーとクニース』から『社会学の基礎概念』にいたる方法論的著作に徹底して内在しつつ、ウェーバー的思惟の根源的〈意味〉を究明せんとする。すなわち、

＊

第一章「解明的理解の論理構造と〈人格性〉の原像」では、ウェーバーの著作中もっとも難解な『ロッシャーとクニース』を周到—綿密に解読し、従来〈理解〉と同一視されたり混同されたりしてきた〈解明 Deuten〉という基礎カテゴリーを復権—主題化しつつ、人間行為の〈解明可能性〉にかんするウェーバーの論理的根拠づけを、批判的論議の錯綜のなかに追跡していく。と、その根拠づけは、「人間」把握の根本的転換——すなわち、「民族」などの社会形象を実体化するロッシャー流の〈流出論〉をしりぞけるばかりでなく、〈個人〉・〈人格〉を実体化するクニース流の〈人間学的流出論〉をも、〈人間学的な装いをこらした神秘主義〉として破砕し、代っては〈人格性〉を、特定の〈文化〉に意識しつつ内属し（さればこそ〈解明〉可能な）、〈世界〉への態度決定を変換しうる（さればこそ〝覚醒〟可能な）〈文化人〉として措定する思惟——と相即不離に結びつけられている。この関係を看破した中野君は、そうした〈解明可能性〉という根拠の上にたつ〈価値分析としての解明〉と〈因果

的解明〉の方法を、明晰―簡明に例解―定式化しつつ、ウェーバー〈理解社会学〉の方法論的基礎づけが、同時に、さまざまな〈文化〉に内属する〈文化人〉諸類型を射程に収めた〈比較文化史的視座〉の底礎をもなし、ここにこそ、ウェーバーの方法論的反省に固有の、最深の〈動機〉と〈意味〉がある、とのテーゼを鮮やかに論証するのである。

私見を補っていえば、中野君はここで、ほかならぬ「近代主義の旗手」マックス・ウェーバーを、その方法論の最深部において、むしろ〈近代ヨーロッパ文化世界〉の〈アルキメーデースの点〉に達し、その〈異常体験〉の〈意味解釈〉を先駆的に〈近代ヨーロッパ文化世界の子〉として――すなわち、はからずも神経疾患によって、たずさえて〝状況に復帰〟し、さればこそ、〈古代ユダヤの預言者に発し、西洋近世の禁欲的プロテスタンティズムにおいて頂点に達した脱呪術化〉ののちなお実体化され、問い残されてきた一点〈近代ヨーロッパ的人格像〉をも最終的に〈脱呪術化 entzaubern〉して〈解明〉の対象にすえ、〈文化人としての人格性〉概念を要とする〈比較文化史的視座〉を切り開きえた、その状況では〝覚醒預言者〟性を帯びざるをえないマージナル・マン思索者、として――とらえきったといえよう。

＊

つづく第二章「ウェーバー行為類型論と〈物象化としての合理化〉」では、そうした〈解明的理解〉の対象となる〈行為〉について、『社会学の基礎概念』第二節の有名な――ただし、その深い〈意味〉は解読されることのなかった――四類型論を、「R（合理性）―I（非合理性）軸」と「C（自足性）―I（手段性）軸」の導入によって統一的に解釈した上、その編成と展開の奥に、〈比較文化史的視座〉から〈ヨーロッパ的人格性〉の特質と〈運命〉を見すえるウェーバーの、根源的認識関心を掘り起こしていく。ここでも中野君は、これまた従来、「マルクスとウェーバー」というテーマがさんざんとりあげられ、論じられたにもかかわらず、素朴に看過されたり、近代主義的価値観点から一面的に肯定されたりしてきた〈物象化 Versachlichung〉というカテゴリーを発掘し、ウェーバーの基本的な問題視角として主題化する。そして、『基礎概念』第三節以下の、一見無味乾燥な抽象的カズイスティークにひそむ〈意味〉をば、〈物象化〉を〈ヨーロッパ的人格性〉のたどる固有の〈運命〉と見て、その基盤、始源、展開および帰結を透見せんとするウェーバーの、〈比較文化史的視座〉に導かれた独自の概念装置として、整合的に解釈するのである。

私見によれば、中野君はここで、もっとも抽象的なカテゴリーの編成からウェーバーの根源的問題関心を掘り起こしていく手法を、すばやく自家薬籠中のものとし、これを『社会学の基礎概念』に適用することにより、筆者の〝没意味化〟論をのりこえんとしている。ただし、筆者としては、〝没意味化〟が中野君のいうように〈物象化〉の一環なのか、それとも、〈物象化〉のほうが、〝没意味化〟という普遍的―逆説的過程の、本源的には特殊ヨーロッパ的現象形態なのか、という論点を留保しておきたい。

*

ともあれ、本書は、大意以上のような意味で、ウェーバーを従来の近代主義的解釈から根本的に解き放ち、〝ウェーバー像の変貌〟を決定的たらしめたばかりではない。

それは、ほかならぬウェーバーの思想―学問を、わたくしたち自身が冒頭に掲げた〈文化問題〉を展開していくにあたって欠くことのできない思想的媒介として把握し、そう位置づけうる根拠を、さしあたりその方法論と基礎概念の原基的編成に即して確証した画期的労作である。

もし本書が、かの、これから形成されるべき〝媒介的思索者サークル〟の基本テキストとして解読され、その〈視座〉が共有化されるならば、そこからはつぎのような共同探求の課題が定立されてこよう。すなわち、その〈比較文化史的視座〉の上に、①まずは、ウェーバー自身によって構築された壮大な〈比較文化史―社会学〉そのものの内容を、正確に解読―解析し、その具体的手法を会得しつつ、②その延長線上で、ウェーバーのやり残した諸課題をひきつぎ、〈中国文化圏〉〈インド文化圏〉〈イスラム文化圏〉および〈西洋文化圏〉を、それぞれ

〈歴史的個体〉として〈理念型〉的に再構成し、③それらを比較の諸項として用いながら〝日本文化史〟を再構築しつつ、ともども検証に付し、④そうするなかから、人間存在の根源的—普遍的原点に思いをひそめて、わたくしたち自身の新たな〈文化理想〉を模索していく、という一連の課題、これである。

（一九八三年二月二十五日記）

# 第2部　ウェーバー理解社会学の可能性

# 第1章　ウェーバー社会学の基本モチーフの解読

## 1　ウェーバー研究における統一的視座の設定に向けて

近年のウェーバー研究は、「近代化と資本主義の精神」「権力と支配」「官僚制」など、これまでウェーバーに即して焦点となってきた問題群とはやや異なったところに関心の照準を定めながら、新たな展開を見せるようになってきている。そしてその中から、ウェーバー理解社会学の基本モチーフをどのように捉えるかという根本問題についても、新たな見直しが始まっていると考えていいだろう。そうした大きな研究の流れは、しかし、それをもう少し接近して点検すると、論者によっていくつか異なったルートからのアプローチに実は分かれていて、現在のところ、いまだ全体として単一の方向に収斂しているとは言いがたい。ここで、そうした研究の部分潮流をその問題点とともに整理すると、とりあえず大まかにつぎのような三つの流れを取り出すことができる。

（1）「近代化の人間的基礎」などという問題関心の陰に隠れてこれまで顧みられることのなかったウェーバーのニーチェとの思想的つながりに注目し、そこから、むしろ近代批判者としてのウェーバー像を浮かび上がらせようとする潮流。これは、たしかにウェーバーの学問の中にある無視されてきた一側面を明らかにしているのだけれど、例えば「世界宗教の経済倫理　序論」の「ルサンチマン」論に見られるように、ウェーバーがニーチェについて明示的に語るときには必ずニーチェの方法への批判が焦点になっていることを、どう考えるかがネックになってくる。

（２）テンブルックに代表されるように、ウェーバーの近代化と合理化の理論を、「脱呪術化」という宗教的世界像の合理化という点から統一的に捉えようとする潮流。これは、西洋的な合理主義の淵源と性格をその一本線においてこのうえなくクリアーに示すのだけれど、ウェーバーが他方では合理化の多義性を強調しそこから「批判」の視座を据えていること、そして、ウェーバーの実質的な研究の主要部分がむしろこの多様な合理化の比較社会学であることを、どう考えるかがネックになってくる。

（３）ウェーバーの作品成立史に注目し、『経済と社会』の再構成問題を考えようとする潮流。これは、ウェーバー理解社会学のテキストの信憑性にまで遡及してその全体像を捉え直そうという本格的な研究であるが、しかし、この研究がどのような新たなウェーバー像を描いてみせるのか、なお不明である。

というわけで、現在、ウェーバー研究は新たに動き始めていることは確かなのだけれど、この動きがどこに収斂していくのかは、なお予断を許さないというわけである。

このような事態は、もちろん満足できるものではない。この新たな動きのポジティブな面を十分に確保しつつ、しかもその弱点を克服して、それらを全体として統合し新たなウェーバー像の可能性を探る、そのような試みがいま問われるゆえんである。

そこで、この課題に立ち向かうために、われわれとしては、ウェーバー理解社会学の問題設定を明示的に示したものとしては最も包括的な表現であるとみなしうる、一つの言明から出発して問題を考えてみようと思う。その言明とは、間違いなくウェーバーの主著の一つであるとみなしうる『宗教社会学論集』の、その冒頭に出てくるつぎの課題設定である。

ヨーロッパ文化世界の子が普遍史的諸問題を取り扱おうとする場合、不可避にそして当を得たことでもあるのだが、つぎのような問題の立て方をするであろう。いったいどのような諸事情の連鎖があったために、他ならぬ西洋という地盤の上で、そしてここでのみ、普遍的な意義と妥当性をもつような発展方向を辿る——少なくともわれわれはそのように考えたい——文化諸現象が姿を現すに至ったのか、と。(1)

明らかにここは、「普遍史的問題」という問題設定の一元的な軸と、「どのような諸事情の連鎖があったために」という関心にあらわれた諸文化の「比較」という多元的な視野の広がりが、いわば立体的な構造において絡み合っており、これだけですでにウェーバーの問題圏の複合的な姿を垣間見ることができる。とすれば、新しいウェーバー研究の諸潮流が提起する問題も、このような複合的な連関のなかに統一して理解できるはずであり、また、そうできなければならないはずであろう。

すると、あるひと続きの問題が得られる。それは、ウェーバー自らが表明したこのような課題設定の複合的な構造を、ウェーバー理解社会学はいったいどのような「方法」をもって解きほぐしていこうとしたのであるか、という問題であり、そして、そのような観点から再把握されたウェーバーの学問的方法が、はたして、新しいウェーバー研究の諸潮流が抱えている難点を解決する手がかりを与えるのか、という問題である。この点が解明されるならば、分岐しているウェーバー研究の諸潮流にも、新しい統一的な観点からそれを統合する道が開かれようし、そこから、ウェーバー像そのものも新しく統一的な姿をもって捉えられることになろう。本論では、それを考えたい。

## 2 ヴェルトフライハイト再考——〈秩序形成の文化意義〉という問いへ

ウェーバー・ニーチェ関係に注目する論者たちが強調するように、たしかにウェーバーの学問には、鋭い時代批判の問題意識が貫かれていると読み取りうる。そしてこのことの認識は、ナイーヴな近代主義的ウェーバー理解の水準をはるかに超えて、ウェーバーの思想と学問の一層の深さと広がりをわれわれに気づかせるきっかけとなっている。しかし、そうした「時代批判」をウェーバーの学問的著作から読み取るというのは、実は、彼の学問方法論からして安易に取り扱える事柄なのではない。というのも、ウェーバーこそ、学問のいわゆる「価値自由（wetrfreiheit）」を強く主張し、また、講壇における政治的主張の禁欲を求めた当の本人に他ならないからである。「価値自由」なこの学問においてどうして「時代批判」が語りうるのか、われわれはまずその点を、彼の学問方法論に遡及して反省し位置づけておかなければならない。

　ウェーバーはたしかに、有名な「社会科学および社会政策の認識の「客観性」」（一九〇四年）という論文の中で、社会科学的認識の「客観性」の主観的な基礎を問題にしつつ、しかもそれを、直接に主観的な根拠に依拠する「価値判断」そのものとも区別し、そこに「学問的な議論（wissenschaftliche Diskussion）」の可能性を切り開いている。しかし、その際に、「価値判断」という営みを単純に学問的な議論の領域から放逐したというわけではない。その点について、ウェーバーはつぎのように言う。

> 価値判断は、結局のところは一定の理想に基づいており、それゆえ「主観的」な根源を持っているのではあるが、だからといって、それがそもそも学問的な議論の対象から外れている、などということには決してならない。（略）批判は、価値判断に対しても足踏みすることはないのである。問題はむしろ、理想や価値判断を学問的に批判するとは、何を意味し、何を目的とするのか、という点にある。[2]

するとウェーバーは、価値判断をめぐる学問的な議論に、いったい何を提供しうると考えているのだろう。ウェーバーは、これに続けて言っている。

意欲する人間がこの（価値選択の）決断をするにあたって、われわれがさらになしうることは、その意欲されたことがらそのものの意義を知らせることである。われわれは彼に向かって、まずは、具体的な目的の根底にあり、または根底にありうる「理念」を指し示し、論理的に秩序だった展開をしてみせて、彼が欲したり彼がそのあいだで選択したりするところのいろいろな目的について、その連関と意義を知らせることができるのである。というのも、現実にもあるいは頭の中でも、「理念」をめぐって争いは生じているし生ずるものなのだが、そうした「理念」を精神的に理解せしめるということは、言うまでもないことながら、人間の文化生活に関わるいかなる学問にとっても最も本質的（wesentlichst）な課題であるからである。[3]

見られるように、ウェーバーは、もちろんいかなる価値選択をすべきだという主張をしているのではないが、しかし、その価値選択によって「意欲されたことがら」の「意義」を知らせることこそが自らの学問の「最も本質的な課題」であると受けとめているのである。もっと端的には、「具体的な歴史的連関の文化意義（Kulturbedeutung）を認識するのに役立つということだけが社会科学の究極の目標である」[4]、とも言っている。すると、この「文化意義を問う」という観点からならば、「意欲されたことがら」についても「具体的な歴史的連関」についても、ひとつの〈評価〉あるいは〈批判〉は可能だし、むしろ、そうした意味での〈評価〉や〈批判〉こそがウェーバー理解社会学の中心課題なのだ、と考えて間違いないことになろう。これはもちろん、ヨーロッパ文化世界の子が普遍史的問題を扱おうとする際に、「普遍的な意義と妥当性をもつような発展方向」を評価的に確定しうる根拠にもなるだろうし、また、この観点からならば一定の時代批判もなるほど可能になるはずだ。そこで問題は、ウェーバーの理解社会学が、それをいかなる観点と方法によって実現しようとしたのか、という点に進んでいく。

ウェーバーは、同一の論文のもう少し後段で、自らの学問領域に固有な課題領域をもっと限定し、つぎのように述べている。

今やわれわれは、この雑誌に最も固有な課題領域を、人間の共同的な生活とその歴史的に現れたさまざまな組織形態の、社会経済的構造がもつ普遍的な文化意義（allgemeine Kulturbedeutung der sozialökonomischen Struktur des menschlichen Gemeinschaftslebens und seiner historischen Organisationsformen）を学問的に研究すること、と規定する。(5)

ここでの表現は、この論文が『社会科学および社会政策雑誌』という雑誌の再刊に寄せて書かれたものであるゆえに、「この雑誌」というようになっているが、これがウェーバー自身の課題意識であることは間違いない。というのもこれは、一方で、「普遍的な文化意義」への問いが掲げられている点で、本論の考察の出発点である『宗教社会学論集』冒頭の課題設定へとつながっているばかりでなく、他方では、「人間の共同的な生活とその組織形態の」という対象の限定の仕方において、ウェーバーのもうひとつの主著と考えられる『経済と社会』の基本モチーフにもつながっていると読み取れるからである。すなわち、「文化意義への問い」が、ここに示されるように「人間の共同的生活」やその「組織諸形態」の「社会経済的構造」に向けられるとき、ウェーバーの社会学に固有の問題圏が開かれると考えることができるのである。そうだとすれば、この課題意識は、『宗教社会学論集』と『経済と社会』とを貫いて、ウェーバー理解社会学をその基本モチーフから統一的に捉える上での扇の要になるのではないだろうか。

しかし、本当にそうまで言えるだろうか。その点を、今度は、『経済と社会』の再構成問題に光を当てるかたちで、もう少し考えてみよう。

## 3 「一一―一三年草稿」への展開――社会的秩序形成の自律性

近年ようやくその重要な意味が問題にされ始めてきていることなのだが、今日われわれが『経済と社会』という単一の著作として扱っているウェーバーの論考は、実は、その内部に執筆の時期も執筆のプランも異なった少なくとも二つの層からなるところの、ウェーバーの遺稿なのである。すなわち、現行第五版において「第一部」と「第二部」として位置づけられている論述は、それぞれ異なった時期に書かれた別々の論考であり、特に、その「第二部」は、ウェーバーがおそらく一九一一年から一三年にかけてその主要な部分を書きながら、最終的にその構成を確定して出版するにまで至らなかった草稿群（「一一―一三年草稿」）のヴィンケルマン編集による集成に他ならないのである。それゆえ、これの構成については、二〇年にウェーバー本人が校正刷りの校正閲読まで行なった「第一部」とは異なって、あらためてウェーバーの執筆意図に遡及して考え直されねばならないというわけである。

ところが、この一九一一年から一三年という時期は、ウェーバーがもう一つの主著である『宗教社会学論集』に収められる「世界宗教の経済倫理」の諸論文を準備し執筆を始めていた時期であり、その意味では、ウェーバーの学問人生のなかで最も活動的な中核期であると考えることができる。とすれば、これとの関係で「一一―一三年草稿」の基本モチーフを明らかにすることは、とりもなおさず、ウェーバー理解社会学の全体にとっての基本モチーフを解明することに直結していると考えねばならないはずだ。そしてわれわれの見るところ、「人間の共同的生活とその組織諸形態」の「社会経済的構造」の「普遍的な文化意義」への問いとして先に明示されたウェーバーの課題意識が、ここで決定的な意味をもってくるというわけである。

そもそも、「一一―一三年草稿」として残されたこの著作は、ウェーバーが一九〇八年にパウル・ジーベック社からの監修依頼を引き受けて準備された『社会経済学綱要（Grundriss der Sozialökonomik）』という叢書の一部として準備された論考に他ならない。そしてこの叢書は一四年にその第一回の配本が開始されているわけだが、この第一巻の巻頭に掲げられた監修者序言において、ウェーバーは、自らの執筆部分（第I巻第三部）に関説しつつ、つぎのように言っている。

> 複数の個別的な論考（第I巻と第III巻）においては、経済の、技術に対する、また同様に社会的諸秩序に対する関係が、普通のものよりはいっそう豊富に取り扱われている。そしてこれは、意図的にそうしたのである。というのも、そうすることで、これらの領域の経済に対する自律性（die Autonomie dieser Sphären gegenüber der Wirtschaft）が鮮明に示されるからである。そしてこれは、つぎのような考えからなされている。すなわち、経済の発展というものは、とりわけ、生の普遍的合理化の特殊な部分現象として捉えられねばならない、というのがそれである[6]。

ここで「社会的諸秩序」と言われているのは、もちろん、かつては「人間の共同的生活とその組織諸形態」と表現されていた当のものの、さらに一般化された表現に他ならないだろう。その点に留意すると、かの「一一―一三年草稿」全体が、社会的秩序の形成と展開の経済に対する自律性、それゆえ、そうした社会的秩序形成に固有な文化意義を、さまざまな関係において豊富に論ずるためにこそ意図的に準備されているということが分かってくる。そして、そのような執筆意図の存在は、「一一―一三年草稿」の第一章に示された問題設定においてそれが正確に受けとめられているところからも、裏付けられるのである。この第一章の末尾でウェーバーは、つぎのように自らの課題を設定している。

> 制定された秩序が（行為領域に）次第に介入してくるということは、われわれの考察にとっては、かの合理

化とゲゼルシャフト関係形成プロセスのとくに特徴的な一構成部分であるにすぎないのであって、われわれは、このプロセスがあらゆるゲマインシャフト行為の中にますます広がっていくことを、発展の最も本質的な推進力（wesentlichste Triebkraft der Entwicklung）としてあらゆる領域に亙って追求していかねばならない[7]。

まさに、「一一―一三年草稿」に残されたウェーバーの所論が「社会学」であるのは、このようにここでは「ゲゼルシャフト関係形成プロセス」として表現されている「社会的秩序形成」を対象にして、それに固有の文化意義を問う学問として成立しているからなのだ、ということになろう。

こうしたウェーバー理解社会学の性格づけは、この学問が成立した当時それの先行説として前提にせざるをえなかったさまざまな社会理論と対比してみると、それに固有な特質が際立ってくる。当時ウェーバーが念頭に置いていたと考えられる先行諸説には、つぎのようなものがある。

（1）まず、マルクス主義の「史的唯物論」が挙げられねばならない。もちろん、これについての批判は、一八九四年のフライブルク大学での国民経済学の講義担当以来、ウェーバーの一貫したテーマとして続けられているわけだが、特に「一一―一三年草稿」との関わりで言えば、『社会経済学綱要』の監修依頼を受けていちばん最初に立てたプラン（一九〇九年プラン）のウェーバー担当部分に「史的唯物論の批判」と端的に副題がつけられているところから、それとの直接的な関連が示されている。

（2）つぎに、テンニースの『ゲマインシャフトとゲゼルシャフト』がある。これは、「ゲマインシャフト」と「ゲゼルシャフト」という社会類型を区別しつつ、それに社会の歴史的・経済的発展を対応させたもので、一八八七年に初版が出版されたが、一九一二年にはちょうど第二版が出て当時の学界にさらに大きな影響を与えるようになっている。ウェーバーは、その概念構成に明らかなようにこれを大いに意識しつつ、これに対しても史的唯物論と同様な批判をしなければならないと考えている。

（3）さらに、トレルチの『キリスト教会と諸集団の社会教説』が挙げられねばならない。これは、「教会」と

「ゼクテ」と「神秘主義」という三類型を立てながら宗教的理念の社会学的自己形成を追跡したもので、一九一二年に出版されているが、親しい関係にあったウェーバーはかねてよりこのトレルチの説を大いに意識しつつ、それを乗り越えるものとして自説の形成を行なっている。(8)

（4）また、シュタムラーの『唯物史観による経済と法』という書物がある。これは、法規範の歴史的発展の中にその論理的展開を読み取ろうとするもので、一九〇六年に第二版が出て大いに評判になったものだが、ウェーバーとしては、これを法教義学的方法と社会学的方法との混同であると執拗に批判している。

（5）そして最後に、ニーチェの「ルサンチマン説」がある。これは、周知のように、宗教的意識が社会的に抑圧された人々の「ルサンチマン」から生成すると主張してその問題性を暴露するものだが、ウェーバーは、これについて繰り返しその方法上の難点を批判している。特に「世界宗教の経済倫理」の序論におけるそうした「ルサンチマン説」批判の破格の取り扱いを見るならば、ウェーバーにとって、これがいかに大きな問題として意識されていたかは明らかである。

というわけで、ウェーバーが「一一―一三年草稿」に着手するにあたって念頭に置かざるをえなかった先行説は、当時の社会理論のほぼ全般にわたっているのである。

それでは、そうした先行諸説と明確に区別される、ウェーバーの所論の独自性はどこにあったのだろうか。

マルクスからニーチェに至るまで、それら諸説に共通することは、一口で言うならば、文化（宗教・法）理念と社会的秩序と経済との一体化的な思考方法であると言うことができよう。マルクス本人はちょっと微妙なのであるが、少なくとも俗流化されたマルクス主義が、政治や文化および社会制度などを、経済的な生産諸関係という「土台」を「反映」するところの「上部構造」として捉えたことは明らかである。そして、ニーチェの「ルサンチマン説」に対してウェーバーが、ルサンチマンに還元できないような宗教の発生状況がありえた点を具体的に指摘して批判しようとしているのも、その批判の焦点が宗教的理念と社会的秩序の一体化的思考方法にあったことを示している。すなわち、それらに共通のこの思考方法の下では、社会理論の使命は、社会に現れたあらゆる事象を（経済であれ抑圧の事実であれ）何か単一の「原因」あるいは「根拠」に帰着させて解釈するというところに認められていたのである。

これに対してウェーバーの独自な観点は、すでに見たような、社会的秩序形成の経済に対する「自律性」の把握であり、それぞれの領域の「合理化という固有法則性」の把握であった。すなわち、ウェーバーの見るところ、社会事象の生成は、何か単一の「原因」に還元して説明することのできないものなのである。だから、ウェーバーの捉える「普遍的な合理化」とは、さまざまな文化領域それぞれの自律的な合理化があまねく進行するということであり、それらの多様な連鎖が、まさに多様な文化世界の個性をそれぞれに形成していくと捉えられるのである。そして、そのように捉えるときにこそ、かの諸領域における「社会的秩序形成」の文化意義への問いが、つぎに、「どのような諸事情の連鎖が」という具体的な歴史過程の多様性への関心に展開し、さらには、そうした諸事情の連鎖が形作る文化的個性の「比較」への関心に結びついていくという、ウェーバー理解社会学の複合的な問題構成の意味が十全に明らかになってくると思われる。

かくてわれわれは、本書の冒頭で見た、ウェーバー理解社会学の普遍史的問題への独自な課題設定を、ようやくその方法の基礎から納得しうるようになってくるだろう。そして、この理解においてこそ、現下のウェーバー研究の諸潮流の難点も克服され、それらをまさにウェーバー理解社会学の基本モチーフの把握から統合しうる方向も見えてくる、とわれわれは思う。

それでは、このような解釈から、「一一―一三年草稿」の再構成についても、なんらかの確実な方向性が見えてくるのだろうか。最後にその点を簡単に確認しておこう。

## 4 『宗教社会学』と『法社会学』との論述構成の相似性

これまで見てきたように、かの「一一―一三年草稿」全体が、諸領域における社会的秩序の形成の経済に対する自律的な展開を追求しているものと捉えてみると、それの中身を読み取るうえでも重要な手がかりが与えられる。特に注目されるのは、特異なまとまりを示している『宗教社会学』の章と『法社会学』の章とが、それぞれ明示的に経済に対する自律性を掲げて論述構成されているとみなされる点である。ここで、それぞれの章の予備的考察をなすとみられる第一節の、その末尾における確認を引用しておこう。

『宗教社会学』第一節末尾

（宗教に「此岸的」外面的利益を求めるという）このような事態を越え出るあらゆる通路は、本来二つに分裂しているような特質をもつ特殊な発展プロセスの所産として開かれる。一方で、絶えず進展してやまない神観念の合理的体系化へと、したがってまた、人間の神的なものに対する可能な関係に関する思考の体系化へと向かい、他方では、その結果としてそれの特徴的な部分をなすところの、本来あった実践的で打算的な合理主義が後退していくという発展プロセスがそれである。というのは、特殊宗教的な行動の「意味」というものは、思考の合理化にともなって、次第に経済的日常の純粋に外面的な利益の内には求められなくなっていき、そのかぎりで、宗教的行動の目標は「非合理化」されて、しまいには、こうした「現世外的」なそれゆえさしあたり経済外的な目標こそ、宗教的行動に特別なものだということになるからである。しかし、まさにこのことのゆえに、前述した意味での「経済外的」な発展の特別な人格的担い手の存在が、そうした発展の前提条件になるのである。(9)

『法社会学』第一節末尾

これまで述べたことが示すように、今日われわれが慣れ親しんでいるいろいろな法領域についての基礎的諸概念が分化してきた仕方は、大きな程度において法技術的な諸契機に依存しており、また一部は政治的団体の構造のあり方に依存している。それゆえ、ただ間接的にのみ、経済に条件づけられているとしうるだけである。……（略）……他方でわれわれは、法技術的契機や政治的契機に内側から（von intern）規定された法の特質が、経済の編成に対して強く反作用を及ぼしていることを、繰り返し見るであろう[10]。

見られるように、宗教領域においても法領域においても、その領域に独自な性格を形作る要因が「経済外的」に求められることをまず確認して、それぞれの章の論述は開始されているのである。これは明らかに、ウェーバーの手による『社会経済学綱要』の序言の記述に照応している。とすれば、この二つの章はそれぞれ、ここで指摘されている要因、すなわち、「宗教的行動の経済外的な目標」と「その人格的な担い手」、あるいは、「法技術的契機」と「政治的契機」とに即して、論述が進められているはずだと考えることがまずはできるだろう。ここではその詳細に立ち入ることはできないが、われわれの見るところ事実、この『宗教社会学』と『法社会学』という二つの章は、ここに明示された要因を軸にその論述構成がなされている。すなわち、これらの章の意義も、そのような論述構成に即して読み取られるときにこそ、その十全な姿を現すはずなのである[11]。

かくてわれわれは、「一一―一三年草稿」のさらに進んだ解明についても、かなり確実な出発の足場を得たのだと考えていいだろう。もちろん、この足場から実際にどこまで十全な解明が進行するかは、それが「草稿」であるというテキストの状況からして、なお予断を許さない要素はある。しかし、そのような解明がある程度は進んだならば、これまでとかく断片化されがちであったウェーバー理解社会学もようやくその統一的な全貌を見せはじめるだろうし、その新たなウェーバー像の下に、ウェーバー研究の新しい諸潮流も大きく統合されていきうるのではないだろうか。少なくともここで、そう考えていい証拠のいくつかを、われわれは確実に摑んでいる。

注

（1）GAzRS, S.1.（『序言』五ページ）

（2）WL, S.149.（『客観性』五四ページ）

（3）WL, S.150.（『客観性』五五ページ）

（4）WL, S.214.（『客観性』一一二ページ）

（5）WL, S.165.（『客観性』六八ページ）

（6）Max Weber（Hrsg.）, *Grundriss der Sozialökonomik*, I. Abteilung J.C.B.Mohr, 1914, Ⅶ

（7）WuG, S.196.（『社会秩序』五二二ページ）

（8）ウェーバーが「一九一一—一三年草稿」を執筆する際に、いかにトレルチを意識し、また、それを乗り越えるものとしていかに自説に自信を持っていたかは、つぎのような出版社宛の手紙の文面からも窺い知ることができる。「わたしは、包括的なゲマインシャフト諸形態を経済との関係に据えるところの、まとまった理論と叙述とを完成するに至りました。それは、家族や家ゲマインシャフトに始まり、経営へ、氏族へ、種族的ゲマインシャフトへ、宗教へ（これは、地上のすべての大宗教を含むもので、救済論と宗教倫理の社会学とも言うべきものです——トレルチが行なっているものは、すべての宗教というには、本質的な点において不十分なものに他なりません）そして最後に、包括的な社会学的国家—支配理論へと至るものです。わたしは、これに匹敵するようなものはかつてなく、「前例」すらなかったと自負しております」（一九一三年十二月三十日付のジーベック社への手紙）vgl.Wolfgang Schluchter, *Religion und Lebensführung*, Band 2, Suhrkamp, 1988, S.570.

（9）WuG, S.259.（『宗教』三八—三九ページ）

（10）WuG, S.395.（『法社会学』一〇一ページ）

（11）『法社会学』に即してではあるが、筆者としては、そのような立ち入った分析をすでに試みている。その点については、拙著『近代法システムと批判——ウェーバーからルーマンを超えて』（弘文堂、一九九三年）を参照されたい。

# 第2章　マックス・ヴェーバーの変貌とそれを読む位置

## 1　戦後社会の自己理解を照らす鏡としてのヴェーバー

マックス・ヴェーバーの社会理論と言えば、いまではもう社会科学の「古典」と認められて久しく、ひとつの「グランドセオリー」との見方からも広く読まれてきたという経緯からして、それの全体像や個性についてはすでに大方の共通了解が成立していると考えるのが普通であろう。ところが、それはこれまで、一見そう思われるほどには確定した単一の解釈をもって流通してきているというわけではない。広く世界を見渡すならば、むしろそれは、さまざまな場で大きく異なったヴェーバー像をもって受け止められ、対照的とも言える多様な関心から議論に付されてきたと認めねばならないのである。

例えば戦後日本では、ヴェーバーは大塚久雄という主導的な研究者の名とともに、社会の近代化へのあるべき道筋を示すものとして受け止められ、戦後復興の精神を支える大きなよりどころと見なされてきた。ところが、目をいったん戦後アメリカや戦後ドイツの学問状況に転じると、そこにはそれぞれまた違うヴェーバーがいて、それがおよそ異なった観点から問題にされてきていると分かるのである。すなわち、戦後アメリカでは、ヴェーバーはまずは組織社会学の基礎理論として読まれ、近代的組織の合理化のポジティブな可能性を探る第一の手がかりとされたのに対して、戦後ドイツでは、ナチスという時代経験を背景に、ヴェーバーとカール・シュミットとの関係が、さらにはヴェーバーとニーチェとの関係がどうしても意識され、近代の極点に位置づけられるべきこの精神史的系譜の「克服」がつねに問題にならざるをえなかったのである。およそいかなる社会理論でも、それが生み出された時代と社会を超えて読み継がれていくときには、読者たちが生きる状況に応じてさまざまに変容した相貌を見せるものだが、ヴェーバーにおいてはそのことがとりわけ著しいとまずは認定することができるだろう。

ヴェーバーをどう理解するかをめぐって生じているそのような事情について、ユルゲン・ハーバーマスは、あるシンポジウム[1]でアメリカからやってきたタルコット・パーソンズの報告に応答しながら、つぎのように述べている。

> わたしはマックス・ヴェーバーについて、この（パーソンズ）のような線の太い、そして語の最良の意味で自由主義的な受け取り方を許す政治的伝統の中に、アメリカの同僚たちがおられることを羨ましく思います。ここドイツのわたしたちはいまだに戦争責任のアリバイ探しに追われておりますので、このようなヴェーバー理解にはまったく喜んで従いたいものです。ところがそうはいかないのです。……（略）……わたしたちは、カール・シュミットがマックス・ヴェーバーの正統的な弟子であったという事実を、おろそかには出来ないのであります。[2]

なるほどそうなのだ。現代社会理論としてのヴェーバー社会学は、そのアクチュアリティをもって、読み手たちの社会認識にすでに大きく影を落としている。そして読み手たちは、それぞれの位置から、かの戦争のときを含むこの時代と社会に深くコミットしてきているのである。されば、ヴェーバーについての評価も、この戦争を含む時代と社会に対する態度と無縁であるというわけにはいかない。ヴェーバーを顧みるという営みには、かの戦争に対してどのような位置から接しているかにも相関する、それぞれの戦時と戦後への思想的スタンスが投影されざるをえないのである。戦後日本の近代主義的なヴェーバー読解も、ひとつの「戦後精神」であった。ヴェーバーをどのように理解するかという問題は、現に生きられているこの時代をどのように捉え、それに対するかという問題とこのうえなく深く結びついてきたし、また結びついている。

## 2 第一次大戦を前後して変貌するヴェーバー

ところで、「ヴェーバーと戦争」というこの問題は、彼の社会理論の全体的意義を考えようとするときに、さらに複雑で重大な問題として立ち現れてくる。というのもこの問題は、以上のようなヴェーバー受容の場面だけでなく、実はヴェーバー社会理論の生成の局面をも深く刻印しているとみられるからである。ヴェーバーは、彼の学問業績の一方の柱となった『世界宗教の経済倫理』を表題とする諸論文（『序論』『儒教と道教』『中間考察』『ヒンズー教と仏教』『古代ユダヤ教』）を、一九一五年から一九年までの間に雑誌（『社会科学および社会政策アルヒーフ』）論文としてつぎつぎに発表しているが、この作業を彼は、時あたかも進行する第一次世界大戦の後の社会状況の変容を見越して、とりわけ急いだと言われている。(3) それに関連してここで注目したいのは、ヴェーバーのもう一つの主著である『経済と社会』においても、戦争の前後を隔てて、その内容に大きな変化が見られるということである。

近年進展を見せたヴェーバーのテクストをめぐる研究は、従来一括して『経済と社会』と呼び慣らわされてきた彼の著作のなかに、執筆時期も概念構成も大きく異なる二つの層がはっきりと区別しうるということを明らかにしてきた。すなわち、第一の層は、現行版『経済と社会』では一八一ページ以降に「第二部 経済と社会的諸秩序および権力」としてまとめられている部分で、これは戦前の一九一一年から一三年の間に基本的な執筆が完了している遺稿であることから、「旧稿」あるいは「一一―一三年草稿」と呼ばれていいものである。これに対して第二の層とは、ヴェーバーがいよいよ刊行を念頭に置きつつ戦後の一九年から二〇年にかけて旧稿を書き改めた一八〇ページまでの部分で、それゆえこれは「新稿」あるいは「二〇年改訂稿」と呼ばれうる。この二つの層の区別については、内容上の検討はなお端緒についたばかりであるとはいえ、わたしの見るところ、相違は概念構成の基礎視角そのものにまで及ぶ重大なものと考えなければならない。

そのような旧稿と新稿との相違を確認するためには、両者において共通に論じられている問題に即して検討を進めるのが好便である。そこでここでは、両者のいずれにも出てくる「支配（Herrschaft）」という概念に注目して考えてみよう。まず、旧稿である「一一―一三年草稿」においては、「支配」はつぎのように規定されていた。

われわれは以下において、狭義における支配（Herrschaft）の概念を用いることにしたい。それは、利害の布置状況とりわけ市場によって制約されていて形式的には利害関心の自由な発動に基づいているような権力とは真っ向から対立する（gerade entgegengesetzt）ものであって、したがって、権威を備えた命令権力（autoritäre Befehlsgewalt）と言うとぴったり当てはまるような概念である。[4]

これに対して新稿である「二〇年改訂稿」においては、「支配」はつぎのように言われるようになる。

「支配」とは、その定義（第一章十六節）からして、特定の（またはすべての）命令に対して、挙示しうる一群の人々から服従が得られるチャンスを言う。それゆえ、他の人々に「権力」や「影響力」を行使するあらゆるチャンスが「支配」であるというわけではない。たしかにこの意味での支配（「権威」）は、個々の場合には、漠然とした慣れに始まって純目的合理的な考量にいたる、従順へのあらゆる種類の動機に基づいたものでありうる。だが、一定最小限の服従意欲（Gehorchenwollen）が、言い換えると、服従への（外的あるいは内的な）利害関心（Interesse）があるということは、真正なあらゆる支配関係にとって不可欠な要件なのである。[5]

このように並べてみると、これまで気づかれてこなかったことが不思議に思えるほど、明らかな相違が認められるのではなかろうか。旧稿においては、支配は、支配権力のもつ「権威」に即して定義されていた。これに対して新稿では、支配は、服従者の側の「関心」に即して定義されている。前者において支配が、支配権力の「権威」という実質から理解されているのに対して、後者においては、支配は服従者の側の「服従意欲」あるいは「利害関心」という観念的な動機の方から捉えられているのである。この後者の定義の場合には、服従者の観念的な服従動機が支配権力の側の何に相関して発生するかは、セカンダリーな問題として後景に退いてしまうわけだ。そう理解できるとすれば、これは、社会理論の基礎概念における変化として決定的な意味をもつものと考えられよう。というのもこれは、支配概念のリアリズムからノミナリズムへの大転換だと認めねばならないからである。両者において、概念構成の基礎視角そのものがはっきりと逆転しているのである。そしてこの逆転に伴って、それ以降の叙述の意味がまた大きく変容することになっている。

これらの「支配」概念の定義が冒頭に掲げられる一連の叙述とは、もちろん、旧稿においても新稿においても、「支配の社会学」あるいは「支配の諸類型」と呼ばれている理論的論述にほかならない。よく知られているように、この「支配」の社会学は、ヴェーバー社会学の中心部のひとつとして繰り返し論じられ、後の社会理論に大きな影響を残した個所でもある。しかしながら、これまでの研究では、この中心部における旧稿と新稿との相違については、叙述の改善という以上にはさほど注意が払われてこなかったというのが実情であろう。[6]だが、支配概念の定義が前述のように変わっているということをしっかりと踏まえてみると、ここでの変化は驚くほど根本的なものであるとわかってくる。

ヴェーバーの支配の社会学は、周知のとおり、「正当的支配」の三つの類型という枠組みをもって論述が進められていく。支配概念の定義換えは、まずはこの類型構成の基軸を根本的に変えることになる。合法的支配の類型構成に即してそれを対比してみよう。

旧稿においては、合法的支配の純粋類型とされる「官僚制的支配」の論述は、つぎのように始められている。

近代的官吏制度に特有な機能様式はつぎの諸点に表現される。

Ｉ　各官庁が、規則・法律・管理規定によって一般的に秩序づけられて確定した権限（Kompetenzen）をもつ、という原理が存在する。

II　官職ヒエラルヒーと審級制の原理が存在する。(7)

見られるように、ここで官僚制的支配は、それに特徴的ないくつかの「原理」の存在によって定義づけられていた。この諸原理の存在が、官僚制的支配の権威の根拠になるのである。これに対して新稿では、合法的支配の論述の冒頭はつぎのようになる。

合法的支配は、つぎのような相互に関連し合う諸観念（Vorstellungen）の妥当にもとづいている。

1　任意の法が、協定または授与によって、目的合理的または価値合理的な（あるいはその両方の）方向づけをもって、合理的に制定されうるという観念。

2　……という観念。(8)

この新稿では、合法的支配の類型を支えるのは、明らかになんらかの原理の存在ではなく、いくつかの「観念」の妥当である。すなわち支配概念の定義換えは、ここに、類型構成の基本軸の首尾一貫した変更として現れているのである。このことを確認してみると、これ以降の論述の変化についても、その意味がようやく理解できるようになってくる。

これは一読すれば誰にもわかることだが、「支配の社会学」と題されている旧稿と「支配の諸類型」と題される新稿とを見比べてみると、そこには明らかな論述形式の相違が存在する。すなわちそれを一口に言えば、旧稿においてはより歴史学的な論述形式が、新稿においてはより社会学的な類型論としての論述形式が採られているということである。例えば、「封建制、身分制国家および家産制」と題された旧稿の第四節は、レーエン封建制とその変容を主題にしたヨーロッパ中世社会論とみなしうるし、「政治的支配と教権制的支配」と題された旧稿の第六節は、政治的権力と教権制的権力が並立するヨーロッパ中世の支配構造を主軸に議論していると見ていいだろう。これらに対比してみれば、新稿の論述が、歴史的コンテクストを極力脱色した純形式的な社会学的類型の構成論になっていることは明らかだろう。これを従来は「ますます簡潔的確な」論述への改善とのみ理解してきたわけだが、いやいやどうして、ここには論述の意義そのものの重要な変更があると見なければならない。

支配概念の定義換えを踏まえてみると、判明してくるのはおよそつぎのようなことだ。旧稿が歴史遡及的な論述形式を採っているのは、そこでは支配の「権威」がその源泉に即して問題にされているからだと解釈できる。支配の権威が実体として理解されているかぎり、その源泉は歴史的に探求されるしかないはずであろう。これに対して新稿が社会学的な類型論の性格をもってくるのは、そこで問題になるのが服従者を動機づける支配関係の機能連関であるからだ。ここでは、支配の権威の「実体」がではなく、服従者において権威として観念されるような支配関係の「機能」が問題になっているのである。すなわち、ここで変化しているのは、あれこれの概念や叙述の仕方なのではなく、社会学上の問題設定そのものなのである。社会学の性格が変わったのだ。そこでこれを明瞭な形で規定すれば、支配の歴史社会学から機能主義社会学への転換だと言うことができるだろう。

そうだとすれば、ここに現れている変化は、「支配」という領域だけの事柄にとどまらない射程をもっていると考えねばなるまい。そう理解すれば、新稿にちょっと意味不明な形で出現してこれまでヴェーバー研究者を悩ませてきた、極度に煩瑣な概念のカズイスティク（例えば「第二章　経済行為の社会学的基礎カテゴリー」）の意義なども、解釈可能になってくる。主題そのものが歴史的実体から機能的連関へと移行して、そこに概念構成全般の根本的な組み替えが不可避になったということである。要するに、ここに示唆されているのは、ヴェーバーの学問システム全体の重大な方向転換に他ならない。とすれば、ヴェーバーの学問の意味そのものについても、またそれに学んできたはずのこれまでのヴェーバー研究についても、このことをしっかり踏まえたうえで、いま一度検討し直してみる必要が出てくるだろう。

## 3　世界戦争という経験と社会理論の転換

さてここで、あらためて「グランドセオリーの読み直し」というシンポジウムの趣旨を思い起こしながら、その観点から問題を整理するとつぎのようになる。ヴェーバーの社会学理論を「近代」という時代を捉える確定した「グランドセオリー」にしたのは、日本・ドイツ・アメリカといったそれぞれの戦後社会であった。すなわち「グランドセオリーとしてのヴェーバー社会学」というのは、日本・ドイツ・アメリカなどの戦後社会においてそれぞれの自己認識を投影しつつ作り上げられた構築物だったのである。これに対してヴェーバーその人は、おそらく世界戦争がもたらしている時代と社会の変容に応じつつ、自己脱皮を遂げ、自らの学問システム全体を大きく方向転換させようとしていることがわかった。そうだとすれば、これからヴェーバーを読み直すということには、この落差のなかに入り込んで考えるという自覚がなければなるまい。そこで、この観点に立ちながら、世界戦争を前後するヴェーバーの変貌の意味と、それを現在の時点で読むものの位置について、残された紙幅の範囲で考えておくことにしよう。

まずヴェーバーの変貌の意味であるが、それを考える土台はもちろん、世界戦争がもたらした時代の転換であり世界の変容である。この世界史的なパースペクティヴから考えるとき、歴史社会学から機能主義社会学への転換と理解できるこの変貌は、どのような意味を持っているのだろうか。

ヴェーバー自身の作品成立史的な観点から考えるとき、「一一―一三年草稿」とも称されうる旧稿の概念枠組みは、『儒教と道教』や『ヒンズー教と仏教』など、『世界宗教の経済倫理』のなかの主要著作に、執筆時期の点でも内容においても対応すると見ていいだろう。すなわち旧稿における歴史社会学的な論述構成は、この『世界宗教の経済倫理』における「比較宗教社会学」という枠組み、とりわけそこで展開されている「文化圏比較」という視座に関係していると考えることができる。支配の権威の源泉を歴史遡及的に問うという論述構成は、文化の特性を歴史遡及的に問う仕方と同型的である。というよりむしろ、旧稿において構築された歴史遡及的な議論の道具立てが、中国から始めて各文化圏の特性を論じる一連のモノグラフにおいて議論の足場となっているのである。

そう理解できるとすれば、そこから推論されるのは、新稿における機能主義社会学への転換が、この「文化圏比較」という考察枠組みの組み換えを意味するということにほかなるまい。支配概念におけるノミナリズムへの転換は、文化概念におけるノミナリズムの採用に連動せざるをえない[9]。そして、そこから成立する機能主義社会学は、文化圏の「固有性」に定位するのではなく、むしろそれを超えた一つの〈普遍〉社会学という性格をもつことになるだろう。一九二〇年の『宗教社会学論集・序言』に初めて明示されたように、そこでは、「普遍史的問題（universalgeschichtliche Probleme）[10]」という問題関心が前面に登場してくるのである。このように考えるときに、ヴェーバー社会学における転換は、世界戦争がもたらしたこの世界の変容という事態と一定の照応関係をもつとわかってくる。

それでは、そもそも世界戦争の経験とは、何だったのか。紙幅の制限ゆえに断定調になってしまうが、この世紀の世界戦争の経験というのは、帝国主義と総力戦の経験であると言っていいだろう。戦争は、帝国主義的世界戦略の角逐という形で始まり、国民各層を巻き込んだ総力戦という姿で進行していく。このことが戦争の様相をそれまでとは一変させ、時代精神と言っていい一定の意識変容を生じさせることになったと見ることができる。

その意識変容とは、ひとつはもちろん「ナショナリズム」の醸成、高揚であるが、もうひとつは、それと相関しつつ「世界は単一である」と見る見方（ここでは「世界意識」と呼んでおこう）が本格的に意識化されるようになるということである。そもそも帝国主義というものが、ナショナルな利害を出発点に据えながら、しかもこのナショナルな枠組みを「超える」志向をもって展開されるものだ。それゆえここでは、帝国主義世界戦略という観点からも、あるいは逆に反帝国主義世界戦略という観点からも、またさらにそのような帝国主義の時代を反省的に見つめる視角からも、「普遍史」という観点に結びつくこの「世界意識」を育成する条件が生み出されてくるのである。

そしてヴェーバーその人が、まさにこのような時代精神のただ中にあったと言える。戦闘的なナショナリストとして戦争が始まった段階ではあえて予備役に志願し、陸軍病院の整備などに献身したヴェーバーは、同年の末にはさっさとこれを退職し、今度は著作活動に没頭するようになる。この時期に発表された『世界宗教の経済倫理』に属する連続論文はすでに戦前に書かれていたものも多かったが、注目しておきたいのは、この退役後の著作活動のなかで、「普遍史的問題」という関心に収斂するヴェーバーの方向転換が準備されているということである。戦争の時代におけるヴェーバーのこの大きな振幅に、わたしとしては、この時代精神が孕む両義性の最も先鋭な形のひとつを見たいと思う。

ともあれ、帝国主義の総力戦として遂行された世界戦争は、各文化圏の固有性を独立しては語りえないような〈普遍史〉としての世界の現実を明らかにし、人々に「世界意識」をかき立てる。これは、「文化圏比較」という視座に立つそれまでのヴェーバーが前提にしていた社会理論のフィールドを、そっくり変容させてしまうと考えていいだろう。ヴェーバーは確実に、このことに反応しているのだ。

## 4　自己革新のプロセスとしてヴェーバーを読むこと

ヴェーバーのこの最後の地点を捉えてみると、他方で、これまでのヴェーバーの読み方やその背景にある社会認識の枠組みの問題性がまた、一層くっきりと浮かび上がってくるだろうと思う。と言うのも、そこを押さえて見ると、これまでのヴェーバー研究がいかに国民国家単位に閉塞した戦争への総括と戦後の自己理解に拘束され、その自己理解をヴェーバーにも投影して、どれほどヴェーバー解釈を切り詰め固定的なものにしてきたかがよくわかってくるからである。

そうした事情ゆえに、これからヴェーバーを読もうという営みには、表裏をなす二つの課題がどうしても付随することになるだろうとわたしは考えている。ひとつは、ヴェーバー自身のこの不断なる自己変容をしっかり見つめ、そうした変容の相から、ときどきに固定されたヴェーバーあるいはこれまでさまざまに描写されたヴェーバー像を批判的に相対化していくということであり、もうひとつは、そうしたこれまでのヴェーバー像に投影されてきた読者たちの自己理解を析出し、その意味をそれぞれの時代と社会に即して考えていくということである。すぐれた思想家について考えるときには多かれ少なかれ必ずそういう面が出てくるはずだが、ヴェーバーを読む営みはその意味で、すでに著者と読者とが交互に織りなしてきている複合的な精神史のこれまた複眼的な解読作業に他ならないのである。(11)

これはたしかに困難な作業だが、しかし、それを導いていく方法的な手がかりについても、ヴェーバー自身がその一端を指し示してくれているように、わたしは思っている。というのも、本論で垣間見てきたのは、膨大な作品群を遺したヴェーバー社会学が、実は「グランドセオリー」として完成に向かっているのではなく、むしろ最終局面にあってなお自己変容を遂げていっているということであって、この自己革新への志向と手法になお多く学ぶことができると考えられるからである。最終局面においてなお自己革新を遂げようとしているヴェーバー社会学は、それゆえ整合的に完成したものではなく、現代社会を捉える道具立てとしては欠陥の多いものでもあろうが、それでもなおそれを読むことを有意味にしている一つの理由は、それ自体が、社会変容に対応する社会理論の側の応答の最も豊かな実践例に他ならないということではないだろうか。

注

（1）一九六四年にハイデルベルクで開かれた、「ヴェーバー生誕百年記念シンポジウム」のことである。
（2）前掲、O・シュタマー編『ヴェーバーと現代社会学』上、一二八―一二九ページ
（3）ヴェーバー自身は、これらの論文を戦争中に発表したことについて、つぎのように述べている。「当時これらの諸論文を印刷に付したのは、つぎのような理由からであった。すなわち、あの戦争は誰にとっても生涯に決定的な一時期だったわけだから、そうした戦争が終わったあとでは、再び以前と同じように思想の隊列に復帰するなどというのは不可能ではないか、そう思われたのである」。GAzRS, S.237.
（4）WuG, S.544.（『支配の社会学』第一巻、一〇―一一ページ）
（5）WuG, S.122.（『諸類型』三ページ）
（6）前掲、マリアンネ・ウェーバー『マックス・ウェーバー』第二巻、四九六ページ
（7）WuG, S.551.（『支配の社会学』第一巻、六〇ページ）
（8）WuG, S.125.（『諸類型』一三ページ）
（9）もっとも、ヴェーバー理解社会学が、当初より「文化」や「文化圏」を本質主義的に捉える立場から距離を置いて出発していることは、確認しておく必要がある。例えば、つぎの言明を見よ。「「文化」とは、世界に生起するそれ自体として意味をもつわけではない無限の事象から切り取られ、人間の立場から意味と意義を付与された有限の断面のことである」。WL, S.180.（マックス・ヴェーバー『社会科学と社会政策にかかわる認識の「客観性」』富永祐治／立野保男訳、折原浩補訳〔岩波文庫〕、岩波書店、一九九八年、九二ページ）

（10）GAzRS, I, S.1.（『序言』五ページ）
（11）筆者としては、その一端を日本のヴェーバー研究に即して示したつもりでいる。拙稿「戦時動員と戦後啓蒙――大塚＝ヴェーバーの三〇年代からの軌跡」（『思想』一九九七年十二月号、岩波書店）を参照されたい。

# 第3章　ヴェーバー社会理論のジェンダー論的射程

もう二十五年以上も昔のことになるが、ヴェーバーに関するわたしの師である折原浩さんとヴェーバーのテクストを挟んで会話していたときに、「ヴェーバーのつまみ食い」の話になった。ヴェーバーについての徹底した内在的な読みでは他の追随を許さない折原先生に学ぶ勉強会（ゼミだったかな？　当時やっていた公開自主講座の準備のときか？）の席のことであるから（わたしもその読解姿勢を深く尊敬し、その方法から多くを学んできている）、はじめのうちの話は「つまみ食いじゃなく、内在的に全体像をつかみたいですね」という方向に当然向かい、折原さんもニコニコと頷いている。そんなふうに話が進むうち、「でも、たとえつまみ食いでも、ヴェーバーの多彩な論点がもっと活かせるなら」という思いがふと浮かんで、わたしがそうつぶやくと、折原さんも、ちょっと間をおいてから「そうだねえ、ちゃんと喰えばいいのだよね」と応じてくれたのである。このやりとりには、われわれが勉強会で共通に感じてきたはずの、つぎのような実感があったのではないかと思う。

そもそもヴェーバーと出会い、それを自力で読んでみると、だんだん内容が分かってくるにつれ、まずはその壮大で一貫した学問体系に驚嘆させられるというのがつねであろう。わたし自身も、もう少し若い頃、ヴェーバー理解社会学の学問方法論における精緻な哲学的思考と、『宗教社会学論集』に結実した経験的モノグラフにおける圧倒的な歴史学的知見および叙述との間にある、すごい一貫性に魅せられ、それをまずは方法論の視野から見た全体像として表現できないかと考えたものであった[(1)]。だが、その読みがもう少し深まっていくと、やがてヴェーバーの著作の細部にもさらに濃密な思索や分析が隠されていると分かるようになってくる。しかも、とりわけヴェーバーの個々の概念構成や、『宗教社会学論集』などのモノグラフに見られる個別の論点などは、ただちにヴェーバーの学問体系全体のなかに単純には位置づけられない、あるいは単純な位置づけをしてはもったいないような、いくつもの宝石のような考察や知見が盛り込まれていると分かってくるのである。このような事実を知ると、それらについては、少しは「体系的ヴェーバー像」という強迫観念から自由になって、あれこれ考えたり利用したりした方がいいのではないかと感ずるようになるのである。そこから「たとえつまみ食いでも」という気持ちが湧いてくるというわけであった。

それからたくさんの年月が経って、わたし自身が中年の坂を越え、大学教師としての生活も長くなるにつれて、ヴェーバーについての日常の発言としては「きちんと内在して統一的に読みなさい」なんていう教育的説教が多くなってきている。また、『社会学の基礎概念』なんかを岩波文庫の翻訳で一行くらい読んで、「ヴェーバーは権力についてこう捉えるが、わたしは……」なんて平気で論文に書くやつが結構いるから、もっときちんと読めよと繰り返し言いたくもなるこの頃ではある。だがそれでも、専門のヴェーバー研究が、ヴェーバーの統一的全体像を固守しようとしてあまりに厳格に「内部」に留まっていたり、「近代主義者なのか、近代批判者なのか」などとヴェーバー自身の全般的な立場取りばかり争ったりしていると、もう少し多様で自由な読み方ができないものかと思い、それでは「せっかくのヴェーバーがもったいない」と感じたりもするのである。

そこで、いずれ誰かがしなければならないことなのだが、ヴェーバーに現代の視角をあえて持ち込んで読み直してみるとか、逆にヴェーバーの所論を現代の問題のなかに持ち込んでかき回してみるとか、そんなことができないものか考え始めている。もちろん、そんな冒険を試みるには、いくつもの意識的な方法上のコントロールが必要だろう。いくら「巨匠ヴェーバー」であるからといって、なにせ百年も前の人なのだから、その全体を現代の価値基準に従って裁断するようなことでは意味がない。「ヴェーバーは、やっぱり西欧中心主義だ」とか、「オリエンタリストだ」とか、そんな「結論」を得ようとするだけなら、あまりに稔りが少ないと思うのだ。むしろ試みて意味があると思われるのは、例えばそれとは逆に、ヴェーバーが事実上は議論の対象として取り扱っていないが、しかし彼自身が必然的に巻き込まれている時代的制約ゆえに十分には展開しきれなかったことを、われわれの観点から時代的制約の枠を外して、その含意を精一杯ふくらませて読んでみることではないか。それができるならば、実に使いでのある概念や思想的ヒントの宝石箱として、ヴェーバーの可能性がはるかに広がるにちがいない、とわたしは思う。

そんな試みとして、まずわたしが漠然と考えているのは、ヴェーバー社会理論のジェンダー論的視座からの読み直しである。そんな試みはかつてなされたことがないから、わたしもまだほんの入り口に留まっている。それでも、そこから歩み出す準備のために、いま思いつくことだけは覚え書きしておくことにしたい。

## 1　ヴェーバーにおける「男らしさ」の担い手

まず、ヴェーバー自身のジェンダー感覚に少し触れよう。学生時代には当時のドイツの若者にありがちな「決闘」で顔に刀傷を作って母親を心配させたり、第一次世界大戦が始まると齢五十にもなろうというのに勇んで自ら衛戍司令部に出頭し陸軍病院の整備の仕事を請け負ったりする男だから、ヴェーバーという人間はナショナリストでマッチョにちがいないと思うのだが、意外にもその著作のなかには、価値評価のあるなしにかかわらず「男らしさ（Männlichkeit）」への言及はほとんど見られない（ヘーゲルなんかには頻出する語 weiblich（女々しい）は皆無である）。とはいえそんななかでも、『職業としての学問』に出てくるつぎの印象的な一節は、よく知られているということもあって、ヴェーバーの思想と学問におけるジェンダー感覚（その男性中心的センス？）を考えるうえでかなり興味深い。

（合理化と主知化、世界の脱呪術化に伴い、学問の世界では、意味を求めるのではなく、ただ専門的な事柄（Sache）に従事することを命ずるようになった、）このような時代の運命に男らしく耐えること（männlich ertragen）の出来ないものについては、つぎのように言わねばならない。すなわち、彼（Er）はむしろ、静かに、背教者にありがちな文句を吹聴して回るようなこともせず、旧い教会の大きく温かく広げられた腕の中へただひたすら戻っていくのがいいのだ、と。[2]

この個所は、「自らの仕事に就いて、「日々の要求」に従おう」という『職業としての学問』の最も有名な末尾に直接つながっていくところであり、「合理化」「主知化」「世界の脱呪術化」などという、ヴェーバーの学問と思想におけるキーワード中のキーワードが重なって出てくるところでもあるから、わたしはかなり前からずっと気になっていた。ヴェーバーの思想は男性に向けて語られているのだなと思ったこともあるけれど、もっと重要なのは、ヴェーバーが近代の運命として語る「合理化」「主知化」といった動向の担い手が男性だと見定められていることである。このことはちょっと表面的に捉えると、ヴェーバーはやっぱり女性を非合理な存在と見ている、女性差別的だくらいに理解されてしまいかねないことだけれど、ここで注目したいのはむしろ構造的な事柄である。つまり、ヴェーバーの社会理論は合理化と主知化を近代が不可避にとる構造ゆえに「時代の運命」と見るわけだが、その構造に男性性が結びついているらしいということである。

するとその「構造」とは何かだが、『職業としての学問』からは、まずは学問領域においてその点がかなりはっきり分かってくる。つまり、学問にとって合理化と主知化が「時代の運命」とされているのは、学問そのものがかつてなく「専門化」しているという事態だが、ヴェーバーはその構造的な担い手を「職業としての学問のベトリープ（Betrieb、経営）」と把握しているのである。と知ってみると、ヴェーバーの読者なら、問題の根がとてつもなく深く広いことをただちに感じ取られるのではないだろうか。というのもヴェーバーは、資本主義という経済システムを「われわれの近代の生を支配するもっとも運命的な力」（『宗教社会学論集』序言）と見ているが、そのような近代資本主義についても、その核心を「ベトリープ（経営）」という運営形態から捉えて「ベトリープ（経営）資本主義」と表現しているからである。そしてまさにこのベトリープに男性性が結びついているわけだ。とすれば、この男性性の問題は、学問領域だけのことではなく、近代という時代とその核心にある資本主義の性格にも関係すると考えなければならない。

## 2　ベトリープ資本主義論にジェンダーを読み取る

さて、ヴェーバーの資本主義論というと、普通は、最もよく知られている著作『プロテスタンティズムの倫理と資本主義の精神』と必ず結びつけられて、いわゆる「資本主義の精神」論として語られるというのが定番であろう。特に日本では大塚久雄の影響がやはり大きくて、ヴェーバーと言えば（大塚を批判する場合でも）結局は「プロテスタンティズムのエートスの意義」などが中心論点となり、そんな「精神」論の枠内に収まるというのがつねであった。わたしとしては、それが重要でないとは言わないが、そのような取り扱い方の陰に隠れて、ヴェーバーの資本主義論の社会理論としての側面があまり論じられてこなかったことを、あまりにも残念な貧困化だとつねづね思い続けてきていた。

そんな中で、そうした社会理論としてのヴェーバー資本主義論に目を向けたのが、それも大塚久雄その人くらいであったことは、やはり皮肉な事実だと言う他はない。大塚は、一九六四年に東京大学で開催された「マックス・ヴェーバー生誕百年記念シンポジウム」で、「《Betrieb》と経済合理主義」と題する報告を行なっている。この報告において、ヴェーバーの近代資本主義論は、「ベトリープ」という構造的な視点からようやくその概要が吟味されたのであった（わたし自身は拙著『マックス・ウェーバーと現代――〈比較文化史的視座〉と〈物象化としての合理化〉』三一書房、一九八三年〔本書の第一部〕で、かなり遅れてそれを論じている）。

そのベトリープ資本主義を考えるにあたっては、まず「ベトリープ（Betrieb）」とは何かを押さえておかねばならない。Betrieb という語は日本語では「経営」と訳されるのが通例のドイツ語であるが、ヴェーバーその人の使用法は常識的なその語の用法・語義には収まらないので注意する必要がある。ヴェーバーの定義は「特定の種類の持続的な有目的行為」（『社会学の基礎概念』）というものだが、これではあまりに簡潔すぎるから少しパラフレーズしてみると、「何か特定の目的（営利でもありうるし、真理探究でもありうる）のために、持続的に組織されてまとまりをもった一連の行為のこと」とでも言えるだろうか。ここでまず注意すべきは、ヴェーバーの行為論的視座である。すなわち、近代資本主義について社会理論的にその構造の特質を捉える際にも、まずは基本単位を行為者たちの行為に捉え、そこから意味を考えようというヴェーバー理解社会学の基本姿勢がここにも貫かれている。何か特定の目的のために行為が持続的に組織されて一連のまとまりをもつと、「ベトリープ」と名づけられるということであり、営利を目的とする組織の運営であるいわゆる「経営」はそのような現象の一部として理解されるのである。すると考えたいことは、それがどうして男性性と結びつくのかであり、その行く末である。

そこで、それが「ベトリープ資本主義」と言われる理由を考えるためにはまず基本となることだから、当の近代資本主義についてのヴェーバーの「定義」から確認しておこう。ヴェーバーは『宗教社会学論集』の「序言」で、自らの近代資本主義認識の核心をつぎのようにまとめている。

> 西洋では近代になって、（冒険商人や植民地企業家などの）そのような資本主義と並んで、それとは全く異なった、世界中で他のどこにも発展することのなかったような種類の資本主義が生まれてきた。すなわち、（形式的に）自由な労働の合理的な組織化を基礎にする資本主義がそれである。近代の西洋以外の場合には、たかだかそうしたものの前段階が見られるに過ぎない。……（略）……政治権力への結びつきや非合理な投機などによる利潤獲得のチャンスではなくて、商品市場による利潤獲得のチャンスをめざすような合理的経

営組織だということだけが、西洋の資本主義に見られるただ一つの特殊現象だったわけではない。近代の合理的な資本主義的経営組織は、さらに二つの重要な発展要因なしには生まれることはなかったであろう。その一つは、今日の経済生活を端的に支配している家計とベトリープの分離（Trennung von Haushalt und Betrieb）という事実であり、他の一つは、それと密接に関連するものだが、合理的な簿記（Buchführung）である。(3)

よく知られているように、「（形式的に）自由な労働の合理的な組織化」とか「商品市場による利潤獲得のチャンスをめざすような合理的経営組織」とか、引用の前半で言われているその性格規定は、「二重の意味で自由」と表現される近代プロレタリアートの存在を前提としつつ「商品」からその分析を出発させる、マルクスの『資本論』と共有する近代資本主義認識であると見ることができる。とすれば、そうしたいわば一般的な資本主義理解を前提に、「家計とベトリープの分離」という事実を核とした「ベトリープ資本主義」という引用後半の認識が、ヴェーバー近代資本主義論の固有性を示す要であることは間違いないと確認されよう。

この確認ができたなら、つぎに、「ベトリープ資本主義」について他に先駆けて本格的な議論を展開した大塚久雄に耳を傾け、その分析内容を聞いてみるというのが順序である。大塚は、その名に恥じない優れたヴェーバー研究者として、「さすが」と言っていいほど「周到」にシンポジウムの報告を準備し、ヴェーバーの著作の隅々に目を配りながら考察を展開している。そこで、かなり大きな期待を抱いてこの大塚の「ベトリープ」論に立ち入ってみるわけだが、それによりあらためて驚かされたし「やっぱりそうか」とも思ったのは、そこには、「ベトリープと男性性との関連」などという問題意識が無いばかりでなく、そもそもジェンダーへの関心が完全に欠如しているということであった。ヴェーバーに無いというのではなく、実のところは、それを読んでいる大塚に関心が皆無なのである。

大塚自身も言及しているように、ヴェーバーは、『経済と社会』第五版では第二部第三章に置かれて「ゲマインシャフト関係とゲゼルシャフト関係の諸類型、その経済との関係で」と題されている断章で、「家共同体」の生成からその解体に至る過程について社会学的な一般的考察を示し、そこで問題の「家計とベトリープの分離」について論じている。この章の議論を見通すためにその目次を書き抜いてみると、つぎのようになる。

第一節　家共同体
第二節　近隣共同体、経済共同体、そしてゲマインデ
第三節　家共同体における性的関係
第四節　氏族と性的関係の規制。家―、氏族―、近隣―、政治共同体
第五節　防衛―、経済制度との関係。「夫婦財産法」と相続権
第六節　家共同体の解体：機能上の地位の変化と「計算可能性」の増大。近代商事会社の成立。
第七節　「オイコス」への発展

この目次の項目タイトルだけから断定的なことを言うのは危険だが、記述内容を勘案して見るかぎり、これらのタイトルがその中身から大きくはずれているという根拠はまったくない。とすれば一目瞭然であろうが、ここではジェンダー関係の変容が主題的に議論されていると考えるのが妥当なのである。だから、少なくともヴェーバーにおいて「家計とベトリープの分離」という事柄は、それゆえ「ベトリープ資本主義」と規定される近代資本主義の成立は、「ジェンダー」になにがしかは関わる問題として意識されていたことは間違いない。それなのに、それを確実に読んでいる大塚に、そのことがいっこうに読めていないということである。

それを知ってみると、この大塚の「ベトリープ」論が、『プロ倫』をイギリスの農村工業と局地市場圏の視点から解釈する近代化論、禁欲的プロテスタンティズムの合理主義的エートスを肯定的に評価する宗教倫理の立場など、大塚に特有なヴェーバー理解と明らかに適合的な照応関係をもっていることがとても興味深い。すなわち

大塚は、『プロ倫』と「ベトリープ」論とを彼自身の立場からそれなりに「整合的」に統合・解釈していると言えるのだけれど、それを裏面から見ると、この「整合的」な全体解釈は、ジェンダー論的視点をすっかり排除することによってこそ成立したと分かるのである。そして、そんな解釈がいったんは標準化したためもあって、その後は誰もヴェーバーの社会理論にジェンダーへの視野など期待しなくなってしまった。

そうであるなら、ここであらためてヴェーバー自身の論述にまで遡及すると、そこにどのようなジェンダーへの視野が開かれるのだろうか。

## 3　家計とベトリープの分離——それはジェンダー関係の何を変えたのか

わたしはここで、ヴェーバーの社会理論をジェンダー論的視座から読み直そうとしているのだけれど、実を言えば、そのきっかけはヴェーバーから直接に与えられたものではなかった。そのきっかけとなったのはむしろ、マリア・ミースの『国際分業と女性（原題：Patriarchy and Accumulation on a World Scale）』を読んでいて、その中で「主婦化（housewifization）」という論点に出会ったときのことであった。なんだ、そのことならヴェーバーの言う「家計とベトリープの分離」にかなり重なる事態じゃないか。こう直感したわたしは、この両者の論点をつなげて考えてみたらどうだろうかと思ったのである。

わたしがミースから学んだのは、近代資本主義の本源的蓄積過程に「植民地化」と「主婦化」という二つのプロセスが本質的な要因として深く関わっていること、言い換えると、「植民地」と「女性」とを二つの植民地として従属させそこから収奪することによって、近代資本主義は成立・発展してきたという事実についてである。植民地の従属と女性の従属とをこのように歴史的・構造的に連関させて捉えるミースの視点は、近代社会の構成とりわけ近代家父長制の意義を理解するうえで最重要の手がかりを与えるものであり、今日の問題である「ジェンダー」と「レイス」と「民族」というカテゴリーの幅輳を解きほぐす鍵になるものであると、わたしには思われた。

とはいえミースは、そのような歴史的・構造的な連関の生成を説明する際には、単純に、西洋において近代社会の成立プロセスに関わりをもった「魔女狩り」という特定の歴史的事実から始め、しかもそれを「男性の暴力」だけで説明してしまうというやり方で終わっているように見える。考察を地域的な限定を超えて一般化したり、暴力をさらにその社会的要因や条件から説明したりする学問的探求が弱いのだ。だからそのままでは、ミースの視点はその内容には正当な問題提起が含まれるとしても、その歴史的・理論的な説明には必ずしも成功していない、というのがわたしの判断であった。

すると、ヴェーバーは「家計とベトリープの分離」をどのように理論的に説明し、そこにいかなる意味を見ているのだろうか。それを本格的に考えるためには、さしあたり先ほどその目次を見た『経済と社会』第五版(WuG)第二部第三章[4]を一つの史的ジェンダー理論と捉えて丁寧に読み直すことから始め、ヴェーバー社会理論の全面的な再検討に進んでいかなければならない。そこで、そうした本格的な分析と再検討を始めるために、まずはこの個所の議論の概要と特質を予備的につかみながら、そのジェンダー理論としての射程と限界について大まかな見通しを得ておくことにしよう。

ミースを意識しながらヴェーバーにあらためて立ち向かうと、ミースには失礼だが、その学問的な構成や視野の広がりにやはり圧倒的な落差を感じてしまう。「そういう学問観がそもそも男性中心的なのよ」と感じないではないが、それでもミースからは決して見えてこないことも多々あることが事実である(逆ももちろんある)。とすれば、そのことをとりあえず大切にして考えてみる方がやはり「生産的」だろう。

考察の出発点で気づかされるそんなことのひとつが、そもそも性的関係における「支配」を男―女という「対」の関係で捉えること自体が、とても「近代的」なことなのだという点である(「対幻想」なんていう言葉がはやったこともあったっけ)。ヴェーバーは、考察のはじめに、そもそも性的関係はゲマインシャフト行為(この場合は「支配」を問題にしなければならなくなるような持続的な社会関係を考えている）を作り出す基礎になるのかと問い、その点で「始源的（urwüchsig）」なのは母子関係のみであると断じている。つまり、母子関係だけは少なくともなにがしかの時間の持続性をもつ扶養共同体（懐妊と授乳を考えればいいだろう）を構成するのであるが、その他の性的関係は、それがなんらかの経済的関係と結合したときにはじめて、そのようなゲマインシャフト行為を持続的に作り出すというのである。逆に言えば、性的関係はそれだけなら基本的に持続しない臨機的な関係行為でありうるし、そうであればこそ、身勝手な恣意や単純な暴力にいつでも曝されうる場なのだということである。とすれば持続的な共同体やゲマインシャフト行為は、構成員（ヘル、仲間、成員、従属的成員……）において起こりうるそのような恣意や暴力に対処しつつ、この性的関係をどのように共同的に規制するかという課題をつねに抱えていると考えねばならない。

ヴェーバーは、この認識を前提として、そのような持続的な共同体をめぐる歴史的・理論的考察の出発点に、「家共同体（Hausgemeinschaft）」を置く。しかもその際に、この「家共同体」は決して原初的なものではなく、なにがしかは持続的な経済活動（計画的な農産物獲得活動）を前提にしつつ恭順と権威の本源的な基礎として成立するとし、しかもそこでは、性的関係も無秩序でアモルフな状況にあるのではなく、むしろ逆に、「財所有において共産主義的な家こそ、（内部的平和のため）性交渉における共産主義的自由が完全に禁圧されている場所であった」[5]と説明しているのである。

このような考察の出発の仕方に留意することは、ヴェーバーのここでの議論がめざすところを理解するうえで重要だろう。すなわち、ヴェーバーのこの社会理論は、いま述べた性的関係のもともとの臨機的性格をしっかり踏まえたうえで、そんな性的関係を恭順と権威で厳格に規制する家共同体から議論を出発させ、そのような性的関係の規制が経済関係の規制といかに連関するか、またその相互関係が共同体をどのように変容させていくかを一般的に考察しつつ、そこからさらに、そのような規制の相互関係が近代という時代に至って社会をどのような性格のものに作り上げるかを問うていくもの、と読むことができるのである。これをわたしは、ヴェーバーの

「史的ジェンダー理論」とあえて名づけ、一貫した見通しの下に考え直してみようと思うのである。

そんなふうに理解できると、ここでのヴェーバーの歴史理論的な論述にはとても興味深い論点がたくさん含まれていると分かる。ヴェーバーによれば、性領域についての対外的連帯を基盤にして家共同体と並立し、競合し、あるいは包摂する集団である「氏族」は、所有領域では相続と連帯責任をめぐって「母系制」あるいは「父系制」という編成原理をさまざまに組み合わせながら、性的関係と経済関係の規制に妥協や変容を持ち込むもうひとつの圏域である。また、この家共同体と氏族、そして仲間団体から政治団体に至る諸共同体の規制方式は、一般的には、そこでの共同性が、①女性労働が重要な役割を果たしうる共同労働に基盤を置いているか、②男性によって軍事的に獲得された土地の所有に基盤を置いているか、③男性労働を主な担い手とする開墾によって獲得された土地に対する支配権に基盤を置いているかによって、また、共同体の生活が、④女性が持参する婚資をどの程度あてにしているか、⑤家族の共同の営利にどれほど依存するようになっているか、あるいは⑥相続された所有のレンテ（地代、利子など）にどれほど依存しているかによって、非常に異なった形式を採りうるとされている。ここでヴェーバーが立ち入っている論点は多岐にわたり、そのなかには現在でも有用な考察のヒントがかなりありそうである。いずれはこれらも詳しく考えてみたいものだが、いまのわたしでは学識上もだいぶ準備が足りない。そこで、いまは少し先を急ぎ、「家計とベトリープの分離」としてヴェーバーが論ずる近代の特質についてのみ、その要点を押さえておくことにしよう。

家共同体から出発してその歴史的変容を考察するヴェーバーは、その末尾にさしかかる箇所で、「文化発展につれて、緊密一体の家権力を収縮させる内的・外的な動因がますます強くなっていく」(6)という一般的な見通しを述べ、近代におけるその帰結を論じている。すなわち、文化発展のなかで経済活動の手段が増えるにつれ、家共同体の内側では、成員の能力や欲求が多様化し生活可能性も多面化していかざるをえないし、またその外側からは、発展した他の社会諸形象の利害（例えば国家の財政的利害など）が次第に大きく作用するようになって、成員たちの利害関心は分化し、家共同体はやがて解体に向かって動きだすと見るのである。もっともこのような解体傾向も、はじめは、家共同体の単純な分割、すなわちより小さい規模の家共同体の並立という事態を生み出すだけに留まっている。そのかぎりでは、家権力の収縮による共同体関係の変容も、そこにおける性的・経済的関係の規制の質を変えるまでには至らない。

この事態を根本的に変化させるのは、「持続的なものとなった資本主義的営利が特別な「職業」となって「ベトリープ」の中で営まれ、この「ベトリープ」が特殊なゲゼルシャフト（会社）の形をとって家共同体の行為から分離する」[7]ようになってのことだ、とヴェーバーは言う。家共同体をベースに会社を作るのではなく、独立したベトリープとして作られた「会社」に各人はそれぞれの特別財産を持ち込み、しかも、この営業用に集められた特別財産を個々の社員の私的財産とは帳簿のうえで分離して運用して、社員の連帯責任がおよぶ範囲もその会社の経営上の事柄に限定するという形式がそれである。ヴェーバーはこの「会計帳簿上」の分離、それを保証する法の発展を、「近代資本主義への発展の質的独自性」[8]を示すものと見ており、このベトリープ資本主義の形式が、家共同体を解体させ、経済的関係と性的関係を含む家族の秩序そのものの規制の方式に質的な変化を生むと考えるのである。

すると、それはいかなる質的な変化なのか。それをヴェーバーは「家共同体の機能的地位の基盤解体的変化(die grundstürzende Aenderung)」[9]とも言うわけだが、そこではどのような意味で家共同体の機能が基盤解体されるというのだろうか。

それについてヴェーバーは、当時すでに家族の通常の形となりつつあった「両親と子供たちからなるファミリー」、今日のいわゆる「核家族」を念頭に置きつつ、つぎのような諸点を指摘する。まず、前段で見たようにかつて家共同体は、性的関係を恭順と権威で規制する規範的な力を自ら備えて、危険に対する安全保障を成員に与える基盤となる共同体であったわけだが、今日の家族はこの機能を完全に失って、個人の安全は「政治強制力としてのアンシュタルト団体(der anstaltmäßige Verband der politischen Gewalt)」すなわち「国家」が（警察力をもって）保障するようになっているということ。つぎに、今日の家は「職業（Beruf)」から場所的にも分離していて、家計はもはや共同の生産の場ではなくなり、共同の消費の場であるのみになっていること。そしてもうひとつ、ヴェーバーが指摘するのは、教育の問題である。すなわち今日では、個人は、生活を立てるための教育のみならず人間教育までも、家のなかで受けるのではなく、むしろ学校、書店、劇場、結社、集会など家の外のベトリープから供給されるようになっているということである。これら「家計とベトリープの分離」を示す変化のトータルな結果として、「個人はもはや家共同体を、自らが献身すべき客観的文化財の担い手と認めることができない」[10]と、ヴェーバーはまとめている。

このような説明を聞いてみると、ヴェーバーが家共同体についてその機能の基盤解体というのは、「家計とベトリープの分離」が決して単純な「分離」にはとどまらない意義をもつからだと理解できよう。ここでヴェーバーが問題にしているのは、家から分離して自立的なものとなったベトリープが、かつて家共同体が果たしていた社会的機能を吸収し、さらには反転して家秩序を他律的に支配するようにもなったという、質的に新たな事態なのである。ここでは、安全保障の機能は「国家」へ、生産の機能は成員が「職業」として従事する会社などのベトリープへ、教育の機能は家外の学校など各種のベトリープへ移行して、かつて恭順と権威によって自律していた家共同体は、すでに自立の基盤を失っている。これを成員たちの位置から見ると、家共同体はもはや自らを捧げ尽くすべき価値の源泉ではなくなり、彼らには国家の下で教育を受け職業に従事するという人生行路が用意されていて、その生の軸はすでに家外にあり他律的な性格を持つに至っている。それとともに家共同体も、単なる消費共同体に質が変化し、家外権力の介入による他律的な支配を免れることのできない存在となる。これが、今日のいわゆる「近代家族」の姿に他ならない、とヴェーバーは見ているのである。

ここまでの検討で明らかなように、ヴェーバーは、近代社会の成立を性的関係の規制方式の変化、それゆえジェンダー関係の変容として捉えている。近代資本主義とは、単なる「経済」領域だけに関わる事態なのではなく、そもそもその基礎に特定の性的関係の変容を前提にしているのである。これが、ヴェーバーの史的ジェンダー理論の基調である。しかも、家から分離して独立することになったこのベトリープこそが、『職業としての学問』

におけるヴェーバーの呼びかけがそのように意識するとおり、職業人としての男性による支配の下にあるわけだ。この意味で、ベトリープの自律と家共同体の他律には、それゆえ近代資本主義の構造には、男性性がしっかり結びついている。

それでは、家共同体から近代家族に至るジェンダー関係のこのような変容、そしてそれをめぐるこのような理論的考察は、ヴェーバーの社会理論全体にとって、またそれを読むわれわれにとって、いったいどんな意義をもつのだろうか。最後にそれをまとめて考えておこう。

## 4　ヴェーバーの史的ジェンダー理論が開示したこと／しないこと――「欠如」する主婦、階級、植民地

一般に使われる政治学の教科書の類では近代の「公／私の分化」とか教えられ、そのなかに「プライベート領域」として位置づけられたりする近代家族の成立が、以上で見てきたように、むしろ家共同体の自律性の喪失であり、分離し自立した国家やベトリープが逆に家秩序に介入するある種の他律的な支配の成立であること。このように事実を理解させてくれるヴェーバーの史的ジェンダー理論は、まず、その内容において今日なお示唆に富む重要な議論ではないかと、わたしは思う。とりわけ近年、いわゆるＤＶなどがたしかに深刻な事態を招いている状況を考えると、男女一対の夫婦関係とその子供を基本にした近代核家族が、それだけで、そのような性的関係の身勝手な恣意や暴力を統制する力を備えているかどうかはかなり疑わしい。だから、そこに警察など公権力の介入を容認するばかりでなく、むしろ迅速な介入を実際に求める声が切実で大きくなる理由もあるのであって、近代家族はたしかに単純に自律を守ればそれだけでいい領域ではない。かくて国家と家族との関係は、その自律・他律をめぐって、今日いよいよ難しいアンビバレントに直面している。

またベトリープという観点から見ると、家計から分離したそれが、「経済」領域での「経営」としてのみなら

ず、「学問」や「行政」などさまざまな文化領域において「持続的な有目的行為」のシステムとして物象化的に自立し、目的合理的な行為遂行を持続的に可能にする基盤になったというヴェーバーの認識は、やはりなお間違いなく今日の事態の一つの核心を突くものだと認めていいだろう。(11) ヴェーバーの見るところ、これにより各文化領域は、それぞれの固有価値の命令に従いつつ独特な合理化過程に入りうるのであって、そこから各領域に今日ある葛藤や矛盾も生まれてきている。

そして、「国家」にしても「経営」にしても、これらの領域が自立的な威力となり、家族の領域に逆に介入してこれを支配しているという指摘は、「近代」という時代の危険な問題性を、最も基層のレベルで捉えてもいる。ナショナリズムと資本主義は、たしかにこの時代の人々の生に運命的に作用する威力なのであり、ヴェーバーの生きたときから百年の歳月が流れるなかで、それらの孕む危険は頻発する戦争や生態系の破壊などとしてより破局的な現実を生みつつなお解決されないまま今日に至っている。国家と資本主義的経営とは、それが合理的に組織されればされるほどより危険な破壊力をもって、この時代の中心問題となり続けているのである。

さてここまで考えてきて、あらためて振り返ってみると、全般的な合理化の末に国家やベトリーブが深く陥っていくそのような危険を最初に基本的な問題構成からわれわれに教えてくれたのは、実は、他ならぬヴェーバーその人なのであった。しかし、これまでのヴェーバー研究では、どちらかと言えば近代社会のフォーマルな制度レベルでの「合理化のパラドックス」としてその意味がつかまれてきたにすぎなかったのである。すなわち、これまで多くの人々は、政治や経済や学問の領域で進む合理化の末にヴェーバーが見通した暗い未来の予測に戦慄を覚え、そのレベルでのみヴェーバーを解釈して学んできたのだった。これに対して、われわれがここで見たのは、ヴェーバーのそんな時代診断のより深い意味が、実は、家共同体の生活領域まで視野に入れたその史的ジェンダー理論を介さなければ十全には理解できないはずのものだったということである。そのように考えられるとすれば、本書で概観してきたヴェーバーの史的ジェンダー理論は、これまで顧みられることは少なかったけれど、彼の社会理論の全体構成を支えるもう一つの重要な基礎であったのだと理解することができる。

また、ここまでヴェーバーの史的ジェンダー理論を追いかけてくると、それが孕んでいる問題点や未発の可能性についても、いくつか考える手がかりが見えてくる。なかでもここでまずわたしが注目したいと思うのは、このヴェーバーの議論に「主婦」という存在が現れてこないということである。わたしがミースから「主婦化」という概念を学んだときに直感したように、ヴェーバーの「家計とベトリープの分離」という議論では家共同体から消費共同体である近代家族への変化が扱われていて、その内容からすれば、家計の担い手としての女性の主婦化という事態が事実としてそれに並行していることは明らかである。それなのに、ヴェーバーの論述ではそのことが明示的には出てこないのである。このことは、ヴェーバーの学問思想そのものが孕むかなり基本的な問題点を示していると言えないだろうか。

学問的な概念構成という点からすれば、すでに見てきたようにヴェーバーの「家計とベトリープの分離」という議論はさすがと言うべき周到な構えになっていて、この近代家族の成立論に学ぶべきところはなお多大だと認められるだろう。この議論は、少なくともミースに欠けている考察を補って、それを著しく豊富な内容に高めることは疑いないと思う。それなのにミースとヴェーバーが異なってしまうのは、同じ現象であってもそれを見ている位置が違うからと考える他はない。と考えてみると、前段で触れた「職業としての学問のベトリープ」という位置から「時代の運命に男らしく耐える」ということを説いていた、あのヴェーバーが思い起こされよう。そうなのだ。ともに近代という時代の「家計とベトリープの分離」という状況下にあって、ヴェーバーはベトリープに職業（Beruf）を得た男の立場からこの運命に耐えようと説いているのに対して、ミースは、主婦となって家計に緊縛される女の立場からこれに異議を申し立てているのである。このジェンダーの違いが、二人のジェンダー論の道を分けている。そしてこのことが、それぞれの議論に独自な性格と意義をもたらしているとは言えるのだけれど、他方では、それぞれに固有な一面性を生んでもいるのではないかと考えられるわけである。

そうだとすれば、ここで「われわれ」の観点から、この二人を仮想の対話に持ち込むことはできないだろうか。すなわちそれぞれにより、別々に発想され別々に組み立てられた二つの議論を衝突させ、かき回し、それぞれ別々に孤立させられていたときには必ずしもよく見えなかったさまざまな可能性に光を当てて、それを議論の俎上に引き出す、そんなことができないだろうかと考えたくなってくる。ヴェーバー研究に即して言えば、ミースの異議申し立てを受け止めながら、それを手がかりにしてヴェーバーの議論に欠けていること、見失われていることを点検する中から、あらためてその全体像を考え直して見る必要があるだろう。もしそれができれば、ヴェーバーが悲壮な口ぶりで「男らしく耐えよう」と呼びかけてしまった「時代の運命」にも、少しは風穴を開けることができるかもしれない。

そこで、そんな可能性を追求する際におそらく手がかりになるだろう二つの論点をさらに抽出しておくことにしたい。ミースに刺激を受けながらヴェーバーの「家計とベトリープの分離」についての論述をあらためて読み直すと、ヴェーバーが事実としてそれに触れていながら、彼自身の議論のなかではあまり立ち入って論じられなかった論点として重要なものが少なくともさらに二つあるのである。そのひとつが「階級」の問題である。

すでに見たようにヴェーバーは、近代資本主義を特徴づける性格として、「家計とベトリープの分離」と並んで、「自由な労働の合理的な組織化」という点を挙げている。そしてこれは、マルクスと共有する近代プロレタリアートの存在についての認識を示しており、このプロレタリアートが賃金労働者としてベトリープに組織されるという理解をも示している。ところがヴェーバーは、このプロレタリアートの存在とかの「家計とベトリープの分離」との関係については、特別に注意を払った考察を示すことはなかった。しかし表面的に考えるだけでも、プロレタリアートの家計はブルジョアジーの家計と形成のされ方が違うはずであるから、それとベトリープとの分離の意味にもおのずと大きな差違がありうると考えなければならない。しかもそのことは、ミースの分析がすでにそれを示しているように、とりわけ家計のもとにある主婦の位置から見るときに、生の形そのものを左右するような大きな差違となって現れるにちがいない。とすれば、このことについての分析の欠落は、ジェンダーの視角から考えれば、ヴェーバーの議論そのものにやはり無視できない偏向をもたらすことになるだろう。

さて、「家計とベトリープの分離」に関連して、ヴェーバーが事実として触れていながら立ち入って論じなかった重要論点のもうひとつは、「植民地」の問題である。

そもそもヴェーバーにとって「家計とベトリープの分離」という問題は、彼が本格的な学問研究を開始する初発の時点ですでに問題として認識され、しかも自らの研究対象として自覚的に論じられてもいる事柄だった。ヴェーバーは一八八九年に学位請求論文『中世商事会社史』を公刊しているが、ここでは「家族ゲマインシャフトと労働ゲマインシャフト」という表題の一章が書かれ、家政と営利ゲマインシャフトの分離がすでに主題的に論じられている。[12] それ以来、ヴェーバーがこの主題を考えるときには、「コンメンダ」とか「ソキエタス・マリス」と呼ばれる遠隔地取り引きのための臨機的会社がその原型として想定されており、これらは直接に植民地経営と結びつきつつ成立したものであると認識されている。この意味でヴェーバーは、いわゆる「商事会社」が植民地支配との関係で登場したことを熟知していた。

ところが後年になって、このテーマを「家計とベトリープの分離」という形に定式化し、本書で検討した『経済と社会』の史的ジェンダー理論のなかで論じるときには、そのような中世以降の植民地企業については近代の純粋私企業への「移行形態」[13]として簡単にふれるだけで、それ以上はこのコンテクストで植民地支配について論じることがなくなってしまったのである。このようなヴェーバーの論述姿勢には、近代資本主義と植民地主義との関係について、ヴェーバー自身の認識の甘さが関係していると考えられる。そして、ミースがそう見るように、資本の本源的蓄積過程がなお継続する過程であり、しかも女性と植民地に従属を強いる暴力がそれを支えているというのであれば、植民地主義に対するヴェーバーのこの「甘さ」は、近代社会と資本主義を論ずるうえではかなり基本的な問題と見なければならないだろう。

主婦と階級と植民地。ヴェーバーの社会理論を「史的ジェンダー理論」という観点から見てきたわれわれは、かくて、現代社会理論としては致命的なものにもなりかねないこの「欠如」に逢着している。しかし、これらの点は、たしかにヴェーバーの史的ジェンダー論を通してしか見えてこなかった点なのである。しかもよく考えてみると、この「欠如」は、ヴェーバーが事実としては触れているのに立ち入っては論じられないでいる「欠如」

であり、これを逆に見るなら、そこにはなお潜在的だが実は重要な可能性が示唆されていると言えるかもしれない。そうだとすれば、このあたりからなら、ヴェーバーにもう少しはこだわり入り込んでみるということに、現代的で大きな価値がなおたしかにありそうだと思える。必要なのは、そこに可能性を大胆に読み取ろうとする「われわれ」の側のしっかりした関心と少しの勇気である。

注

(1) この点については、本書第1部「マックス・ウェーバーと現代」を参照。
(2) WL, S.612.(『学問』七二―七三ページ)
(3) GAzRS, S.78.(『序言』一五―一六ページ)
(4) 邦訳は『社会秩序』
(5) WuG, S.218,(『社会秩序』五六六ページ)
(6) WuG, S.226,(『社会秩序』五八四ページ)
(7) WuG, S.229,(『社会秩序』五九〇ページ)
(8) WuG, S.229,(『社会秩序』五九一ページ)
(9) WuG, S.226,(『社会秩序』五八五ページ)
(10) WuG, S.226,(『社会秩序』五八五ページ)
(11)「物象化された有目的行為」としてのベトリープの意義については、本書第1部「マックス・ウェーバーと現代」二一九ページ以下参照。
(12) GASW, S.344.ff.
(13) WuG, S.230,(『社会秩序』五八五ページ)

# 著者解説――マックス・ヴェーバーの新しい読みと活用のために

本書は、一九八三年に初版が出された著書『マックス・ウェーバーと現代――〈比較文化史的視座〉と〈物象化としての合理化〉』（三一書房）を、その後に発表された論考三編を増補して復刊したものである。これら諸編は発表時にそれぞれの文脈で固有の意味を持ったものでもあるから、復刊に際しては、表記を若干改善し注記について形式上の統一を図るなどいくつか技術的な手直しを施したほかは、内容については一切変更を加えていない。そこでこれらをまとめて復刊するに当たり、現在の時点で補足または解説すべきことについて、この場で著者としていくつか述べておきたい。

## 「近代社会」というのはない――物象化としての合理化について

「われわれが近代化という言葉で考えてきた問題をマックス・ウェーバーは〝近代化〟として問題にしていなかったのではないか、ということは問題にされたことがない[1]」。二十一世紀に入った今日ではもう知る人も少なくなってしまったが、それまで西欧中心主義の近代化論者と見なされてきたマックス・ヴェーバーの学問について、一九七五年にいち早く通念に抗するこのような問題提起を行ったのは、この道の先学＝安藤英治であった。この安藤の問題提起がとりわけ先進的な意味を持ったと理解できるのは、それが、近代化論者という通念に「近代批判者＝ヴェーバー」を対置する類の単純なヴェーバー像の反転を主張するのではなく、評価は正反対でもその両者が実は共有している「近代化」という歴史把握に対する疑問、この問題地平そのものからの離脱の提案を含んでいたからである。

「近代社会の自己認識の学」とも言われてきた社会科学において、しかもその祖とも言うべきヴェーバーが、近代化という概括的な歴史見通しに立って学問を進めていたわけではないとすれば、その認識はとても大きな社会科学像の転換に繋がるに違いない。一九八三年に初版の出された本書が三十年の時を隔ててあらためて読まれる際には、まずは、安藤が先端を開き本書第一部も執筆段階で実際に影響を受けていたこのような当時の議論状況を想起しておくことがやはり不可欠であると考えられる。

一九七五年のその論文で安藤が議論の取り付き点としたのは、ヴェーバーのオリジナルテキストにおける「近代化（Modernisierung）」という語の用語法である。そこで安藤が指摘するのは、近代化という問題が意識されていれば頻出するはずの当のこの語が、ヴェーバーのテキストにおいて「殆んど見当らない」という事実であった。安藤自身は、見いだしうるわずかなその用例として、「瞑想技術の近代化」として出てくる『ヒンズー教と仏教』の一例、そして「経済の近代化」「国家の近代化」として出てくる『政治論文集』の二例を挙げているが、テキストが電子化されて検索が容易になった今日あらためて調べてみても、その他にはゾロアスター教における「戒律解釈の近代化」とイギリスの「行政の近代化」を指摘する『経済と社会』の二例が挙げられるのみである。[2] たしかに、膨大なヴェーバーの全著作においてこの五例だけというのははっきりした少なさで、しかもその僅かな用例から考えて見ても、ヴェーバーは「全社会的な変動を総括するものとして」は「近代化」という用語法を採っていないというのはやはり間違いない。[3]

このような全社会的な変動を総括して「近代化」と呼ぶ用語法がヴェーバーのものでないという事実は、それと緊密に連関しているはずの「近代社会」という言葉の用語法まで視野に入れてさらに調べていくと、ヴェーバーの社会認識のかなり基本的な枠組みに関わるものであると理解できる。というのも、ヴェーバーの全作品中でつぎに「近代的（modern）」という形容詞を検索してみると千百五十余りの用例がヒットするのだが、その中で「社会（Gesellschaft）」という語を直接に形容するものとして使われているのは、「商事会社（Handelsgesellschaft）」など会社や団体組織を指す場合のその語に係る用例を除けばたった四例であり、しかもその一つは中国の官僚制社会が「特殊近代的」と言っている例、[4] もう一つは『倫理』論文で「近代のブルジョア社会」に言及した例、[5]そして他の二つは政治論と学会の口頭発表でそれぞれ概括的に「今日の社会」という程の意味で使っている例で、[6]ここでは社会を全体として「近代的」と性格づけている用例が確認できないからである。すなわち、実のところヴェーバーは、安藤の言うように「全社会的な変動を総括するもの」として「近代化」を語ってはいないばかりでなく、社会全体を総括的に捉えて「近代的」と規定したり「近代社会」と言ったりすることもないのである。この事実は、「ヴェーバーと近代」というよく知られよく語られる問題系の存在から考えれば、見落とすことの出来ない重大事であるに違いない。

もちろんこのことは、安藤もただちに強調するように、「近代」という時代がヴェーバーにとって問題関心の中心になかったということを意味するわけではないだろう。『宗教社会学論集』の冒頭に示された「近代ヨーロッパ文化世界の子」という探求者ヴェーバーの自己表明を再確認するまでもなく、その作品から形容詞、名詞を問わず modern に関わる語を残らずピックアップするなら、その数は千三百を優に超える。modern ということは、そのように全作品を通して彼がいつも意識しているとさえ言ってよいものなのだが、しかしそこで立てられた問いは、全体社会の「近代化」や総体としての「近代社会」という認識を基礎にしてはいないということである。

すると、このヴェーバーにおいて近代への問いは、いかなる形を採っていたのだろうか。ここに復刊された本書はまず、安藤が事実上切り開いていたこのような問いに、ヴェーバーその人の「ヨーロッパ意識」を追って近代から中世へと時代を遡及する安藤の学問動機の研究とは異なった仕方で、すなわち、ヴェーバー社会理論の基礎認識の研究という観点から応えたものと理解されてよい。

近代資本主義、近代国家、近代官僚制、近代科学、近代の合理的経営などなど、「近代」という語を付してヴェーバー社会理論が繰り返し論及する対象をあらためて考えると、それらはたしかにいずれも明確な指示内容をもつ近代の〈問題〉であるに違いない。本書が副題のひとつに掲げて探求している「物象化としての合理化」というのは、このような近代に特有とされる諸形象が辿る合理化の特性を、ヴェーバーがどのように認識しているかを表示するものである。その点をしっかり捉えるなら、ヴェーバーの問いの形が見えてくる。すなわちこの学問は、全社会的な変動（近代化）の終極点として「近代社会」を問題にしようというのではなく（そもそもそんな社会発展の定型などないのだ！）、「物象化としての合理化」に進む問題的な社会諸形象が支配的な力をふるっている場として〈近代〉という時代を問題にしているのである。この問題的な社会諸形象を内側から生んだのは、まずは近代西洋に他ならないという認識がヴェーバーにはある。ここからヴェーバー自身の切実な課題意識は生まれている。この問いに学びつつ、そのような近代の問題的な社会諸形象なら、すでにわれわれの時代（＝現代）に共通する問題になっている、と本書は受けとめている。

## 文化圏の全体比較ではなく——比較文化史的視座について

この見方に立つ本書は、そうした近代に特有な合理化の特性を捉えるヴェーバーが、その前提として、それを明晰に把握しうる社会理論の基礎をどのように整えていったのか、またこの社会理論は彼の学問にどれほどの視野の広がりや探求の潜在力をもたらしたのかに注目し、この学問の理論的基礎の解明に力を注いでいる。このような著作について、それを現在の時点で考えるときには、さらに、これがもう一つのヴェーバー理解社会学の基礎研究に引き継がれていることにも注意を向けていただきたいと思う。本書を出した後に筆者は、一九九〇年に海老原明夫氏との共訳で『理解社会学のカテゴリー』という翻訳・研究書を公刊し[7]、それの研究編である訳者解説でヴェーバー理解社会学の主題そのものにさらに立ち入った検討を加えている。それを経ている今日では、その両方の成果を考え合わせて、本書の所論の意義もあらためて見直してもらいたいと思うのである。

その観点からここで特に留意しておきたいのは、後者の訳者解説でヴェーバー理解社会学の主題として論じた「社会的秩序形成の文化意義」という問題関心についてである。

ここで「社会的秩序形成」というのは、諸個人の行為（Handeln）が社会的行為として相互関係をなし、やがてそれが秩序（Ordnung）に定型化してつぎの行為予測の前提となり行為を接続させていくという、社会的行為が織りなす関係の動態を指している。その詳細な説明は当の訳者解説に譲らざるをえないが、諸個人の行為を分析の基礎単位としてそれの意味理解に立ち入るヴェーバー理解社会学は、その行為が社会的秩序形成に進んでいく動機のエレメントとプロセスに主たる関心を寄せており、それの経過と結果を追跡して、そこに成立する社会のあり方を見定め、それがどのような特質と文化意義を持つのかを問う。ここにこの学問の主題はある、というのが筆者の見解である。それをもう少し砕いて言い換えると、何かの思いや志し（信仰や思想や倫理）をもって生きる人間たちが社会で出会い、相互に関係を持ちつつ社会秩序を織りなしていくとき、そこにはいかなる生活態度が生まれ、そこからいかなる秩序が実際に成立するのか、またそれは翻って当の行為する人間たちの生き方にどのような意義をもって作用するのか、この学問は基本モチーフとしてこれを問うていると考えるのである。

そのように認められるなら、本書で立ち入って考察した近代的な社会諸形象の「物象化としての合理化」への問いが、社会的秩序形成を問うヴェーバー理解社会学のこの主題の中核に位置づけられるのは明らかだろう。そして、このようなヴェーバー理解社会学の主題についての確認を踏まえれば、その学問の理論的な基礎を解明した本書の所論全体についても、さらに明確で一貫した理解が可能になると思う。それは、本書のもうひとつの副題である「比較文化史的視座」に関わっている。

一般に歴史学や社会科学という学問分野においては、「社会構成体」の段階的発展という観点から歴史を捉えようとしたマルクス主義史学や「社会システム」の構造や機能を論じたシステム理論の影響もあって、全社会的な変動を総括して近代化を論ずるようなリニアな歴史の語りが標準的な学問の形としてなお維持されてきている。そのような歴史の語りを標準に、「日本史」など単系の国史が編纂され、あるいは「中国文化圏」とか「アジア社会」とかの圏域・地域（area）を独立の単位とした通史が語られるというのがこの領域の学問の通例であり、そうした歴史の語りにおいては、コースは複線的であるとか交差するとか言われるとしても、それぞれ国家や文化圏あるいは地域という単位が総体として「近代社会」へと進む道程が追跡されている。そして、そのように歴史の単位が画定されその総体の発展コースが標準化されてこそ、歴史の「比較」ということも可能になると考えられてきたのだった。

しかし、そのような総体についてのリニアな歴史の語りは、近代ヨーロッパの生成を歴史の先進形と見なす発展史観が「ヨーロッパ中心主義」と非難されうるように（ヴェーバーその人もしばしばそう誤解されてきた！）、標準とされる発展コースの把握に際して価値評価の先取りが不可避であるなど、重大な難点がいくつもあると認めなければならない。そもそも、国史の語りが国家意識の形成を企図し現にそれと相関しているように、単位を画定してその総体の歴史をリニアに語る営みというのは、それ自体が対象を独立した実体として立ち上げてしまう仮構の行為なのだ。であれば、各国史や地域史の単純な束などとしてはとうてい語りえない世界のグローバル化した現実の中で、歴史の語りについても根本的な転換が要求されているというのはやはり間違いないだろう。とすれば、ヴェーバーの比較文化史的視座というのは、それと一体どこが異なっているのか。これはいかなる意味で「比較」というアプローチを可能にしているのだろう。

その点を理解するためには、本書がヴェーバーの比較文化史的視座を論ずるに際して、その方法論上の基礎である「解明的理解」の論理構造の解明から議論を始めたことに注意を向ける必要がある。その解明の議論は本書第一章最終節で「文化人による文化人の理解」としてまとめられるわけだが、そこでは、行為主体の人格性が「文化人」の相互理解として理解可能なものであると確認され、そしてそのことが比較文化史的視座を可能にする根拠であると論定されている。これは、比較文化史的視座の基盤を、国家や文化圏や地域として囲われて実体化されるような歴史のそれぞれの単位の総体にではなく、その担い手である文化人の行為理解に置く理解社会学の基本的立場を確認するものであった。

このような理解社会学の比較文化史的視座とは、一九九〇年の翻訳・研究書『理解社会学のカテゴリー』の訳者解説を踏まえてそれをさらに補足すれば、文化人による社会的秩序形成の文化意義を比較する視座として理解することができる。そして視座の特性をそのように捉えてみると、ヴェーバーのモノグラフとしては主業績と言える『世界宗教の経済倫理』所収の諸論文の主題設定にも、それが明瞭に表示されていると分かる。本書復刊を解説する場であるここでは、副題の意味についての補足として、その点を確認しておこう。

『世界宗教の経済倫理』に含まれる一連のモノグラフは、それ以前に書かれている論文「プロテスタンティズムの倫理と資本主義の精神」などに比べると、同様に宗教の経済倫理を扱っていながら、それが作動する歴史と社会の諸条件についてははるかに豊富に論じていると認められる作品である。その中でもとりわけ『儒教と道教』と『ヒンズー教と仏教』の二論文は、それぞれ中国とインドという地域の歴史や社会に深く立ち入り、およそ類例を見ないほど包括的かつ構造的な比較の視野からそれを検討する論述となっている。それゆえこれらは、ヴェーバーがそれぞれ「中国文化圏」、「インド文化圏」の全体像を論じた作品とも見なされ、ここから彼のアジア歴史社会論を一般的に取り出そうとする研究も繰り返し現れてきている。

しかし、もしこれらが、そのような「中国文化圏」や「インド文化圏」をそれぞれ総体として論じたアジア歴史社会論であるのなら、ヴェーバーのモノグラフもまた、通常のリニアな歴史の語りと同型であることになり、それらが孕む難点を免れているとは言い難いのではないだろうか。そう思ってあらためて顧みると、これらの作品の企図については、実はヴェーバー自身がとても慎重な限定を行っていることに気づかされる。『世界宗教の経済倫理』には全体の叙述に先だって課題を提起する「序論」が付されているのだが、そこでヴェーバーはつぎのようにその課題について述べているのである。

それゆえ以下の叙述において企てられるのは、もっぱらつぎのことだけである。すなわち、当該の宗教の実践倫理にもっとも強く影響を与え、この宗教に——他の宗教から際だっていて、しかも経済倫理にとって重要なという意味で——特徴的な性格を刻印した社会層について、その生活態度に方向づけを与えたエレメントを取り出すということがそれである。[8]

この言明は、その後に続く『儒教と道教』以下の論文のきわめて豊かで厚みのある叙述の実質からすれば、あまりに抑制的な自己認定のように思われるかもしれない。しかしこれは、実は『世界宗教の経済倫理』という一連の研究計画の企図をすこぶる的確に表現していて、むしろ学問のなしうることの限界について鋭く問題提起する言明と受けとめられねばならない。この『世界宗教の経済倫理』というモノグラフの文脈で「宗教に特徴的な性格を刻印した社会層」と言われている存在とは、本書の学問方法論の文脈で言い換えると、何かの文化の担い手として捉えられる「文化人」の一様態だと言ってよいであろう。また、ここで「生活態度」と言われているのは、学問方法論の文脈では「社会的秩序形成」に向かう実践的態度と概念的に捉えられるものであると言って間違いない。そうだとすれば、この一連のモノグラフで主題とされているところのものは、学問方法論の文脈で捉えられたヴェーバー理解社会学の主題と正確に一致する。すなわち、ここでの課題設定は、かの文化人による社会的秩序形成への問いをモノグラフの文脈に合わせて言い換えたものに他ならないのである。そうであればこそ一連のモノグラフは、この関心から出発する比較宗教社会学としてしっかりした方法論的基礎を持つと言いうるのであった。

ヴェーバーの著作『儒教と道教』と『ヒンズー教と仏教』は、「儒教」と「道教」および「ヒンズー教」と「仏教」という世界宗教について、それぞれの宗教倫理の担い手（社会層）が携わっている社会的秩序形成の文化意義を比較の視野から論じた作品として、その関心の核から理解しなければならない。ヴェーバーの学問論がその基本として教える通り、歴史も社会論も論者の関心（Interesse）に従って構成されるのであって、それ抜きの中国史・中国社会論一般やインド史・インド社会論一般というのはありえないのである。本書の叙述は、この理解に立つ独自な「比較文化史的視座」の方法論的基礎を解明している。

### 社会理論の内包／理解的方法の射程

「物象化としての合理化」と「比較文化史的視座」、本書の副題であるこれら二つのことに補足を加えながらこのように考えてくると、それだけでもこのヴェーバー理解社会学が、これまで普通に理解されてきたのとはずいぶん異なる理論構成をもち、それが現在の学問状況に対してもなお鋭い問題を投げかけていることが分かるだろう。すると、このような学問の理論的基礎を論じた本書の議論は、ここからいったいいかなる方向に研究の視野を広げていくのだろうか。そこで最後に、筆者自身の関心から、また筆者が本書初版の刊行以降に携わった研究に関連する範囲で、その点に簡単に触れておくことにしたい。

一九九〇年に刊行した翻訳・研究書『理解社会学のカテゴリー』において筆者が、ヴェーバー理解社会学の主題を論じ、そこで「社会的秩序形成の文化意義」という問題関心に着目したことについてはすでに触れてきた。この関心の展開として、ヴェーバー社会学の中核部分である『経済と社会』という著作が、正確に言うと第一次大戦前にほぼ書かれて第五版では第二部にまとめられているその旧稿部分（以下、「旧稿」）が、この「社会的秩序形成」の自律性という観点を基本モチーフとして書かれていることを論じたのが本書に収録した一九九三年発表の論文「ヴェーバー社会学の基本モチーフの解読」である。この論文は、雑誌「未来」（未来社）が企画した「特集・ヴェーバー学の現在」に寄稿したものでその当時の研究状況に概説的に触れた小編であるが、これは同年に刊行した著書『近代法システムと批判――ウェーバーからルーマンを超えて』（弘文堂）への導入にもなっていることに注意していただきたいと思う。

著書『近代法システムと批判』は、ヴェーバーとニクラス・ルーマンという二人の理論家を、それぞれ行為論的概念戦略とシステム論的概念戦略によって近代法システムの批判可能性に迫った人物として捉え、彼らの法社会理論の潜在力と限界点を検証した作品である。そしてこれは、ヴェーバー研究という観点から見ると、法秩序の物象化としての合理化をその原構図から帰結まで追跡したという意味で、法領域において「近代的法秩序」の文化意義を問うヴェーバーの所論を解明した仕事になっている。そのように理解されるなら、これは、翻訳・研究書『理解社会学のカテゴリー』における研究成果の展開であり、そこで析出されたヴェーバー社会学の基本モチーフを「旧稿」に含まれる『法社会学』の内容に即して検証・確認したものと認められるだろう。論文「ヴェーバー社会学の基本モチーフの解読」では「旧稿」の全体の中で『宗教社会学』の章と『法社会学』の章との論述構成の相似性を指摘しているが、それは、著書『近代法システムと批判』におけると同様な検証が『法社会学』の章以外でも必要でありまた可能でもあると示唆するものだ。そうだとすれば、ここに、今後の研究課題もまた開かれている。

さて、復刊の本書にはさらに二つ、ヴェーバー理解社会学に内在する研究の二つの方向をそれぞれ示す論文が増補されている。一つは、一九九九年に社会思想史学会年報「社会思想史研究」（社会思想史学会編、藤原書店）に発表した論文「マックス・ヴェーバーの変貌とそれを読む位置」であり、もう一つは、二〇〇七年に雑誌「現代思想」（十一月号、青土社）に発表した論文「ヴェーバー社会理論のジェンダー論的射程」である。

論文「マックス・ヴェーバーの変貌とそれを読む位置」は、第一次世界大戦を境にして大きく変貌しているように見えるヴェーバー社会理論の内容、すなわち、『経済と社会』に含まれる「旧稿」の部分と大戦後のヴェーバー最晩年に書かれて「新稿」と呼びうる部分との論述の差違に注目し、その意味について問題提起をしている。これは、ヴェーバー自身が時代状況の変化に反応しながらどのように自らの社会理論を再編成しているかについて基本的な考えを述べたもので、この考えについては「旧稿」と「新稿」の全体にわたる詳細な比較検討を通じた本格的な検証がなお必要だが、ヴェーバーに内在するテキスト研究の一つの方向を示したものとは認められよう。

また、論文「ヴェーバー社会理論のジェンダー論的射程」は、今日の視点から見てヴェーバー社会理論にどのような思考資源が内包されているかについての試論で、ヴェーバーが近代資本主義の特性として捉える「家計と経営の分離」という問題をジェンダー論の視点から解釈したものである。これはジェンダーという関心から近代資本主義の孕む問題点を解明していく上で重要な手がかりとなるはずのものだが、宏大なヴェーバー社会理論の全領域にはそればかりでなく今日の歴史・社会研究になお「使えるヒント」が豊かに包蔵されているに違いない。それらを自由に発掘し、工夫しながら使用に供するというのも、これからのヴェーバー研究にとっては不可欠な方向だと筆者は考えている。

以上のようなヴェーバー理解社会学のテキストに内在する方向の研究は、多くは今後の課題なのであるが、その基礎論である本書が後に開く研究領野としてたしかに意義あるものと認められることと思う。もっとも、ヴェーバー理解社会学の方法論的基礎を論ずる本書は、それだけでなく他方で、それとは質の異なる研究領野にも道を開いていると考えられる。それは、ここで方法論の基礎を学び、この独自な理解的方法を歴史や社会を考察する他の現場で実践応用するという方向である。

このような方向の研究として、筆者自身としては二つの著書をこの後に発表している。一つは、二〇〇一年に刊行した著書『大塚久雄と丸山眞男――動員、主体、戦争責任』(青土社)であり、もう一つは、二〇一二年に刊行した著書『詩歌と戦争――白秋と民衆、総力戦への「道」』(〔NHKブックス〕、NHK出版)である。近代日本の精神史に関わるこれらの著作においてヴェーバー理解社会学の方法がどれほど有効に生かされているのか、その点については、提示した作品そのものをもって大方の評価を待たねばなるまい。とはいえ筆者としては、それに先行して勉強し本書にまとめていた理解社会学についての理解こそが、これらの研究を分析においても叙述においても終始強くリードしていたと痛切に感じている。本書を読まれた方がつぎにこれらの著書をも手に取られて、その点をつぶさに確認して下されればと願う次第である。

およそ以上のような意味で、本書は、少なくとも筆者自身にとってすべての研究の出発点であった。もっとも、宏大なヴェーバー理解社会学の全領野を考えれば、その基礎理論が内包している可能性はもちろんそんなわずかなもので尽くされるはずはあるまい。本書のこの復刊がそうした可能性の全域に少しでも新たな光をもたらすことになれば、著者としてそれに勝る喜びはない。

注

(1) 安藤英治「ウェーバーにおける近代と古代」『ウェーバー歴史社会学の出立――歴史認識と価値意識』未来社、一九九二年、八九ページ。初出は、雑誌「思想」一九七五年六月号（岩波書店）。

（2）Max Weber im Kontext -Professional Edition 2002, "*Literatur im Kontext auf CD-ROM—Vol.7*", Karsten Worm, InfoSoftWare, Berlin

（3）前掲『ウェーバー歴史社会学の出立』九〇ページ。安藤は言及していないが、「近代化」という語に関しては、このほかに「近代化された（modernisiert）」と過去分詞形で使われる用例が六例ある。しかし、仮にこれを考慮に入れるとしても、この事情は変わらない。

（4）WuG, S.610（『支配』二四三ページ）

（5）GAzRS Ⅰ, S. 61（『プロ倫』九一ページ）。この個所は、原語は「》Lebensideale《der modernen bürgerlichen Gesellschaft」となっていて、従来は「近代市民社会の「生活理想」」と訳され、いわゆる「市民社会派」的なヴェーバー理解の一大根拠となってきたところである。しかしここは、それがただちに「近代企業家層に特殊な、しかも明らかに「理想主義的」な生の喜び」と言い換えられていることから考えれば、「近代のブルジョア社会」と理解するのが穏当なところで、少なくともこの一カ所だけをもって「近代市民社会」という特別な社会認識をヴェーバーのものとするのは強弁に過ぎたのだと言わなければならない。

（6）GPS, S.297, SP, S.447

（7）マックス・ウェーバー『理解社会学のカテゴリー』海老原明夫／中野敏男訳、未来社、一九九〇年

（8）GAzRS Ⅰ, S. 239（『序論』三五―三六ページ）

### カバー表の背景（下地の写真）についての注記

カバー表の下地の写真に映っているのは、Max Weber, Roscher und Knies und die logischen Probleme der historischen Nationalökonomie, *Separatabzug aus Jahrbuch für Gesetzgebung, Verwaltung und Volkswirtschaft im Deutschen Reiche 27-4*, hrsg. von G. Schmoller, 1903, Verlag von Duncker und Humblot in Leipzig, S.1. である。その右上にヴェーバー自筆の献辞が残されている。この文献は、一橋大学社会科学古典資料センター所蔵のもので、「Gierke 文庫」中の一巻として保管

されている。Gierke 文庫は、現在の一橋大学が高等商業学校から東京商科大学に昇格した翌年である一九二一年に、大学の自己資金と寄付金とを合わせた二万二千四百八十六円八十七銭で、ドイツの法学者であるオットー・フォン・ギールケ（Otto von Gierke：一八四一―一九二一）の遺族から蔵書約八千八百冊を購入したものである。ページ面に「東京商科大学図書印」とともに「堀越善重郎ヨリ寄贈」のスタンプが見えるのは、その寄付者の内に卒業生で絹織物の輸出業を営む実業家であった堀越善重郎が含まれるゆえである。ギールケは、大著『ドイツ団体法論（Das deutsche Genossenschaftsrecht）』で知られるゲルマン法学派の代表人物であり、ベルリン大学法学部の正教授を務めていて、ヴェーバーもその講義を聴講している。この Gierke 文庫には、マックス・ヴェーバーの著作のほか、マリアンネ・ヴェーバーやアルフレート・ヴェーバーの著作なども所蔵され、そのなかには著者自筆の献辞が記されているものがいくつか含まれている。マックス・ヴェーバーからのものとしては、この『ロッシャーとクニース』のほか、『プロテスタンティズムの倫理と資本主義の精神』のアルヒーフ版別刷にもヴェーバーの自筆が残されており、Gierke 文庫の成立経緯からして、これらがヴェーバーからギールケに直接贈呈されたものであることは間違いないものと認められる。この点について、ヴェーバーの文献に精通している野崎敏郎氏に確認を求めたところ、ヴェーバーの自筆に間違いないという保証を得た。野崎氏によれば、書かれている内容は「In Verehrung Der Verf.」というもので、「敬意をこめて　著者」というほどの意味である。このような文献が日本に残されているというのは、ドイツ敗戦後の経済状況を反映しているとはいえ希有なことで、貴重な発見であろう。筆者は、この文献の所在について荒川敏彦氏よりご教示いただいた。

# 初出一覧

「第2部　ウェーバー理解社会学の可能性」に所収した論文の初出は以下のとおりである。なお、本書所収に際して、表記を若干改善し注記について形式上の統一を図るなどいくつか技術的な手直しを施したほかは、内容についてはいっさい変更を加えていない。

第1章　ウェーバー社会学の基本モチーフの解読
「ウェーバー社会学の基本モチーフの解読」「未来」第三百二十六号、未来社、一九九三年
第2章　マックス・ヴェーバーの変貌とそれを読む位置
「マックス・ヴェーバーの変貌とそれを読む位置」、社会思想史学会年報「社会思想史研究」第二十三号、北樹出版、一九九九年
第3章　ヴェーバー社会理論のジェンダー論的射程
「ヴェーバー社会理論のジェンダー論的射程」「現代思想」二〇〇七年十一月臨時増刊号、青土社

# 解説にかえて　中野敏男という意志

熊野純彦

さきごろ、一冊のNHKブックスが出版されて、ひろく読書界の話題をさらった。中野敏男『詩歌と戦争——白秋と民衆、総力戦への「道」』（NHK出版、二〇一二年）がそれである。

奥付には二〇一二年五月三十日発行とあるから、出版時には三・一一から一年以上の時間が経過していたことになる。著者が執筆している期間は、思うに、「震災後」ということばが、あたかも「戦後」ということばとおなじような響きをともなって、さまざまな場面で使われていたときであるはずだ。中野は、この国にとって大きな意味をもつものとなるにちがいない時代の曲がり角に際会して、一九二三年九月一日の関東大震災に引きつづく時の流れを彩る、さまざまなことどもをめぐって思いを馳せていたことになる。

このこと自体については、とくに独創的な着想というわけにはいかないだろう。うたかたのように消え去ったいくつもの言説の発信者もふくめて、むしろ多くの論者が大正期の災厄へと連想の糸をむすんでいた。連想はしかししょせん連想であって、その糸はほどなく断ち切られてしまう。中野敏男はそのときひとり、九十年ほどまえの「震災から戦争へと進む時代の中で生きていた民衆の心情」にふかく思いを寄せていたのである。中野の思考の、その佇まいは、およそ連想といった安易さとは無縁であり、紡がれた思考の糸は、断ち切られることを拒むだけの強度をもっていたといってよい。

関東大震災のちょうど一年まえ、日本共産党が非合法裡に結成され、同年九月、大同団結をめざした日本労働組合総連合の結成大会で、いわゆる「アナ・ボル論争」（アナキストと、ソヴィエト・ロシアあるいは革命を領導したボリシェヴィキ支持者とのあいだの論争）の火蓋が切られる。運動の覇権をにぎった共産党は震災以前に事実じょう解党しており、アナキストを代表する大杉栄が震災のどさくさに紛れて虐殺された。そののち紆余曲折をへて再建された共産党は、大衆路線の山川イズム、「分離結合」論を唱える福本イズムへと方向転換をかさねたあげく、一九二七年には両路線がコミンテルンによってともに批判される。以後の共産党は戦前、そのときどきのコミンテルン・テーゼにほぼ追従し、その革命戦略はスターリニズムの支配するモスクワの世界戦略のもとに組みこまれてゆく。よく知られているこうした消息は、とはいえ、おなじ時代の空気を吸っていた民衆自身の明け暮れとどのように切りむすび、その恐れや希望のありかにどこまで届いていたのだろうか。

西条八十作詞になる歌謡曲「東京行進曲」の四番は、「シネマ見ましょか、お茶のみましょか、いっそ小田急で逃げましょか」の歌詞で知られている。その詞はさいしょ「長い髪して　マルクスボーイ　今日も抱える「赤い恋」」というものであったといわれる。時代の切迫した空気は、民衆にとっては同時にひとつの風俗だったのである。――これは、べっして良いことでも悪いことでもありえない。西条もべつだん諧謔を弄して、革命運動を冷笑しているわけではなく、同時代を生きていたふつうのひとびとの心根とその揺れを、ただ忠実に掬いとっているだけである。それにしても注目しなければならないのは、流行り歌と一括されるものにひそむ時代の空気なのである。

「心情の回路」は、街々に流れ、ひとびとに愛唱されてゆく唱歌にこそあらわれる。関東大震災のその年「春よ来い」「どこかで春が」が、明けて一九二四年には「からたちの花」「あの町この町」が、二五年に「ペチカ」、そして二六年には「この道」が生まれ、ひとびとはそれらの優しく美しい歌をくりかえし口ずさんだ。天皇の代替わりによって劃される時代は移り、一九三〇年代には、この国では国民総動員体制が強力に推進されていって、やがていわゆる総力戦の時代がはじまる。

この間の事情には、今日ふりかえっておく必要のある、なにごとかがふくまれている。中野はそう考えた。それはことさらに奇矯な思いつきというわけではない。じっさいマスメディアや音楽文化の内部での戦争協力をめぐる研究も、往時にくらべ今日ではかなり進捗している。けれども中野の視線は、そのさきに、あるいはむしろそのてまえにあるものを射抜いていた。それは、ひろく一般の民衆こそが「国民歌謡」を愛し、「愛国詩」を口ずさみながら、積極的に戦争に協力していったという事実である。中野以外のだれもその事実をとらえていなかったというわけではない。中野以外のだれも、しかしその事実をふかく考えぬこうとはしなかった。中野が、かくて、その「生と詩作にできる限り内在して追跡して」いったのは、国民詩人という尊称すらも贈られた、北原白秋そのひとなのである。

とはいえ、どうしてそのような作業が必要となるのだろう。とりわけ国民総動員のいわば先鋭的で自覚的なイデオローグたちではなく、美しく優しい童謡を数おおく残し、とりわけ切実で、現在もなお色あせることのない「郷愁」をうたった白秋の足跡が、なぜ問いかえされなければならないのだろうか。中野の回答ははっきりしている。やがて代表的な戦争詩人となってゆく白秋と、童謡にその天賦の才のきわみを示した白秋とは、震災から総動員へとむかう時代のなかで、おなじひとりの存在であったからであり、そのひとりのおなじ白秋をこそ、ひろく民衆が愛したからである。北原白秋をその美しい抒情においてのみ愛惜することはできない。おなじようにまたいわゆる民衆の総体を、その仮構された無垢にあって免罪することもできない。民衆は、戦争へとみずから動員されていったのだ。

注目にあたいする中野のスタンスが、ここにあらわれている。中野はみずからが民衆のひとりであることを自覚している。つまり、いつでもまたみずからを動員してゆく可能性のある者のひとりであることに、中野はふかく自覚的であると思われる。そうであるがゆえに逆にまた、中野はひとりの知識人としては、ことばにされたことのいっさい、ひろくひとびとに差しむけられることばのすべてに対して敏感でありつづける。――中野にはたぶん、白秋のいくつかの詩句を愛唱した過去もあるのだろう。その抒情に抗しきれない魅力をも感じているのだろう。だからこそ中野は、みずからの内部を切りさくように、そして対象の内奥に切りこむように、白秋の詩歌による呼びかけと民衆の自発性とが共鳴しあって、やがて民衆自身の主体性を経由した動員が成立してゆく軌跡をたどるのだ。

＊

動員の思想を、しかもこの国の現在において問いかえそうとする姿勢は、中野の前著から一貫している。『詩歌と戦争』に十年さきだつ労作『大塚久雄と丸山眞男――動員、主体、戦争責任』（青土社、二〇〇一年）の最終章「ボランティアとアイデンティティ――普遍主義と自発性という誘惑」において中野敏男は、三・一一の十年まえの災厄、阪神・淡路大震災を機に高まってきた、さまざまなボランティア活動やNGO活動をめぐって、その意味を批判的に問いつめている。

問題は、第一義的には、だれがじっさいにボランティアに参加し、具体的に「ボランタリーに支え合う人々のつながり」をつくりだそうとしているかではない。ボランティアとはたしかに字義どおりには、ひとびとの「自発性」を示す語にほかならない。自発性が発露するその現場のおのおのには、美しく優しいこころたちが集ってもいることだろう。だが、だれが「ボランティア活動の意義をひときわ声高に宣揚している」のか。第一に問われなければならないのは、むしろこの問いなのである。

答えはとりあえずはっきりしている。ボランティア活動を促進しようとしているのは、さしあたりはたとえば「教育課程審議会」にほかならない。国家システムこそがボランタリーな主体を育成しようとしている。なぜか。「ボランタリーな活動というのは、国家システムを越えるというよりは、むしろ国家システムにとって、コストも安上がりで実効性も高いまことに巧妙なひとつの動員のかたちでありうる」からである。――これはたんなる超越的な立場からする批判であったり、将来への漠然たる危惧の表明であったりするわけではない。ここでもこの国が現にたどってきた歴史が、しかもその軌跡のなかで知識人たちの言説が刻みつけてきた痕跡こそが、ことの帰趨をあらかじめ告げているのである。

たとえば大塚久雄である。戦後啓蒙を代表する西洋経済史家で、市民社会派の中心人物のひとりであったこの社会科学者は、一九四四年に「サイパン島激戦の報を耳にしつつ」、「最高度〝自発性〟の発揚」と題される論稿を草していた。一文の主張するところによれば、戦時統制のなかで求められている「新しい経済倫理（エートス）」とは「目的（方法的）合理性」を十分に伴ったところの強力な「自発性」によって支えられていなければなら」ないものである。最高度の自発性を発揚するとは、戦時の大塚の言説にあってすでに、「主体性（ボランティア主体）の創出」にほかならなかったのである。

中野によれば、問題はたんに、この無教会派のキリスト教徒が、たまたま戦時の状況のなかで翼賛的な文章を書きのこしているという点にあるのではない。戦後啓蒙を主導し、晩年には文化勲章を受章するウェーバー研究の泰斗によって、戦時に主張されたこの動員の思想が、自発性への呼びかけのゆえに、戦後には戦時抵抗の思想と理解されてきたことに、問題状況の複雑に入りくんだ迷路がある。ひとことでいえば、「自発的な戦時体制参加への呼びかけが、「主体性の覚醒」を呼びかけたものとして賛美されるという倒錯」が、ここに成立することになる。ボランタリーな主体の形成への呼びかけは、この「歴史の欺瞞」と錯誤への問いを経由することがない場合には、あらためて民衆の自発的な動員をこそいまいちど帰結することだろう。『大塚久雄と丸山眞男』の第一章「最高度自発性の生産力――大塚久雄におけるヴェーバー研究の意味」はこの間の消息をていねいに跡づけてゆく。

ここでは主要には、第二章「主体性への動員／啓蒙という作為――丸山眞男の政治思想史研究における戦中と戦後」にふれておこう。題名からしても丸山への内在と批判とが交叉したこの論考は、丸山研究そのものにも一期を劃するものであったといってよい。

戦後、丸山は最初の著書を『日本政治思想史研究』（東京大学出版会、一九八三年）と題された論文集のかたちで公刊した。その第一章は、総ページ数で全体の半分にもおよぶ助手論文「近世儒教の発展における徂徠学の特質並にその国学との関連」である。

標題からしてむしろ過剰なまでに学的体裁をととのえ、時流を超越した印象を与える当該論文について、中野敏男はその時論的な意義を抉りだしてゆく。それは、中野によれば、丸山そのひとが戦後の「あとがき」にしるしたような回顧的認定とはおよそ異貌なものなのだ。丸山は戦時下のみずからの研究が「とくに時局的な学問対象であった日本思想史に対しておよそ非時局的なアプローチをする」ものであったと書いている。若き丸山の助手論文は、しかし戦後にほどこされたいくつかの作為を取りのぞき、原型をその文脈において読みなおせば、きわめて時局的な性格を帯びたものなのである。

助手論文のオリジナル・テクスト／コンテクストをたどるときに浮上するのは、論攷において荻生徂徠が占めている位置が、現行版で読みとられうる以上に大きなものであることである。徂徠こそが「近世封建社会が生んだ最初の偉大なる「危機の思想家」であった」と丸山眞男がしるすとき、丸山の視界にうちにあったのは「総力戦という国家実存の危機の時代状況」にほかならない。丸山が徂徠のなかに発掘したのは、危機をはらんだ「時代状況への参与を促す行動の哲学」であったのである。

中野は、助手論文の雑誌掲載が終了した時点で、丸山が筆名で執筆した一文に注目している。そこで語りだされているのは、およそ「現代離れ」してみえる徳川思想史研究のいわばアクチュアルな意義である。丸山眞男が目のまえにしていた時代状況、そこへの参与を呼びかけていた時代状況とは、近衛内閣下の新体制運動にほかならなかった。

戦後のこの国でウェーバーを読みはじめようとする者はだれでも、大塚久雄の仕事との離接をみずから意識せざるをえない。中野敏男もまたそうであったことだろう。この国の一九六〇年代後半の社会的・思想的動向のそののちに、学としての思想のいとなみにかかわろうとする者であれば、だれであっても、丸山のスタイルとの距離の大小をみずから測定せざるをえない。中野も、七〇年代後半にあらためて折原浩の門を敲こうとしたとき、東大紛争時に公開論争を呼びかけた折原にむけて、そのような要求に応じようとするくらいなら「残り少ない余生にしなければならぬ仕事が、もっとほかに山ほどあるのです」と応えた、この思想史家にして、優れた啓蒙家の佇まいをなにほどかは意識したはずである。

中野敏男の仕事は、ここでもまた対象の内側に切りこむものであると同時に、みずからの深部を切りさこうとするものだった。大塚経済史学の達成を中野の批判から切りはなし、丸山思想史学の意義を中野の断案の外部に置こうとする者は、なお数おおいものと思われる。一書における中野の検証の手つづきには、おそらくは異論の余地もすくなくはないことだろう。それでもなお、対象に対してむけられた中野の批判の刃の刻薄なまでの鋭利さが、対象に対するふかい内在的沈潜と一体のものであり、中野の論が対象の暗部を切りひらくとき、その刃はその切れ味をすこしも鈍らせることなく、論じる者自身の身のうちで仄暗くわだかまる部分、意識の表層に浮上しない伝統――いつかはまた「噴出」しうる「思い出」――との癒合部を切りだしていることを否定することはできないはずである。

＊

右でみてきた、比較的近年のものにぞくする中野の仕事は、おそらくは歴史社会学的な探究とも、いわゆるカルチュラル・スタディーズの系列にぞくする作業とも分類されうることだろう。筆者としては、いまはしかし、研究の分類枠のいかんにはそれほど関心をもたない。中野の仕事は、それがなんと名づけられるにせよ、知そのものの反省のこころみであり、時代状況と切りむすんだ言説の自己批判への試行である。そうしたいとなみの背後にある理論的な背骨は、しかしどこにあるのだろうか。

中野敏男は本書にその最初の結実をみたウェーバー研究をへて、一時期、ユルゲン・ハーバーマスの社会理論、とくにそのコミュニケーション行為論に一定の関心を寄せている。本書の出版が一九八三年、ハーバーマスの大著『コミュニケーション的行為の理論』全二巻の公刊が一九八一年のことであるから、これはごく自然ななりゆきであったとも言ってよい。解説者も一九八二年の夏に修士論文を準備しながら、同書を一気に通読した記憶がある。中野もまたそうであったことだろう。

中野のハーバーマスとの交渉のあとは、たとえば「合理性への問いと意味への問い――ウェーバーとハーバーマス」（藤原保信／三島憲一／木前利秋編著『ハーバーマスと現代』所収、新評論、一九八七年）という論文のうちにたどることができる。前年には研究室の雑誌に「討議倫理学と会話的相互行為」（東京大学文学部倫理学研究室編「倫理学紀要」第3集、東京大学文学部、一九八六年）も発表されているが、ここでは前者についてふれておこう。

問題の論稿にあって中野は、近代を「未完のプロジェクト」とみなすハーバーマスの所説から論を起こしながら、ウェーバーとハーバーマスとのいわば狭間に「近代そのものがなおその内側に残している時代批判の可能性」をさぐることへと標的を見さだめる。まず確認されるのは、近代を脱呪術化の時代としてとらえた果てに、ウェーバーが到達したペシミスティックな近代像であり、それとの対照にあってきわだつハーバーマスの賭け金、近代に内在するコミュニケーション的合理性への視点である。

中野のみるところでは、ウェーバーが描きだした近代像、合理化の動向の極点で私たちの「生の意味」が無根拠なものとなってゆくという診断は、私たちを「袋小路」へと追いこんでしまうかに思える。対して、ハーバーマスにおけるコミュニケーション行為そのものを支える合理性の再評価は、その「動機づけ」にかんして「解決しえない困難」をかかえこむ。かくてあらためて確認されるのは、「意味への問い」と「合理性への問い」のあいだになりたつべき、いわば相補性の関係であった。

中野そのひとが、とはいえその後、ハーバーマスへの関心を持続させて、ハーバーマス研究者として（も）立とうとした形跡はあまりない。すくなくとも発表された論文群から判断するかぎりでは、中野の問題関心はむしろ急速にハーバーマスの社会理論から乖離しはじめたようにすら見える。それはしかしおそらく、中野敏男がハーバーマスのいわば認識関心——批判的‐解放的認識関心——によって枠どられた主題領野から立ちさったということを意味しない。中野はかえって、ハーバーマスと認識関心を共有するがゆえに、ハーバーマスそのひととはべつの方途を模索しはじめたように思われる。中野がさしあたり向かったのは、（ハーバーマスの場合とおなじように）ウェーバーを経由したルーマンの社会理論の再検討なのであった。

一九七〇年代から、ハーバーマスとルーマンのあいだに論争が継続したことはよく知られている。とりあえずハーバーマスの側から事態をかえりみるならば、争われたことがらのひとつは、「社会統合」と「システム統合」とのあいだの関係にほかならない。

ごく雑駁なかたちで言ってしまえば、社会統合とは、行為し、相互行為しあい、コミュニケーション行為をも遂行する主体たちが社会的に関係づけられてゆく側面にかかわり、社会システムはそこではシンボルを介して構造化される生世界という側面から主題化される。システム統合とは、これに対して社会システムを、自己制御力をそなえたシステムの特定の制御機能の遂行との関連でとらえたものであり、システムはここでは環境の複雑性を縮減してゆくことで、システムの境界を維持してゆく側面から焦点化されてゆく。ハーバーマスの視点からするなら、みずからの説くコミュニケーション的合理性は社会統合と生世界とにふかく根ざしたものであり、ルーマンの社会システム理論はたんにシステム統合を正当化するイデオロギー――支配を正当化する世界像――であるにすぎない。

中野は、もとよりルーマン理論に対して、そのように単純で一面的な評価を下さない。中野のルーマンへの内在と超克のこころみを刻みこんだ著作は、一九九三年、『近代法システムと批判――ウェーバーからルーマンを超えて』と題されて、弘文堂から公刊された。ちなみに、同書は、中野敏男の博士号請求論文ともなったものである。

一九八九年、いわゆる「壁」が崩壊し、二年後、ソヴィエト連邦が世界地図から消えさった。同書の「序章」にあって中野は、「われわれの世界認識を根元のところで呪縛してきた感のある東西冷戦の構造」の終焉から筆を起こして、問題状況をまず「この社会の法と規範のシステムそのものがトータルに問い返されるということ」のうちに見さだめる。中野の目ざすところは、「対象をラディカルに事分けてゆくという意味で十分に〈批判的(kritisch)〉な立場から、現下の法 - 規範システムを把握しこれに妥当な改変を促してゆきうるような、しっかりした理論的・実践的な準備」をととのえることであった。

一九九三年の博士論文の第二章（「法システムの分立化とシステム論的正義の射程――ルーマンのシステム論的概念

戦略」）で中野は、ルーマンのシステム理論に内在的な読解を与えながらも、その問題点を突きとめようとしている。ここではむろん、その細部に立ちいることは断念せざるをえないけれども、一、二の論点にのみやはりふれておこう。

中野がまず注目するのは、ルーマンの社会理論が「ポスト存在論的時代状況」に投錨しようとするものであったことである。ルーマンのみるところでは、そのような状況下で理論は、存在者の同一性を実体的に根拠づけようとするのではなく、むしろあらゆる存在者が「他の可能性」に対して開かれているしだいを示すことを求められる。とすれば、ルーマンの理論装置それ自身が現状に対して「意外な批判性」をそなえていることになる、と中野は考えてゆく。それは、システムをそもそも「複雑性の縮減」ととらえることで、世界が「別様でもありうる」ことを指示する」からである。ルーマン理論の核心はその意味での「コンティンゲンツ」（Kontingenz; contingency）にほかならない。そのような視角のかぎりでは、中野敏男のルーマン読解は、ルーマンの理論的試行の内部から最大限の批判的ポテンシャルを読みだそうとするこころみであったと言ってよいだろう。

そのように読んでなお、ルーマンの「システム論的概念戦略」に決定的な欠落が存在するとすれば、当の落丁はどこに見さだめられるべきだろうか。問題は「法システムのオートポイエシス」というルーマンのテーゼにかかわる。オートポイエシスというシステム像は、「法システムという部分システム」に適用可能なのだろうか。あるいは、そのシステム概念を法システムに適用したときに、なにが起こるのだろう。

オートポイエシス論は、システムを要素の産出過程のネットワークと定義し、他方で当の要素そのものが産出過程自体を再産出するものと考える。であるとすれば、法システムの要素もまた法システム自身によって産出－再産出されるのでなければならない。かくてルーマンは、「正義」そのものをあらためて「法システムの「内」に位置づける」ことになるだろう。中野によればそこから帰結するのは、正義という問題系そのものの射程を「致命的に狭隘化」することなのである。

中野の視点からするならば、ルーマンのこのような正義論は、ルーマン理論そのものの批判的ポテンシャルを縮減し、その構想自体を裏切るものとなる。なぜか。実定法のシステムはたしかにシステム的な自律性を有する、としよう。しかしその自律は、「システム外部からあらゆる規範的な関与を切断して法システムが完全に自己決定」することと等価ではない。もしも両者が等置可能なものであるとするならば、あの「別様でもありうる」可能性を、つまりはコンティンゲンツを「塞いでしまうもの」となるからだ。

ルーマンを潜りぬけ、しかしルーマンの理論構成を超えて主張される、この「別様でもありうる」可能性が、以後の中野の仕事にとって、戦略的な拠点のひとつとなることだろう。主体が自律性（オートノミー）を最大限に発揮することで、逆にシステムのオートポイエシスを実現すること、「入力も出力もない」システムのなかで自己を動員し、かくてシステムへと動員されてゆくことは、一定の条件のもとではむしろ不可避である。とはいえ、たとえばこの国の近代の軌跡のなかに、その典型的な実現をたどるときに、「別様でもありうる」可能性があらかじめ閉ざされていたとするならば、周到な考察はかえって絶望だけを組織することだろう。歴史への責任が問われ、未来へのわずかな希望が手繰りよせられるとすれば、それはどのようにかすかな可能性にすぎないものであれ、他のしかたでなお「正義」の審級からの規範的な関与が開かれている場合なのである。

＊

中野敏男の現在からさかのぼって、仕事の系列をたどり、一貫したその作業の理論的背景へと遡行してゆくことで、ここまでのところ、中野の第二の著書まで跡づけおえたところである。私たちはこうしてようやく、本書刊行の時点にまでたどり着いたことになる。

本書『マックス・ウェーバーと現代――〈比較文化史的視座〉と〈物象化としての合理化〉』は、一九八三年八月、三一書房から出版される。中野は三十三歳の節目をむかえる年、なお東京大学大学院人文科学研究科で倫理学を専攻する修士課程二年次の学生であった。本書の内容は、教養学部後期課程を卒えるにあたっての卒業論文をベースにしたものであったはずである（学部段階での中野の専門は相関社会科学であった）。解説者からみれば、かなり年長の、とはいえ大学院進学の年次からすれば「後輩」が公刊した最初の著書ということになる。文筆家はその処女作にむかって成熟してゆくといった、いかにもよく出来た逆説を、私自身はすこしも信じていない。それでもなお、これまでたどってきた中野の足跡の出発点を劃する理論的作業として、本書の問題設定をかえりみておくことは、本書の再刊にさいして「解説」に当たる一文の執筆を引きうけた筆者の責務でもあるだろう。

本書の「まえがき」は、マリアンネ・ウェーバーがそのウェーバー伝の冒頭に置いたリルケの詩句を引用するところからはじまる。第二段落をあえて引用しておこう。

今日、人は、自らの〈時代〉とそこにおける自らの〈生〉の〈意味〉への問いを意識の底に封印せんと努めているかに見える。われわれの生活を機械や組織や情報などさまざまな文化的形成物が埋め尽くし、それらが次第に機構化を遂げつつ「自明な日常世界」として自己運動を展開し始めると、その〈意味〉を問うことはナイーブでセンチメンタルな所業として嘲笑をもって抑圧されていく。それとともに、〈意味〉を問うことは、ますます理性的な〈すべ〉を失い、非合理的なものに成り果てた「宗教」のなかに細々と命脈を保つか、「日常世界」のわずかな裂け目においてまったく不条理な形で分散して噴出することにならざるをえない。

（一四―一五ページ。以下、ページ数は本増補版のもの。以下同）

疑われているのは「〈意味への問い〉の存立そのもの」である。中野のみるところでは、そして、ウェーバーこそが「自らの〈学問〉と〈人生〉の全体を通じて〈時代〉の〈意味〉を問い、その〈運命〉から身をそらすことなく真っ向から生き抜いた」学者‐思想家なのであった。中野が、大学入学以来、いったんはべつの時間の流れに身を置いたのちに、あらためて学問的いとなみを開始しようとしたさいに、ウェーバーをこそ対話の相手にえらんだ、その理由にほかならない。

右の一文をあらためて引用してみると、現在の中野の著作を知る者からみてまず目につく特徴は、「若書き」に宿命的な生硬さをやはり免れないながらも、一種パセティックに張りつめた、その思考の文体であろう。〈 〉(「凡例」によると、筆者が〝いわゆる〟の意味をこめて使用する語には「 」を、「当の文脈で独自の意味を込めて用いる語」には〈 〉が使用されているという)の頻用もまた、一文に独特な佇まいを添えている。

この中野の文体は〈政治〉と〈学問〉とのあいだで揺らぎを示しているようにも読める。中野敏男がこの一文を書きしるしたとき、著者は性急な政治過程からは、もはやや遠く、けれどもまた純粋に書斎的な学問の作業とはなお距離をたもっているのである。

序章「〈比較文化史的視座〉とウェーバー〈物象化〉論」をたどってみよう。そこでまず説きあかされるのは内外のウェーバー研究の動向であり、なによりしかしまずはこの国の戦後における研究の潮流である。対照されるのはさしあたり、ウェーバーに拠って「近代化」の理念を説く大塚久雄の立場と、近代西欧文化の「子」(Sohn)として、その「問題性」にこそ関心を寄せるウェーバー像をあかそうとする折原浩の立場であった。ウェーバーを読む中野自身の視角が、後者からの相当ていどの影響を受けていることは、見やすいところだろう。中野は書いている。「ウェーバーは、「近代ヨーロッパ文化世界の子」であるという強い自覚をもって、「ヨーロッパ」の意味と存在理由、文化的可能性を探求した。ここから彼は、「ヨーロッパ」の前史たる「地中海古代」との、そして、中国やインドを中心とした「アジア文化世界」との、〈比較〉の視座を据えたのである。われわれは、こうしたウェーバーの視座を、「近代日本文化世界の子」たるわれわれがそれに対峙する際の緊張を込めて、仮に、〈比較文化史的視座〉と呼んでおくことにしたい」(二〇ページ)。

『宗教社会学論集』全三巻にまとめられたウェーバーの浩瀚な業績を念頭におけば、中野がここで使用している「比較文化史的視座」という語のふくみは、理解するのにとりあえず困難はすくない。それにしても私自身は、中野がここでしるしている「「近代日本文化世界の子」たるわれわれがそれに対峙する際の緊張」という一語には、こんかい読みなおしてみてはじめて注意するにいたった。本書の著者は、ここですでに、みずからの将来の課題をも見すえていたのだろうか。

この件はおくとして、とうめん理解するのにやや困難がともないうるのは、「ウェーバー〈物象化〉論」という表現のほうだろう。「物象化論」といえば、ある種の読者はただちに、あるいはルカーチ・ジェルジのそれを、あるいはまたルカーチ物象化論をもその疎外論との密着のゆえに批判しながら登場した、「疎外論から物象化論へ」という、カール・マルクス読解上の廣松渉のテーゼを想起するだろうからである。のちの中野自身の一文（「物象化――それはどうして「批判」概念たりうるのか」「理想」一九九三年十一月号、理想社）を手にして一読すれば、往時の活動家・中野敏男自身もまた、後者から一定の影響を受けていたことはあきらかである。それでは、ウェーバーの比較文化史的研究のうちに物象化論を読みとることは、なにを意味するのだろうか。

中野のウェーバー理解のみちゆきは、性急な、あるいは図式的なものではない。それはむしろ、標題から想像されるのとはほど遠く、ある意味できわめて正統的な道程をたどってゆく。中野は本書でウェーバー理解社会学の方法としての「解明的理解」と、その対象としての「社会的行為」という基礎的な問題系を再検討するところからはじめようとするからである。そのうえでいわゆる「比較文化史的視座」から理解社会学の「方法的基礎と基本的概念構成」を跡づけようとする若き中野が、近代化論的なウェーバー理解からは見えにくいものとなっていた「重大な手懸り」としてとり上げるのが、Versachlichung（物象化）という一概念なのである。

本書の序章でも引用されているとおり、『儒教と道教』末尾では、「ゲマインシャフト的行為」を問題としてウェーバーは、純粋に persönlich（人格的）な関係と対照させるかたちで sachlich（物象的）な諸関係について語っている。『ヒンズー教と仏教』にはまた、合理的な Versachlichung という語が使用され、『経済と社会』（「宗教社会学」章）では、「西洋の世俗内的禁欲」を代表するものが「職業人」であり、その特殊な帰結が「社会的関係の合理的な Versachlichung とゲゼルシャフト的関係」であるしだいが論定される。そうした文脈に徴するかぎりではたしかに、「物象化」概念こそがウェーバーにあって「近代ヨーロッパ文化世界」を特徴づけるカギ概念なのである。

一方のPersönlichkeitの側が、じつのところきわめて多義的にみえる概念であり、それがSachlichkeitとの対概念であること自体がしばしば見おとされる。そこで中野はまず、とりあえず形式的にPersönlichkeitを「人格性」、Sachlichkeitを物象性と訳したうえで、両概念の方法的なはたらきに着目する。そうした中野の視界のなかで、前者は比較文化史的視座にとってのいわば「戦略的概念」であり、後者が「近代ヨーロッパ文化世界の特質」とふかくかかわる概念となる。問題はかくして、「〈人格性〉がいかなる性格を備えるとき〈物象化〉という事態と結びつくのか」という問いへと収斂してゆくことになるだろう。

問いは、かくて明確に設定されたとはいえ、本書の道程そのものが示しているように、問いに答えようとするみちゆきはなお遼遠である。本書で中野は第一に、「解明的理解」という術語そのものを問題としてゆく。ウェーバー理解社会学の方法的中枢概念はもとより「理解」であって、なかでも「解明による把握」(deutende Erfassung)がその中軸に位置している。ウェーバーにおける人格性や自由の問題を分析してゆくためには、いくえにも入り組んだウェーバー社会科学方法論の迷宮を一歩一歩たどってゆかなければならない。本書の第1章は、一方では先行研究とのきめ細かな対質をも挟んだその作業に向けられることになるだろう。それはsachlichにいえば(ことがらとしては)、他者理解をめぐる錯綜した主題系をひとつずつ解きほぐしてゆくみちすじをも示してゆくものとなる。

第2章で本書の著者は、ウェーバーのいわゆる行為類型論を問題とし、あわせて合理性の問題系それ自身へと立ちいりながら、いよいよ物象化の「始源」と「展開」、そしてその「帰結」を主題化してゆく。ここでは末尾にちかい一文を引用しておくにとどめよう。中野における〈意味への問い〉がどのようにしてウェーバーのそれと切りむすび、いかなる結論をみちびき出すにいたるのかを端的に示す一文である。――よく知られているとおり、『プロテスタンティズムの倫理と資本主義の精神』末尾でウェーバーは、「機構化された化石化」(mechanisierte Versteinerung)について語り、「精神なき専門人、心情なき享楽人」(Fachmenschen ohne Geist, Genußmenschen ohne Herz)をめぐって語りだす。ここに引くのは、その一文を引証したのちの中野のコメントにほかならない。

方法的禁欲を基礎にもっぱら〈物象（Sache）〉へと献身せんとしたピューリタンは、うってつけの〈職業人〉として、〈人格性―物象性〉の二項対立という文化的基盤のうえで、目的合理的かつ価値合理的な〈物象化としての合理化〉の担い手となった。しかし、献身的な〈職業労働〉は、徹底的合理化の末に、「凝結した精神」たる官僚制的組織を作り上げ、その外枠のなかで、人々は自らの行為の〈価値合理性〉を見失うに至る。ここには、〈秩序〉においては高度に合理的でありながら〈行為〉の意識性の水準においては〈合理性〉が頽落するという意味での、典型的な〈没意味化〉が生じている。そして、この〈没意味化〉が極限にまで到達すると、〈近代ヨーロッパ的文化人〉は、自ら作り上げた外枠のなかで隷従し、〈目的合理的意識性〉を喪失した〈精神なき専門人〉と、文化価値を忘れた〈心情なき享楽人〉とへの自己分裂に陥ってしまうのである。（二四一ページ）

＊

中野にとって最初の著書の復刊版である本書には、『マックス・ウェーバーと現代』公刊後の中野のウェーバー論三編も収録されている。本書の内容をより的確に理解するうえで必読の文章群であるが、中野ウェーバー論のあらたな読者諸氏に対して、解説者としてはさらに、ウェーバー『理解社会学のカテゴリー』（海老原明夫／中野敏男訳、未来社、一九九〇年）の解説としてしるされた一文「理解社会学の綱領的な定義として」の併読をつよくお奨めしておきたい。

中野敏男と筆者とは、たぶん三十年来の付き合いになるが、中野の経歴その他について、解説者は通り一遍のことがらを知っているにすぎない。中野はおそらく七〇年代の初頭に京都大学理学部に入学し、その後、同大学を中退してから、七八年に東京大学教養学部文科三類に入学しなおしている。さきにもしるしたとおり、本書の内容は八二年に同大学を卒業するにあたって作成した卒業論文を基礎とするものにほかならない。

本書の「あとがき」で著者は「わたしが、自らの学問的探求において、目をそらすことができず、また決して目をそらすまいと考えている〈出発点〉は、一九七〇年代前半の数年間にわたる政治活動の経験とその惨めな敗北である」（二六六ページ）としるしていた。出版当時、大学院の一学年うえに在籍していたとはいえ、はるか年少であった私もまた或る種の感慨をもって、この一文を読んだはずである。今般ひさしぶりに本書を手にとって読みかえすまで、この「あとがき」の存在を、しかし私はすっかり失念していた。歳月が、それからまた流れ去ったのだ、と思うほかはない。

仄聞するところによると、中野はさいきん勤務先のゼミで、学生たちと『資本論』の蓄積章を読みかえしたそうである。些細な私事ではあるけれども、私は現在、『マルクス 資本論を読む』と題する書きおろしを執筆している（本年中に、せりか書房より刊行予定）。たがいにべつべつの回路をたどって、遠まわりをかさねたあげく、相互の関心がふたたび交叉しはじめたことを、不可思議な因縁のように感じている。

本書を手にする若い読者たちは、とはいえそうした脈絡とは独立に、この一書から多くを学びとることができる。本書『マックス・ウェーバーと現代・増補版』は、ひとつのおなじ意志を持続しようとするなお若い研究者のひとりが、みずからの学的な出発点をふかく刻みこもうとした苦闘の痕跡にほかならないからである。中野の現在にいたる軌跡を知る者たちはたほう、この一書のうちにおなじひとつの意志の原型をあらためて見てとることになるだろう。

（くまの・すみひこ　東京大学文学部教授）

本書は、三一書房が一九八三年に刊行したものを増補した。

[著者略歴]
中野敏男（なかの としお）
1950年生まれ
東京外国語大学教員
専攻は社会理論、社会思想
著書に『詩歌と戦争』（ＮＨＫ出版）、『大塚久雄と丸山眞男』（青土社）、『近代法システムと批判』（弘文堂）、共編著に『歴史と責任』『沖縄の占領と日本の復興』『継続する植民地主義』（いずれも青弓社）、共訳書にマックス・ウェーバー『理解社会学のカテゴリー』（未来社）など

青弓社ルネサンス3

マックス・ウェーバーと現代《げんだい》・増補版《ぞうほばん》

発行――2013年4月11日　第1刷
定価――5000円＋税
著者――中野敏男
発行者――矢野恵二
発行所――株式会社青弓社
〒101-0061 東京都千代田区三崎町3-3-4
電話 03-3265-8548（代）
http://www.seikyusha.co.jp
印刷所――厚徳社
製本所――厚徳社
©Toshio Nakano, 2013
ISBN978-4-7872-1050-0 C0310

ジグムント・バウマン　澤井 敦訳

## 液状不安

確実性・安定性・計算可能性を喪失して流動性が高まった現代社会で、不確実性を象徴する「不安」は多様な形で、多様な場面で私たちの生活とともにある。現代社会の不安の源泉を明視し、不安に抗する思考を描き出す。　4000円＋税

ジグムント・バウマン　澤井 敦／菅野博史／鈴木智之訳

## 個人化社会

情報化され個々人の選択と責任が重視される現代社会のありようを個人化という視角から読み解き、家族や宗教、貧困、労働、セックス、暴力など多様な素材から流動性が高まり不安定で不確実な社会状況を透視する。　5000円＋税

吉田 寛

## ヴァーグナーの「ドイツ」

超政治とナショナル・アイデンティティのゆくえ

音楽によって真のドイツを打ち立てようとしたヴァーグナー。三月革命など国家の輪郭が揺らぎ複数の「ドイツ」が拮抗するなか、彼の「ドイツ」はどこに向かったのか。19世紀ドイツのナショナリズムを問い直す音楽史。4000円＋税

竹峰義和

## アドルノ、複製技術へのまなざし

〈知覚〉のアクチュアリティ

複製技術に対して徹底した批判を下したとされる一面的なアドルノ評価を、近年新たに公開された回想録や往復書簡から再考し、ラジオや映画などに社会問題に対するアクチュアリティを知覚していたことを照らし出す。　3000円＋税

本橋哲也

## 侵犯するシェイクスピア

境界の身体

シェイクスピアの代表的な作品を解説も添えながらカルチュラル・スタディーズの立場から徹底して読み込んでシェイクスピア演劇の魅力を解明し、常に更新されているその演劇から言葉と身体の可能性を探る入門書。　2000円＋税